习近平谈治国理政

第二卷

外文出版社

习近平

出　版　说　明

中共十八大以来，以习近平同志为核心的中共中央，团结带领全党全国各族人民，紧紧围绕实现“两个一百年”奋斗目标和中华民族伟大复兴的中国梦，坚持和发展中国特色社会主义，统筹推进“五位一体”总体布局、协调推进“四个全面”战略布局，迎难而上，开拓进取，取得了改革开放和社会主义现代化建设的历史性成就，解决了许多长期想解决而没有解决的难题，办成了许多过去想办而没有办成的大事，推动中国共产党和国家事业取得了历史性成就、发生了历史性变革，中国特色社会主义进入新时代。

在治国理政新的实践中，以习近平为主要代表的中国共产党人，顺应时代发展，从理论和实践结合上系统回答了新时代坚持和发展什么样的中国特色社会主义、怎样坚持和发展中国特色社会主义这个重大时代课题，创立了习近平新时代中国特色社会主义思想，为决胜全面建成小康社会、夺取新时代中国特色社会主义伟大胜利、实现中华民族伟大复兴的中国梦、实现人民对美好生活的向往提供了行动指南，也为推动构建人类命运共同体、促进人类和平与发展事业贡献了中国智慧和中国方案。中共十九大把习近平新时代中国特色社会主义思想确立为中国共产党必须长期坚持的指导思想，实现了中国共产党的指导思想又一次与时俱进。

习近平是新时代中国特色社会主义思想的主要创立者。2014年9月出版发行的《习近平谈治国理政》，收入了习近平在中共十八大闭幕后至2014年6月13日期间的重要著作，受到国内外读者的广泛关注和好评。此后3年多来，习近平围绕中国共产党在新形势下治国理政发表一系列重要讲话，提出一系列新理念新思想新战略，使中共十八大以来党的理论创新成果更加丰富、更加系统。为了集中反映习近平新时代中国特色社会主义思想的发展脉络和主要内容，帮助国内外读者了解掌握这一重要思想的精神实质和丰富内涵，中共中央宣传部（国务院新闻办公室）会同中共中央文献研究室、中国外文出版发行事业局，编辑了《习近平谈治国理政》第二卷。

本书收入的是习近平在2014年8月18日至2017年9月29日期间的重要著作，共有讲话、谈话、演讲、批示、贺电等99篇。全书分为17个专题，每个专题内容按时间顺序编排。为了便于读者阅读，编辑时作了必要的注释，附在篇末。本书还收入习近平这段时间内的图片29幅。

本书编辑组

2017年10月

目　录

一、坚持和发展中国特色社会主义，实现中华民族伟大复兴的中国梦

二、决胜全面建成小康社会

三、将改革进行到底

四、建设社会主义法治国家

五、推动全面从严治党向纵深发展

六、坚定不移贯彻新发展理念

七、适应、把握、引领经济发展新常态

八、发展社会主义民主政治

九、坚定文化自信

十、在发展中保障和改善民生

十一、建设美丽中国

十二、开启强军兴军新征程

十三、坚持“一国两制”，推进祖国统一

十四、推进中国特色大国外交

十五、坚持和平发展，促进合作共赢

十六、促进“一带一路”国际合作

十七、推动构建人类命运共同体

一、坚持和发展中国特色社会主义，实现中华民族伟大复兴的中国梦

努力开创中国特色社会主义事业更加广阔的前景*

（2014年8月20日）

伟大的时代造就伟大的人物。邓小平同志就是从中国人民和中华民族近代以来伟大斗争中产生的伟人，是我们大家衷心热爱的伟人。我们很多同志都曾经在他的领导和指导下工作过，他的崇高风范对我们来说是那样熟悉、那样亲切。邓小平同志崇高鲜明又独具魅力的革命风范，将激励我们在实现“两个一百年”奋斗目标、实现中华民族伟大复兴中国梦的征程上奋勇前进。

——我们纪念邓小平同志，就要学习他对共产主义远大理想和中国特色社会主义信念无比坚定的崇高品格。信念坚定，是邓小平同志一生最鲜明的政治品格，也永远是中国共产党人应该挺起的精神脊梁。

早在苏联求学期间，邓小平同志就立志“更坚决的把我的身子交给我们的党，交给本阶级”[1]。在此后70多年的革命生涯中，无论个人处境如何艰难，无论革命道路如何坎坷，

* 这是习近平在纪念邓小平同志诞辰110周年座谈会上讲话的一部分。

邓小平同志都坚信马克思主义的科学性和真理性，坚信社会主义、共产主义的光明前景。他说："对马克思主义的信仰，是中国革命胜利的一种精神动力。"[2]面对革命战争的枪林弹雨，他浴血奋战、视死如归；面对新中国建设的艰难局面，他励精图治、百折不挠；面对"文化大革命"的十年内乱，他信念执着、从不消沉；面对国际国内政治风波，他冷静观察、从容应对，坚信马克思主义、坚守共产主义理想，坚持在社会主义道路上推进我国现代化事业。

1992 年，88 岁高龄的邓小平同志在南方谈话中说："我坚信，世界上赞成马克思主义的人会多起来的，因为马克思主义是科学。它运用历史唯物主义揭示了人类社会发展的规律。""不要惊慌失措，不要认为马克思主义就消失了，没用了，失败了。哪有这回事！"[3]

邓小平同志对理想信念的重要性具有深刻认识，他说："我认为，最重要的是人的团结，要团结就要有共同的理想和坚定的信念。我们过去几十年艰苦奋斗，就是靠用坚定的信念把人民团结起来，为人民自己的利益而奋斗。"[4]

革命理想高于天。没有一大批具有坚定共产主义理想的中华儿女，就没有中国共产党，也就没有新中国，更没有今天我国的发展进步。要把我国发展得更好，离不开理想信念的力量。我们共产党人锤炼党性，首要的就是坚定共产主义远大理想和中国特色社会主义共同理想。我们要学习邓小平同志矢志不渝为社会主义、共产主义而奋斗的执着精神，坚定中国特色社会主义道路自信、理论自信、制度自信，坚忍不拔、风雨无阻朝着我们的目标奋勇前进。

——我们纪念邓小平同志，就要学习他对人民无比热爱的伟大情怀。热爱人民，是邓小平同志一生最深厚的情感寄托，也永远是中国共产党人应该坚守的力量源泉。

邓小平同志曾经写道："我是中国人民的儿子。我深情地爱着我的祖国和人民。"〔5〕邓小平同志从对人民的挚爱，延伸到对党、对祖国的挚爱。他说过："我的生命是属于党、属于国家的。"〔6〕这质朴的语言，集中表达了邓小平同志对党、对祖国、对人民的大爱。

邓小平同志高度重视人民群众的地位和作用，他强调："群众是我们力量的源泉，群众路线和群众观点是我们的传家宝。党的组织、党员和党的干部，必须同群众打成一片，绝对不能同群众相对立。如果哪个党组织严重脱离群众而不能坚决改正，那就丧失了力量的源泉，就一定要失败，就会被人民抛弃。"〔7〕在他的一生中，无论身居要职还是身陷困苦，都始终与人民群众同甘共苦，努力为党和国家分忧解难。

邓小平同志孜孜以求的是增进人民福祉。他多次讲："贫穷不是社会主义，社会主义要消灭贫穷。不发展生产力，不提高人民的生活水平，不能说是符合社会主义要求的。"〔8〕他领导改革开放和社会主义现代化建设，心中想着的就是最广大人民。

邓小平同志坚持从人民创造历史的活动中吸取思想营养和前进力量。他说："改革开放中许许多多的东西，都是群众在实践中提出来的"，"绝不是一个人脑筋就可以钻出什么新东西来"，"这是群众的智慧，集体的智慧"。〔9〕他反复强调，要把人民拥护不拥护、赞成不赞成、高兴不高兴、答应不答应作为制定方针政策和作出决断的出发点和归宿。邓小平同志始终以人民利益为最高准则来开展领导工作。

爱祖国、爱人民，是最深沉、最有力量的情感，是博大之爱。我们要学习邓小平同志对祖国、对人民的深情大爱，始终为人民利益而奋斗，任何时候任何条件下都忠于祖国、忠于人民，脚踏实地践行党的宗旨，把自己的一生交给党和人民，为党和人民事业鞠躬尽瘁、死而后已。

——我们纪念邓小平同志，就要学习他始终坚持实事求是的理论品质。实事求是，是邓小平同志一生最重要的思想特点，也永远是中国共产党人应该遵循的思想方法。

邓小平同志坚持党的思想路线，坚持一切从实际出发，常说自己是“实事求是派”，反复强调“拿事实来说话”，“实事求是是马克思主义的精髓。要提倡这个，不要提倡本本。我们改革开放的成功，不是靠本本，而是靠实践，靠实事求是。”〔10〕“要取信于民，要干出实绩”〔11〕。“领导者必须多干实事。”〔12〕邓小平同志以一生的实践证明，他是一位高瞻远瞩的思想家、政治家、战略家，也是一位求实、务实、踏实的实干家。

上个世纪60年代初期，面对国家困难，邓小平同志提醒各级干部要“实事求是地说明情况”。当时为了推动恢复和发展农业生产，他说：“生产关系究竟以什么形式为最好，恐怕要采取这样一种态度，就是哪种形式在哪个地方能够比较容易比较快地恢复和发展农业生产，就采取哪种形式；群众愿意采取哪种形式，就应该采取哪种形式，不合法的使它合法起来。”〔13〕

进入改革开放新时期，邓小平同志更加强调坚持彻底的求真务实精神。他说："我读的书并不多，就是一条，相信毛主席讲的实事求是。过去我们打仗靠这个，现在搞建设、搞改革也靠这个。"[14] 他强调，要把是否有利于发展社会主义社会的生产力、是否有利于增强社会主义国家的综合国力、是否有利于提高人民的生活水平作为判断一切工作是非得失的标准。正是因为具有这种彻底的求真务实精神，邓小平同志果断从容处理了党和国家面对的一系列重大问题，指导党和人民劈波斩浪开创了党和国家事业新局面。

事实是真理的依据，实干是成就事业的必由之路。这也是"空谈误国，实干兴邦"的真谛。我国革命、建设、改革的历史反复证明，只有制定符合实际的政策措施，采取符合实际的工作方法，党和人民事业才能走上正确轨道，才能取得人民满意的成效。我们要学习邓小平同志善于运用辩证唯物主义和历史唯物主义观察世界、处理问题的思想方法和领导艺术，掌握真实情况，把握客观规律，发扬务实高效、不尚空谈的工作作风，踏踏实实把党的基本理论、基本路线、基本纲领、基本经验、基本要求贯彻落实好。

——我们纪念邓小平同志，就要学习他不断开拓创新的政治勇气。开拓创新，是邓小平同志一生最鲜明的领导风范，也永远是中国共产党人应该具有的历史担当。

综观邓小平同志 70 多年的革命生涯，可以清楚地看到，他身上始终洋溢着一种革故鼎新、一往无前的勇气，一种善于创造性思维、善于打开新局面的锐气。

1975 年，邓小平同志在领导全国大刀阔斧的整顿工作期间，斩钉截铁地说：“现在问题相当多，要解决，没有一股劲不行。要敢字当头，横下一条心。”[15] 1977年复出后，面对长期形成的思想禁锢状况，邓小平同志鲜明提出，不能“书上没有的，文件上没有的，领导人没有讲过的，就不敢多说一句话，多做一件事，一切照抄照搬照转”[16]。他谆谆告诫我们：“世界形势日新月异，特别是现代科学技术发展很快。现在的一年抵得上过去古老社会几十年、上百年甚至更长的时间。不以新的思想、观点去继承、发展马克思主义，不是真正的马克思主义者。”[17]“一个党，一个国家，一个民族，如果一切从本本出发，思想僵化，迷信盛行，那它就不能前进，它的生机就停止了，就要亡党亡国。”[18]

邓小平同志强调：“改革开放胆子要大一些，敢于试验，不能像小脚女人一样。看准了的，就大胆地试，大胆地闯”，“走不出一条新路，就干不出新的事业”。[19] 邓小平同志第一次比较系统地初步回答了在中国这样经济文化比较落后的国家如何建设社会主义、如何巩固和发展社会主义的一系列基本问题，深刻揭示了社会主义的本质，实现了马克思主义同中国实际相结合的又一次历史性飞跃。邓小平同志的南方谈话，从理论上深刻回答了长期困扰和束缚人们思想的许多重大问题，推动改革开放和社会主义现代化建设进入新阶段。正是在邓小平同志倡导和支持下，改革大潮汇聚成时代洪流，使中国人民的面貌、社会主义中国的面貌、中国共产党的面貌发生了历史性变化。

越是伟大的事业，往往越是充满艰难险阻，越是需要开拓创新。中国特色社会主义是前无古人的伟大事业，改革开放和社会主义现代化建设还有很长的路要走。在前进道路上，我们将进行具有许多新的历史特点的伟大斗争。我们要学习邓小平同志敢于开拓创新的政治勇气，细心观察新的实践和新的发展，尊重地方、基层、群众首创精神，果断作出决策，把开拓创新作为一种常态，不断用发展着的马克思主义指导新的实践，又从实践中作出新的理论概括，敢破敢立、敢闯敢试，义无反顾把改革开放不断向前推进。

——我们纪念邓小平同志，就要学习他高瞻远瞩的战略思维。战略思维，是邓小平同志一生最恢宏的革命气度，也永远是中国共产党人应该树立的思维方式。

邓小平同志思想敏锐、目光远大，多谋善断、举要驭繁，总是站在国内大局和国际大局相互联系的高度审视中国和世界的发展，善于从全局上思考问题，善于在关键时刻作出战略决策。进入改革开放新时期，邓小平同志洞察国内外发展大势，作出了一系列事关党和国家事业长远发展、事关社会主义前途命运的重大战略决策。

邓小平同志深刻分析当今时代特征和世界大势，指出："现在的世界是开放的世界"[20]，"总结历史经验，中国长期处于停滞和落后状态的一个重要原因是闭关自守。经验证明，关起门来搞建设是不能成功的，中国的发展离不开世界。"[21]同时，邓小平同志高度珍惜并坚决维护中国人民经过长期奋斗得来的独立自主权利，告诫人们："中国的事情要按照中国的情况来办，要依靠中国人自己的力量来办。独立自主，自力更生，无论过去、现在和将来，都是我们的立足点。”“任何外国不要指望中国做他们的附庸，不要指望中国会吞下损害我国利益的苦果。”[22]

邓小平同志高度关注世界和平与发展问题，提出“应当把发展问题提到全人类的高度来认识，要从这个高度去观察问题和解决问题”[23]。他关注广大发展中国家的命运，强调我们搞的是主张和平的社会主义，“中国和所有第三世界国家的命运是共同的。中国永远不会称霸，永远不会欺负别人，永远站在第三世界一边。”[24]他强调，要反对任何形式的霸权主义，维护世界和平。

战略问题是一个政党、一个国家的根本性问题。战略上判断得准确，战略上谋划得科学，战略上赢得主动，党和人民事业就大有希望。我们要学习邓小平同志“放眼世界，放眼未来，也放眼当前，放眼一切方面”[25]的世界眼光和战略思维，学习他善于抓住关键、纲举目张的思想方法和工作方法，站在时代前沿观察思考问题，把党和人民事业放到历史长河和全球视野中来谋划，以小见大、见微知著，在解决突出问题中实现战略突破，在把握战略全局中推进各项工作。

——我们纪念邓小平同志，就要学习他坦荡无私的博大胸襟。坦荡无私，是邓小平同志一生最光辉的人格魅力，也永远是中国共产党人应该锤炼的品质修养。

邓小平同志始终以劳动人民的一员看待自己，始终以共产党员的标准要求自己，不屈不挠面对困难，有情有义对待同志，一以贯之严格自律，自始至终谦虚谨慎，为我们树立了共产党人自觉加强党性修养的光辉典范。

邓小平同志始终把党和国家前途命运放在心中最高的位置，从不计较个人得失。他说："我自从十八岁加入革命队伍，就是想把革命干成功，没有任何别的考虑"[26]。他一生"三落三起"都是因为敢于坚持真理、修正错误，每次被错误批判打倒都豁达乐观、沉着坚韧，对未来充满希望；每次复出重新回到工作岗位都无私无畏、以顽强的意志排除各种干扰，坚定不移推动正确路线方针政策的形成和实践。"文化大革命"结束后，邓小平同志再度出来工作，依然表示："我出来工作，可以有两种态度，一个是做官，一个是做点工作。我想，谁叫你当共产党人呢，既然当了，就不能够做官，不能够有私心杂念，不能够有别的选择。"[27]邓小平同志真正做到了心底无私天地宽。

邓小平同志客观公正对待党的历史、对待同志、对待自己，谦逊随和，平易近人，善于同人合作共事。革命战争年代，他同刘伯承[28]同志共事13年，形成亲密无间的革命友谊。他善于团结和使用同自己意见不同的人一道工作，从不以个人恩怨待人处事。他说："要抛弃个人恩怨来选择人，反对过自己的人也要用。"[29]邓小平同志一贯反对特权、反对腐败，对亲属和身边工作人员总是严格要求。

邓小平同志功高至伟却从不居功自傲。他多次讲："永远不要过分突出我个人。我所做的事，无非反映了中国人民和中国共产党人的愿望"[30]。他以唯物主义者的精神看待生死问题，对家人说："我哪天去，哪天走，不关紧要。自然规律违背不得，你们要想透这个问题。"[31]他逝世后，按照他的遗愿，把角膜捐献给了医院，遗体供医学解剖，骨灰撒入大海，奉献了自己的一切。

共产党人拥有人格力量，才能无愧于自己的称号，才能赢得人民赞誉。我们要学习邓小平同志公而忘私、无私无畏的博大胸怀，加强党性修养，严于律己、宽以待人，正确对待组织，正确对待同志，正确对待自己，正确对待权力，积极践行社会主义核心价值观[32]，为党和人民事业赤诚奉献，以身作则推动营造风清气正的党风、政风和社会风气。

邓小平同志留给我们的最重要的思想和政治遗产，就是他带领党和人民开创的中国特色社会主义，就是他创立的邓小平理论。马克思说："人们自己创造自己的历史，但是他们并不是随心所欲地创造，并不是在他们自己选定的条件下创造，而是在直接碰到的、既定的、从过去承继下来的条件下创造。"[33]邓小平同志最鲜明的思想和实践特点，就是从实际出发、从世界大势出发、从国情出发，始终坚持我们党一贯倡导的实事求是、群众路线、独立自主。

中国特色社会主义是适合中国国情、符合中国特点、顺应时代发展要求的理论和实践，所以才能取得成功，并将继续取得成功。邓小平同志说："特别是像我们这样第三世界的发展中国家，没有民族自尊心，不珍惜自己民族的独立，国家是立不起来的。"[34]我们的国权，我们的国格，我们的民族自尊心，我们的民族独立，关键是道路、理论、制度的独立。

中华民族创造了具有5000多年悠久历史的辉煌文明，中国人民在中国共产党领导下创造了建设社会主义的辉煌成就，我们应该在这个基础上继续创造。我们自己不足、不好的东西，要努力改革。外国有益、好的东西，我们要虚心学习。

但是，不能全盘照搬外国，更不能接受外国不好的东西；不能妄自菲薄，不能数典忘祖。

邓小平同志说过，中华人民共和国的成立，“中国取得了一个资格：人们不敢轻视我们”[35]。所以，新民主主义革命的胜利成果决不能丢失，社会主义革命和建设的成就决不能否定，改革开放和社会主义现代化建设的方向决不能动摇。这是党和人民在当今世界安身立命、风雨前行的资格。中国近代以来的全部历史告诉我们，中国的事情必须按照中国的特点、中国的实际来办，这是解决中国所有问题的正确之道。

邓小平同志离开我们17年来，国际形势风云变幻，国内改革发展任务艰巨繁重，在以江泽民同志为核心的党的第三代中央领导集体、以胡锦涛同志为总书记的党中央领导下，我们党团结带领全国各族人民，坚持党的十一届三中全会以来的路线方针政策不动摇，推动党和国家各项事业不断取得新的伟大成就。党的十八大以来，党中央团结带领全国各族人民，全面贯彻党的十八大和十八届三中全会精神，高举中国特色社会主义伟大旗帜，坚持以马克思列宁主义、毛泽东思想、邓小平理论、“三个代表”重要思想、科学发展观为指导，统筹国内国际两个大局，全面深化改革，推动经济持续健康发展，全面加强作风建设，努力开创中国特色社会主义事业更加广阔的前景。

邓小平同志为我们擘画的社会主义现代化蓝图正在一步步变成美好现实，我们伟大的祖国正在一天天走向繁荣富强，中华民族正在一步步走向伟大复兴。对此，我们感到无比自豪。

此时此刻，我们必须牢记邓小平同志语重心长说过的这段话："我们搞社会主义才几十年，还处在初级阶段。巩固和发展社会主义制度，还需要一个很长的历史阶段，需要我们几代人、十几代人，甚至几十代人坚持不懈地努力奋斗"〔36〕；"社会主义的本质，是解放生产力，发展生产力，消灭剥削，消除两极分化，最终达到共同富裕。"〔37〕实现社会主义现代化，实现祖国完全统一，实现中华民族伟大复兴，这是毛泽东同志、邓小平同志等老一辈革命家和千百万革命先辈的深切夙愿，是全体中华儿女的共同心愿。

邓小平同志曾经嘱托全党："从现在起到下世纪中叶，将是很要紧的时期，我们要埋头苦干。我们肩膀上的担子重，责任大啊！"〔38〕今天，历史的接力棒传到了我们手里，责任重于泰山。全党一定要紧密团结起来，敢于担当、埋头苦干，团结带领全国各族人民，以与时俱进、时不我待的精神不断夺取新胜利，不断完善和发展中国特色社会主义，不断为人类和平与发展的崇高事业作出新的更大的贡献。

我们相信，在20世纪赢得了伟大历史性胜利的中国共产党和中国人民，必将在21世纪赢得更伟大的历史性胜利！

注　　释

〔1〕见邓小平《来俄的志愿》（《邓小平手迹选》，中国档案出版社2004年版，第33—34页）。

〔2〕见邓小平《建设有中国特色的社会主义》（《邓小平文选》第3卷，人民出版社1993年版，第63页）。

〔**3**〕见邓小平《在武昌、深圳、珠海、上海等地的谈话要点》(《邓小平文选》第 3 卷，人民出版社 1993 年版，第 382、383 页)。

〔**4**〕见邓小平《用坚定的信念把人民团结起来》(《邓小平文选》第 3 卷，人民出版社 1993 年版，第 190 页)。

〔**5**〕这句话出自邓小平 1981 年 2 月 14 日为英国培格曼出版公司编辑出版的《邓小平副主席文集》英文版所作的序言(《邓小平思想年编(一九七五 —— 一九九七)》，中央文献出版社 2011 年版，第 349 页)。

〔**6**〕见邓小平《致中共中央政治局的信》(《邓小平文选》第 3 卷，人民出版社 1993 年版，第 323 页)。

〔**7**〕见邓小平《贯彻调整方针，保证安定团结》(《邓小平文选》第 2 卷，人民出版社 1994 年版，第 368 页)。

〔**8**〕见邓小平《政治上发展民主，经济上实行改革》(《邓小平文选》第 3 卷，人民出版社 1993 年版，第 116 页)。

〔**9**〕这段话出自邓小平 1992 年 7 月 23 日、24 日审阅中共十四大报告稿时的谈话(《邓小平思想年编(一九七五 —— 一九九七)》，中央文献出版社 2011 年版，第 711—712 页)。

〔**10**〕见邓小平《在武昌、深圳、珠海、上海等地的谈话要点》(《邓小平文选》第 3 卷，人民出版社 1993 年版，第 382 页)。

〔**11**〕见邓小平《组成一个实行改革的有希望的领导集体》(《邓小平文选》第 3 卷，人民出版社 1993 年版，第 299 页)。

〔**12**〕见邓小平《把教育工作认真抓起来》(《邓小平文选》第 3 卷，人民出版社 1993 年版，第 121 页)。

〔**13**〕见邓小平《怎样恢复农业生产》(《邓小平文选》第 1 卷，人民出版社 1994 年版，第 323 页)。

〔**14**〕见邓小平《在武昌、深圳、珠海、上海等地的谈话要点》(《邓小平文选》第 3 卷，人民出版社 1993 年版，第 382 页)。

〔**15**〕见邓小平《各方面都要整顿》(《邓小平文选》第 2 卷，人民出版社 1994 年版，第 35 页)。

〔**16**〕见邓小平《解放思想，实事求是，团结一致向前看》(《邓小平文选》第 2 卷，人民出版社 1994 年版，第 142 页)。

〔**17**〕见邓小平《结束过去，开辟未来》(《邓小平文选》第 3 卷，人民出版社 1993 年版，第 291—292 页)。

〔**18**〕见邓小平《解放思想，实事求是，团结一致向前看》(《邓小平文选》第 2 卷，人民出版社 1994 年版，第 143 页)。

〔**19**〕见邓小平《在武昌、深圳、珠海、上海等地的谈话要点》(《邓小平文选》第 3 卷，人民出版社 1993 年版，第 372 页)。

〔**20**〕见邓小平《建设有中国特色的社会主义》(《邓小平文选》第 3 卷，人民出版社 1993 年版，第 64 页)。

〔**21**〕见邓小平《我们的宏伟目标和根本政策》(《邓小平文选》第 3 卷，人民出版社 1993 年版，第 78 页)。

〔**22**〕见邓小平《中国共产党第十二次全国代表大会开幕词》(《邓小平文选》第 3 卷，人民出版社 1993 年版，第 3 页)。

〔**23**〕见邓小平《以和平共处五项原则为准则建立国际新秩序》(《邓小平文选》第 3 卷，人民出版社 1993 年版，第 282 页)。

〔**24**〕见邓小平《维护世界和平，搞好国内建设》(《邓小平文选》第 3 卷，人民出版社 1993 年版，第 56 页)。

〔**25**〕见邓小平《组成一个实行改革的有希望的领导集体》(《邓小平文选》第 3 卷，人民出版社 1993 年版，第 300 页)。

〔**26**〕见邓小平《发展中日关系要看得远些》(《邓小平文选》第 3 卷，人民出版社 1993 年版，第 54 页)。

〔**27**〕这段话出自邓小平 1977 年 7 月 21 日出席中共十届三中全会时的讲话(《邓小平思想年谱(一九七五——一九九七)》，中央文献出版社 1998 年版，第 29—30 页)。

〔**28**〕刘伯承(1892—1986)，四川开县(今属重庆)人。中国无产阶级革命家、军事家，马克思主义军事理论家，中华人民共和国元帅。

〔**29**〕见邓小平《组成一个实行改革的有希望的领导集体》(《邓小平文选》第 3 卷，人民出版社 1993 年版，第 300 页)。

〔**30**〕见邓小平《社会主义和市场经济不存在根本矛盾》(《邓小平文选》第 3 卷，人民出版社 1993 年版，第 151 页)。

〔**31**〕这句话出自邓小平 1992 年 7 月 12 日同弟弟邓垦的谈话(《邓小平思想年编(一九七五——一九九七)》，中央文献出版社 2011 年版，第 710 页)。

〔**32**〕中国共产党第十八次全国代表大会报告《坚定不移沿着中国特色社会主义道路前进，为全面建成小康社会而奋斗》提出：倡导富强、民主、文明、和谐，倡导自由、平等、公正、法治，倡导爱国、敬业、诚信、友善，积极培育和践行社会主义核心价值观。

〔**33**〕见马克思《路易·波拿巴的雾月十八日》(《马克思恩格斯文集》第 2 卷，人民出版社 2009 年版，第 470—471 页)。

〔**34**〕见邓小平《结束严峻的中美关系要由美国采取主动》(《邓小平文选》第 3 卷，人民出版社 1993 年版，第 331 页)。

〔**35**〕见邓小平《保持艰苦奋斗的传统》(《邓小平文选》第 3 卷，人民出版社 1993 年版，第 289 页)。

〔**36**〕见邓小平《在武昌、深圳、珠海、上海等地的谈话要点》(《邓小平文选》第 3 卷，人民出版社 1993 年版，第 379—380 页)。

〔**37**〕见邓小平《在武昌、深圳、珠海、上海等地的谈话要点》(《邓小平文选》第 3 卷，人民出版社 1993 年版，第 373 页)。

〔**38**〕见邓小平《在武昌、深圳、珠海、上海等地的谈话要点》(《邓小平文选》第 3 卷，人民出版社 1993 年版，第 383 页)。

中国共产党的领导是中国特色社会主义最本质的特征*

（2014 年 9 月 5 日—2017 年 2 月 13 日）

一

中国共产党的领导是中国特色社会主义最本质的特征。没有共产党，就没有新中国，就没有新中国的繁荣富强。坚持中国共产党这一坚强领导核心，是中华民族的命运所系。中国共产党的领导，就是支持和保证人民实现当家作主。我们必须坚持党总揽全局、协调各方的领导核心作用，通过人民代表大会制度，保证党的路线方针政策和决策部署在国家工作中得到全面贯彻和有效执行。要支持和保证国家政权机关依照宪法法律积极主动、独立负责、协调一致开展工作。要不断加强和改善党的领导，善于使党的主张通过法定程序成为国家意志，善于使党组织推荐的人选通过法定程序成为国家政权机关的领导人员，善于通过国家政权机关实施党对

* 这是习近平 2014 年 9 月 5 日至 2017 年 2 月 13 日期间讲话中有关坚持党的领导内容的节录。

国家和社会的领导，善于运用民主集中制原则维护党和国家权威、维护全党全国团结统一。

（2014年9月5日在庆祝全国人民代表大会成立60周年大会上的讲话）

二

中国共产党的领导是包括各民主党派、各团体、各民族、各阶层、各界人士在内的全体中国人民的共同选择，是中国特色社会主义最本质的特征，也是人民政协事业发展进步的根本保证。人民政协事业要沿着正确方向发展，就必须毫不动摇坚持中国共产党的领导。

（2014年9月21日在庆祝中国人民政治协商会议成立65周年大会上的讲话）

三

我们党要带领13亿多人民全面建成小康社会，必须适应、把握、引领经济发展新常态，创新党领导经济社会发展的观念、体制、方式方法，提高党把握方向、谋划全局、提出战略、制定政策、推进改革的能力，为发展航船定好向、掌好舵。

（2015年10月29日在中共十八届五中全会第二次全体会议上的讲话）

四

中国有了中国共产党执政，是中国、中国人民、中华民族的一大幸事。只要我们深入了解中国近代史、中国现代史、中国革命史，就不难发现，如果没有中国共产党领导，我们的国家、我们的民族不可能取得今天这样的成就，也不可能具有今天这样的国际地位。在坚持党的领导这个重大原则问题上，我们脑子要特别清醒、眼睛要特别明亮、立场要特别坚定，绝不能有任何含糊和动摇。

（2015 年 12 月 11 日在全国党校工作会议上的讲话）

五

坚持党中央集中统一领导，确立和维护党的领导核心，是全党全国各族人民的共同愿望，是推进全面从严治党、提高党的创造力凝聚力战斗力的迫切要求，是保持党和国家事业发展正确方向的根本保证。

（2016 年 10 月 24 日在中共十八届六中全会上所作的《关于〈关于新形势下党内政治生活的若干准则〉和〈中国共产党党内监督条例〉的说明》）

六

古人云：令之不行，政之不立。党政军民学，东西南北中，党是领导一切的。党中央制定的理论和路线方针政策，是全党全国各族人民统一思想、统一意志、统一行动的依据和基础。只有党中央有权威，才能把全党牢固凝聚起来，进而把全国各族人民紧密团结起来，形成万众一心、无坚不摧的磅礴力量。如果党中央没有权威，党的理论和路线方针政策可以随意不执行，大家各自为政、各行其是，想干什么就干什么，想不干什么就不干什么，党就会变成一盘散沙，就会成为自行其是的“私人俱乐部”，党的领导就会成为一句空话。

（2017 年 2 月 13 日在省部级主要领导干部学习贯彻党的十八届六中全会精神专题研讨班上的讲话）

协调推进“四个全面”战略布局*

（2014 年 12 月 13 日—2016 年 1 月 29 日）

一

要全面贯彻党的十八大和十八届三中、四中全会精神，落实中央经济工作会议精神，主动把握和积极适应经济发展新常态，协调推进全面建成小康社会、全面深化改革、全面依法治国、全面从严治党，推动改革开放和社会主义现代化建设迈上新台阶。

（2014 年 12 月 13 日—14 日在江苏调研时的讲话要点）

二

党的十八大以来，我们提出要协调推进全面建成小康社会、全面深化改革、全面依法治国、全面从严治党，这“四个全面”是当前党和国家事业发展中必须解决好的主要矛盾。

---

* 这是习近平 2014 年 12 月 13 日至 2016 年 1 月 29 日期间讲话中有关协调推进“四个全面”战略布局内容的节录。

在推进这“四个全面”过程中，我们既要注重总体谋划，又要注重牵住“牛鼻子”。比如，我们既对全面建成小康社会作出全面部署，又强调“小康不小康，关键看老乡”；既对全面深化改革作出顶层设计，又强调突出抓好重要领域和关键环节的改革；既对全面推进依法治国作出系统部署，又强调以中国特色社会主义法治体系为总目标和总抓手；既对全面从严治党提出系列要求，又把党风廉政建设作为突破口，着力解决人民群众反映强烈的“四风”[1]问题，着力解决不敢腐、不能腐、不想腐的问题。在任何工作中，我们既要讲两点论，又要讲重点论，没有主次，不加区别，眉毛胡子一把抓，是做不好工作的。

（2015 年 1 月 23 日在主持中共十八届中央政治局第二十次集体学习时的讲话）

三

党的十八大以来，党中央从坚持和发展中国特色社会主义全局出发，提出并形成了全面建成小康社会、全面深化改革、全面依法治国、全面从严治党的战略布局。这个战略布局，既有战略目标，也有战略举措，每一个“全面”都具有重大战略意义。全面建成小康社会是我们的战略目标，到 2020 年实现这个目标，我们国家的发展水平就会迈上一个大台阶，我们所有奋斗都要聚焦于这个目标。全面深化改革、全面依法治国、全面从严治党是三大战略举措，对实现全面建成小康社会战略目标一个都不能缺。不全面深化改革，发展就缺少动力，社会就没有活力。不全面依法治国，国家生活和社会生活就不能有序运行，就难以实现社会和谐稳定。不全面从严治党，党就做不到“打铁还需自身硬”，也就难以发挥好领导核心作用。

从这个战略布局看，做好全面依法治国各项工作意义十分重大。没有全面依法治国，我们就治不好国、理不好政，我们的战略布局就会落空。要把全面依法治国放在“四个全面”的战略布局中来把握，深刻认识全面依法治国同其他三个“全面”的关系，努力做到“四个全面”相辅相成、相互促进、相得益彰。

（2015 年 2 月 2 日在省部级主要领导干部学习贯彻党的十八届四中全会精神全面推进依法治国专题研讨班上的讲话）

四

要着力服务全面建成小康社会、全面深化改革、全面依法治国、全面从严治党的战略布局。“四个全面”的战略布局是从我国发展现实需要中得出来的，从人民群众的热切期待中得出来的，也是为推动解决我们面临的突出矛盾和问题提出来的。统一战线有自己的优势，应该也完全能够为落实“四个全面”的战略布局作出贡献。

（2015 年 2 月 11 日在同党外人士共迎新春时的讲话要点）

五

两年多来，我们立足中国发展实际，坚持问题导向，逐步形成并积极推进全面建成小康社会、全面深化改革、全面依法治国、全面从严治党的战略布局。这是中国在新的历史条件下治国理政方略，也是实现中华民族伟大复兴中国梦的重要保障。

（2015年3月29日在会见博鳌亚洲论坛理事会成员时的谈话要点）

六

党的十八大以来，党中央从坚持和发展中国特色社会主义全局出发，提出并形成了全面建成小康社会、全面深化改革、全面依法治国、全面从严治党的战略布局，确立了新形势下党和国家各项工作的战略目标和战略举措，为实现“两个一百年”奋斗目标、实现中华民族伟大复兴的中国梦提供了理论指导和实践指南。

（2015年4月28日在庆祝“五一”国际劳动节暨表彰全国劳动模范和先进工作者大会上的讲话）

七

当前，中国正在协调推进全面建成小康社会、全面深化改革、全面依法治国、全面从严治党，规划了在新形势下治国理政的战略目标和战略举措。

全面建成小康社会是我们现阶段战略目标，也是实现中华民族伟大复兴中国梦关键一步。我们将继续坚持以经济建设为中心，致力于建设改革发展成果真正惠及人民，经济、政治、文化、社会、生态文明全面发展的小康社会。我们将坚定不移深化改革，推进国家治理体系和治理能力现代化，推动经济社会持续健康发展。我们将坚持依法治国、依法执政、依法行政共同推进，坚持法治国家、法治政府、法治社会一体建设，实现科学立法、严格执法、公正司法、全民守法。我们将全面推进中国共产党自身建设，提高党的自我完善、自我革新、自我提高能力，保持对腐败零容忍的高压态势，完善体制机制建设，不断增强执政能力。

（2015 年 7 月 9 日在金砖国家领导人第七次会晤上的讲话）

八

中共十八大以来，为了实现“两个一百年”奋斗目标、实现中华民族伟大复兴的中国梦，我们从中国发展实际出发，明确提出全面建成小康社会、全面深化改革、全面依法治国、全面从严治党的“四个全面”战略布局。全面建成小康社会，是我们奋斗目标的第一步，也是关键一步。这个目标实现之时，中国经济总量将达到近 17 万亿美元，人民生活水平将明显提高。

为了实现我们的奋斗目标，必须全面深化改革，推进国家治理体系和治理能力现代化，现在改革正在稳步向前推进。深化改革必然进一步促进对外开放，为外资进入中国提供更为开放、宽松、透明的环境，为我们同包括美国在内的世界各国开展合作开辟更广阔的空间。同时，我们正在全面推进依法治国，让它同全面深化改革一起构成全面建成小康社会的两个翅膀、两个轮子。中国共产党是全心全意为人民服务的政党，必须始终保持同人民群众的血肉联系，所以治国必先治党、治党务必从严。对党内的不正之风和腐败现象，必须坚决处理，坚持“老虎”、“苍蝇”一起打，受到人民群众欢迎。我们将继续加强依法反腐、制度反腐，大力营造不敢腐、不能腐、不想腐的法治环境和政治氛围。

（2015 年 9 月 23 日在美国西雅图出席侨界举行的欢迎招待会时的讲话）

九

“四个全面”战略布局，既有战略目标，也有战略举措，每一个“全面”都具有重大战略意义，是我们党在新形势下治国理政的总方略，是事关党和国家长远发展的总战略。推进"十三五"时期经济社会发展，一定要紧紧扭住全面建成小康社会这个战略目标不动摇，紧紧扭住全面深化改革、全面依法治国、全面从严治党三个战略举措不放松，努力做到"四个全面"相辅相成、相互促进、相得益彰。

（2016年1月29日在主持中共十八届中央政治局第三十次集体学习时的讲话要点）

注　　释

〔1〕"四风"，指形式主义、官僚主义、享乐主义和奢靡之风。

中国梦必须同人民对美好生活的向往结合起来才能取得成功*

（2015 年 9 月 22 日）

新中国成立以来特别是改革开放以来，中国走过了一段很不平凡的历程，我们这一代中国人对此有着切身的体会。

上世纪 60 年代末，我才十几岁，就从北京到中国陕西省延安市一个叫梁家河的小村庄插队当农民，在那儿度过了 7 年时光。那时候，我和乡亲们都住在土窑里、睡在土炕上，乡亲们生活十分贫困，经常是几个月吃不到一块肉。我了解乡亲们最需要什么！后来，我当了这个村子的党支部书记，带领乡亲们发展生产。我了解老百姓需要什么。我很期盼的一件事，就是让乡亲们饱餐一顿肉，并且经常吃上肉。但是，这个心愿在当时是很难实现的。

今年春节，我回到这个小村子。梁家河修起了柏油路，乡亲们住上了砖瓦房，用上了互联网，老人们享有基本养老，村民们有医疗保险，孩子们可以接受良好教育，当然吃

---

* 这是习近平在华盛顿州当地政府和美国友好团体联合欢迎宴会上演讲的一部分。

肉已经不成问题。这使我更加深刻地认识到，中国梦是人民的梦，必须同中国人民对美好生活的向往结合起来才能取得成功。

梁家河这个小村庄的变化，是改革开放以来中国社会发展进步的一个缩影。我们用了30多年时间，使中国经济总量跃居世界第二，13亿多人摆脱了物质短缺，总体达到小康水平，享有前所未有的尊严和权利。这不仅是中国人民生活的巨大变化，也是人类文明的巨大进步，更是中国对世界和平与发展事业的重要贡献。

同时，我们也清醒认识到，中国仍然是世界上最大的发展中国家。中国的人均国内生产总值仅相当于全球平均水平的三分之二、美国的七分之一，排在世界80位左右。按照我们自己的标准，中国还有7000多万贫困人口。如果按照世界银行的标准，中国则还有两亿多人生活在贫困线以下。中国城乡有7000多万低保人口，还有8500多万残疾人。这两年，我去了中国很多贫困地区，看望了很多贫困家庭，他们渴望幸福生活的眼神深深印在我的脑海里。

这些情况表明，中国人民要过上美好生活，还要继续付出艰苦努力。发展依然是当代中国的第一要务，中国执政者的首要使命就是集中力量提高人民生活水平，逐步实现共同富裕。为此，我们提出了“两个一百年”奋斗目标，就是到2020年实现国内生产总值和城乡居民人均收入比2010年翻一番，全面建成小康社会；到本世纪中叶建成富强民主文明和谐的社会主义现代化国家，实现中华民族伟大复兴。我们现在所做的一切，都是为了实现这个既定目标。实现全面建成小康社会，必须全面深化改革、全面依法治国、全面从严治党。这就是我们提出的“四个全面”战略布局。

不忘初心，继续前进*

（2016 年 7 月 1 日）

“明镜所以照形，古事所以知今。”〔1〕今天，我们回顾历史，不是为了从成功中寻求慰藉，更不是为了躺在功劳簿上、为回避今天面临的困难和问题寻找借口，而是为了总结历史经验、把握历史规律，增强开拓前进的勇气和力量。

党的十八大指出，坚持和发展中国特色社会主义是一项长期而艰巨的历史任务，必须准备进行具有许多新的历史特点的伟大斗争。这就告诫全党，要时刻准备应对重大挑战、抵御重大风险、克服重大阻力、解决重大矛盾，坚持和发展中国特色社会主义，坚持和巩固党的领导地位和执政地位，使我们的党、我们的国家、我们的人民永远立于不败之地。

历史总是要前进的，历史从不等待一切犹豫者、观望者、懈怠者、软弱者。只有与历史同步伐、与时代共命运的人，才能赢得光明的未来。

我们党已经走过了 95 年的历程，但我们要永远保持建党时中国共产党人的奋斗精神，永远保持对人民的赤子之心。一切向前走，都不能忘记走过的路；走得再远、走到再光辉

---

* 这是习近平在庆祝中国共产党成立 95 周年大会上讲话的一部分。

的未来，也不能忘记走过的过去，不能忘记为什么出发。面向未来，面对挑战，全党同志一定要不忘初心、继续前进。

——坚持不忘初心、继续前进，就要坚持马克思主义的指导地位，坚持把马克思主义基本原理同当代中国实际和时代特点紧密结合起来，推进理论创新、实践创新，不断把马克思主义中国化推向前进。

指导思想是一个政党的精神旗帜。95 年来，中国共产党之所以能够完成近代以来各种政治力量不可能完成的艰巨任务，就在于始终把马克思主义这一科学理论作为自己的行动指南，并坚持在实践中不断丰富和发展马克思主义。这使我们党得以摆脱以往一切政治力量追求自身特殊利益的局限，以唯物辩证的科学精神、无私无畏的博大胸怀领导和推动中国革命、建设、改革，不断坚持真理、修正错误。无论是处于顺境还是逆境，我们党从未动摇对马克思主义的信仰。

马克思主义及其在中国的发展，为党和人民事业发展提供了既一脉相承又与时俱进的科学理论指导，为增进全党全国各族人民团结统一提供了坚实思想基础。

马克思主义是我们立党立国的根本指导思想。背离或放弃马克思主义，我们党就会失去灵魂、迷失方向。在坚持马克思主义指导地位这一根本问题上，我们必须坚定不移，任何时候任何情况下都不能有丝毫动摇。

同时，面对新的时代特点和实践要求，马克思主义也面临着进一步中国化、时代化、大众化的问题。马克思主义并没有结束真理，而是开辟了通向真理的道路。恩格斯早就说过：“马克思的整个世界观不是教义，而是方法。它提供的不是现成的教条，而是进一步研究的出发点和供这种研究使用的方法。”[2]

时代是思想之母，实践是理论之源。实践发展永无止境，我们认识真理、进行理论创新就永无止境。今天，时代变化和我国发展的广度和深度远远超出了马克思主义经典作家当时的想象。同时，我国社会主义只有几十年实践、还处在初级阶段，事业越发展新情况新问题就越多，也就越需要我们在实践上大胆探索、在理论上不断突破。

理论上不彻底，就难以服人。我们要以更加宽阔的眼界审视马克思主义在当代发展的现实基础和实践需要，坚持问题导向，坚持以我们正在做的事情为中心，聆听时代声音，更加深入地推动马克思主义同当代中国发展的具体实际相结合，不断开辟21世纪马克思主义发展新境界，让当代中国马克思主义放射出更加灿烂的真理光芒。

——坚持不忘初心、继续前进，就要牢记我们党从成立起就把为共产主义、社会主义而奋斗确定为自己的纲领，坚定共产主义远大理想和中国特色社会主义共同理想，不断把为崇高理想奋斗的伟大实践推向前进。

革命理想高于天。中国共产党之所以叫共产党，就是因为从成立之日起我们党就把共产主义确立为远大理想。我们党之所以能够经受一次次挫折而又一次次奋起，归根到底是因为我们党有远大理想和崇高追求。

“志不立，天下无可成之事。”[3]理想信念动摇是最危险的动摇，理想信念滑坡是最危险的滑坡。一个政党的衰落，往往从理想信念的丧失或缺失开始。我们党是否坚强有力，既要看全党在理想信念上是否坚定不移，更要看每一位党员在理想信念上是否坚定不移。95年来，共产主义远大理想激励了一代又一代共产党人英勇奋斗，成千上万的烈士为了这个理想献出了宝贵生命。“砍头不要紧，只要主义真”[4]，“敌人只能砍下我们的头颅，决不能动摇我们的信仰”[5]，这些视死如归、大义凛然的誓言生动表达了共产党人对远大理想的坚贞。理想之光不灭，信念之光不灭。我们一定要铭记烈士们的遗愿，永志不忘他们为之流血牺牲的伟大理想。

理想因其远大而为理想，信念因其执着而为信念。我们要把理想信念教育作为思想建设的战略任务，保持全党在理想追求上的政治定力，自觉做共产主义远大理想和中国特色社会主义共同理想的坚定信仰者、忠实实践者，在全面建成小康社会、实现中华民族伟大复兴中国梦的历史进程中充分发挥先锋模范作用。

理论上清醒，政治上才能坚定。坚定的理想信念，必须建立在对马克思主义的深刻理解之上，建立在对历史规律的深刻把握之上。全党要深入学习马克思列宁主义、毛泽东思想、邓小平理论、“三个代表”重要思想、科学发展观，深入学习党的十八大以来党中央治国理政新理念新思想新战略，不断提高马克思主义思想觉悟和理论水平，保持对远大理想和奋斗目标的清醒认知和执着追求。我们要教育引导广大党员、干部把学习成果转化为提升党性修养、思想境界、道德水平的精神营养，做到真学真懂真信真用，在胜利和顺境时不骄傲不急躁，在困难和逆境时不消沉不动摇，牢牢占据推动人类社会进步、实现人类美好理想的道义制高点。

——坚持不忘初心、继续前进，就要坚持中国特色社会主义道路自信、理论自信、制度自信、文化自信，坚持党的基本路线不动摇，不断把中国特色社会主义伟大事业推向前进。

方向决定道路，道路决定命运。中国特色社会主义不是从天上掉下来的，是党和人民历尽千辛万苦、付出巨大代价取得的根本成就。中国特色社会主义，既是我们必须不断推进的伟大事业，又是我们开辟未来的根本保证。

全党要坚定道路自信、理论自信、制度自信、文化自信。当今世界，要说哪个政党、哪个国家、哪个民族能够自信的话，那中国共产党、中华人民共和国、中华民族是最有理由自信的。有了“自信人生二百年，会当水击三千里”〔6〕的勇气，我们就能毫无畏惧面对一切困难和挑战，就能坚定不移开辟新天地、创造新奇迹。

我们要坚信，中国特色社会主义道路是实现社会主义现代化的必由之路，是创造人民美好生活的必由之路。我们要坚信，中国特色社会主义理论体系是指导党和人民沿着中国特色社会主义道路实现中华民族伟大复兴的正确理论，是立于时代前沿、与时俱进的科学理论。我们要坚信，中国特色社会主义制度是当代中国发展进步的根本制度保障，是具有鲜明中国特色、明显制度优势、强大自我完善能力的先进制度。

文化自信，是更基础、更广泛、更深厚的自信。在5000多年文明发展中孕育的中华优秀传统文化，在党和人民伟大斗争中孕育的革命文化和社会主义先进文化，积淀着中华民族最深层的精神追求，代表着中华民族独特的精神标识。我们要弘扬社会主义核心价值观，弘扬以爱国主义为核心的民族精神和以改革创新为核心的时代精神，不断增强全党全国各族人民的精神力量。

全党同志必须牢记，我们要建设的是中国特色社会主义，而不是其他什么主义。历史没有终结，也不可能被终结。中国特色社会主义是不是好，要看事实，要看中国人民的判断，而不是看那些戴着有色眼镜的人的主观臆断。中国共产党人和中国人民完全有信心为人类对更好社会制度的探索提供中国方案。

邓小平同志曾经语重心长地说："基本路线要管一百年，动摇不得。只有坚持这条路线，人民才会相信你，拥护你。谁要改变三中全会以来的路线、方针、政策，老百姓不答应，谁就会被打倒。"[7]党的基本路线是国家的生命线、人民的幸福线，我们要坚持把以经济建设为中心作为兴国之要、把四项基本原则[8]作为立国之本、把改革开放作为强国之路，不能有丝毫动摇。

——坚持不忘初心、继续前进，就要统筹推进"五位一体"总体布局，协调推进"四个全面"战略布局，全力推进全面建成小康社会进程，不断把实现"两个一百年"奋斗目标推向前进。

现阶段，建设中国特色社会主义的主要任务，就是到2020年中国共产党成立100年时实现第一个百年奋斗目标、全面建成小康社会，为进而到本世纪中叶中华人民共和国成立100年时实现第二个百年奋斗目标、建成富强民主文明和谐的社会主义现代化国家打下坚实基础。

全面建成小康社会，是我们党向人民、向历史作出的庄严承诺，是13亿多中国人民的共同期盼。为实现这一目标，党的十八大以来，我们党形成并积极推进经济建设、政治建设、文化建设、社会建设、生态文明建设五位一体的总体布局，形成并积极推进全面建成小康社会、全面深化改革、全面依法治国、全面从严治党的战略布局。“五位一体”和“四个全面”相互促进、统筹联动，要协调贯彻好，在推动经济发展的基础上，建设社会主义市场经济、民主政治、先进文化、和谐社会、生态文明，协同推进人民富裕、国家强盛、中国美丽。

发展是党执政兴国的第一要务，是解决中国所有问题的关键。我国仍处于并将长期处于社会主义初级阶段的基本国情没有变，人民日益增长的物质文化需要同落后的社会生产之间的矛盾这一社会主要矛盾没有变[9]，我国是世界上最大发展中国家的国际地位没有变。这是我们谋划发展的基本依据。

面对中国经济发展进入新常态、世界经济发展进入转型期、世界科技发展酝酿新突破的发展格局，我们要坚持以经济建设为中心，坚持以新发展理念引领经济发展新常态，加快转变经济发展方式、调整经济发展结构、提高发展质量和效益，着力推进供给侧结构性改革，推动经济更有效率、更有质量、更加公平、更可持续地发展，加快形成崇尚创新、注重协调、倡导绿色、厚植开放、推进共享的机制和环境，不断壮大我国经济实力和综合国力。

——坚持不忘初心、继续前进，就要坚定不移高举改革开放旗帜，勇于全面深化改革，进一步解放思想、解放和发展社会生产力、解放和增强社会活力，不断把改革开放推向前进。

改革开放是当代中国最鲜明的特色，是我们党在新的历史时期最鲜明的旗帜。改革开放是决定当代中国命运的关键抉择，是党和人民事业大踏步赶上时代的重要法宝。

改革必须坚持正确方向，既不走封闭僵化的老路、也不走改旗易帜的邪路。我们要把完善和发展中国特色社会主义制度、推进国家治理体系和治理能力现代化作为全面深化改革的总目标，勇于推进理论创新、实践创新、制度创新以及其他各方面创新，让制度更加成熟定型，让发展更有质量，让治理更有水平，让人民更有获得感。

我们要坚持以经济体制改革为重点，坚持社会主义市场经济改革方向，全面深化经济体制、政治体制、文化体制、社会体制、生态文明体制和党的建设制度改革。

改革往往都是从易到难。我们的改革要更加注重系统性、整体性、协同性，敢于涉深水区、啃硬骨头。我们要以勇于自我革命的气魄、坚忍不拔的毅力推进改革，敢于向积存多年的顽瘴痼疾开刀，敢于触及深层次利益关系和矛盾，坚决冲破思想观念束缚，坚决破除利益固化藩篱，坚决清除妨碍社会生产力发展的体制机制障碍。

改革和法治如鸟之两翼、车之两轮。我们要坚持走中国特色社会主义法治道路，加快构建中国特色社会主义法治体系，建设社会主义法治国家。全面依法治国，核心是坚持党的领导、人民当家作主、依法治国有机统一，关键在于坚持党领导立法、保证执法、支持司法、带头守法。要在全社会牢固树立宪法法律权威，弘扬宪法精神，任何组织和个人都必须在宪法法律范围内活动，都不得有超越宪法法律的特权。

——坚持不忘初心、继续前进，就要坚信党的根基在人民、党的力量在人民，坚持一切为了人民、一切依靠人民，充分发挥广大人民群众积极性、主动性、创造性，不断把为人民造福事业推向前进。

人民立场是中国共产党的根本政治立场，是马克思主义政党区别于其他政党的显著标志。党与人民风雨同舟、生死与共，始终保持血肉联系，是党战胜一切困难和风险的根本保证，正所谓“得众则得国，失众则失国”[10]。

全党同志要把人民放在心中最高位置，坚持全心全意为人民服务的根本宗旨，实现好、维护好、发展好最广大人民根本利益，把人民拥护不拥护、赞成不赞成、高兴不高兴、答应不答应作为衡量一切工作得失的根本标准，使我们党始终拥有不竭的力量源泉。

带领人民创造幸福生活，是我们党始终不渝的奋斗目标。我们要顺应人民群众对美好生活的向往，坚持以人民为中心的发展思想，以保障和改善民生为重点，发展各项社会事业，加大收入分配调节力度，打赢脱贫攻坚战，保证人民平等参与、平等发展权利，使改革发展成果更多更公平惠及全体人民，朝着实现全体人民共同富裕的目标稳步迈进。

尊重人民主体地位，保证人民当家作主，是我们党的一贯主张。我们要毫不动摇走中国特色社会主义政治发展道路，长期坚持、全面贯彻、不断发展人民代表大会制度、中国共产党领导的多党合作和政治协商制度、民族区域自治制度、基层群众自治制度，发展社会主义协商民主，巩固和发展最广泛的爱国统一战线，扩大人民群众有序政治参与，保证人民广泛参加国家治理和社会治理，形成生动活泼、安定团结的政治局面。

“功以才成，业由才广。”〔11〕党和人民事业要不断发展，就要把各方面人才更好使用起来，聚天下英才而用之。我们要以识才的慧眼、爱才的诚意、用才的胆识、容才的雅量、聚才的良方，广开进贤之路，把党内和党外、国内和国外等各方面优秀人才吸引过来、凝聚起来，努力形成人人渴望成才、人人努力成才、人人皆可成才、人人尽展其才的良好局面。

——坚持不忘初心、继续前进，就要始终不渝走和平发展道路，始终不渝奉行互利共赢的开放战略，加强同各国的友好往来，同各国人民一道，不断把人类和平与发展的崇高事业推向前进。

为人类不断作出新的更大的贡献，是中国共产党和中国人民早就作出的庄严承诺。中国共产党和中国人民从苦难中走过来，深知和平的珍贵、发展的价值，把促进世界和平与发展视为自己的神圣职责。

今天的人类比以往任何时候都更有条件共同朝着和平与发展的目标迈进。中国主张各国人民同心协力，变压力为动力，化危机为生机，以合作取代对抗，以共赢取代独占。什么样的国际秩序和全球治理体系对世界好、对世界各国人民好，要由各国人民商量，不能由一家说了算，不能由少数人说了算。中国将积极参与全球治理体系建设，努力为完善全球治理贡献中国智慧，同世界各国人民一道，推动国际秩序和全球治理体系朝着更加公正合理方向发展。

中国外交政策的宗旨是维护世界和平、促进共同发展。中国始终是世界和平的建设者、全球发展的贡献者、国际秩序的维护者，愿扩大同各国的利益交汇点，推动构建以合作共赢为核心的新型国际关系，推动形成人类命运共同体和利益共同体。

中国坚持独立自主的和平外交政策，在和平共处五项原则的基础上同所有国家发展友好合作。中国坚定不移实行对外开放的基本国策，坚持打开国门搞建设，在“一带一路”等重大国际合作项目中创造更全面、更深入、更多元的对外开放格局。

中国人民深知，中国发展得益于国际社会，愿意以自己的发展为国际发展作出贡献。中国对外开放，不是要一家唱独角戏，而是要欢迎各方共同参与；不是要谋求势力范围，而是要支持各国共同发展；不是要营造自己的后花园，而是要建设各国共享的百花园。

中国倡导人类命运共同体意识，反对冷战思维和零和博弈。中国坚持国家不分大小、强弱、贫富一律平等，尊重各国人民自主选择发展道路的权利，维护国际公平正义，反对把自己的意志强加于人，反对干涉别国内政，反对以强凌弱。中国不觊觎他国权益，不嫉妒他国发展，但决不放弃我们的正当权益。中国人民不信邪也不怕邪，不惹事也不怕事，任何外国不要指望我们会拿自己的核心利益做交易，不要指望我们会吞下损害我国主权、安全、发展利益的苦果。

中国共产党将在独立自主、完全平等、相互尊重、互不干涉内部事务原则的基础上，同各国各地区政党和政治组织发展交流合作，促进国家关系发展。

——坚持不忘初心、继续前进，就要保持党的先进性和纯洁性，着力提高执政能力和领导水平，着力增强抵御风险和拒腐防变能力，不断把党的建设新的伟大工程推向前进。

办好中国的事情，关键在党。中国特色社会主义最本质的特征是中国共产党领导，中国特色社会主义制度的最大优势是中国共产党领导。坚持和完善党的领导，是党和国家的根本所在、命脉所在，是全国各族人民的利益所在、幸福所在。

我们党作为一个有8800多万名党员、440多万个党组织的党，作为一个在有着13亿多人口的大国长期执政的党，党的建设关系重大、牵动全局。党和人民事业发展到什么阶段，党的建设就要推进到什么阶段。这是加强党的建设必须把握的基本规律。

先进性和纯洁性是马克思主义政党的本质属性，我们加强党的建设，就是要同一切弱化先进性、损害纯洁性的问题作斗争，祛病疗伤，激浊扬清。全党要以自我革命的政治勇气，着力解决党自身存在的突出问题，不断增强党自我净化、自我完善、自我革新、自我提高能力，经受“四大考验”〔12〕、克服“四种危险”〔13〕，确保党始终成为中国特色社会主义事业的坚强领导核心。

治国必先治党，治党务必从严。如果管党不力、治党不严，人民群众反映强烈的党内突出问题得不到解决，那我们党迟早会失去执政资格，不可避免被历史淘汰。管党治党，必须严字当头，把严的要求贯彻全过程，做到真管真严、敢管敢严、长管长严。

严肃党内政治生活是全面从严治党的基础。党要管党，首先要从党内政治生活管起；从严治党，首先要从党内政治生活严起。我们要加强和规范党内政治生活，严肃党的政治纪律和政治规矩，增强党内政治生活的政治性、时代性、原则性、战斗性，全面净化党内政治生态。全党同志要增强政治意识、大局意识、核心意识、看齐意识，切实做到对党忠诚、为党分忧、为党担责、为党尽责。

党的作风是党的形象，是观察党群干群关系、人心向背的晴雨表。党的作风正，人民的心气顺，党和人民就能同甘共苦。实践证明，只要真管真严、敢管敢严，党风建设就没有什么解决不了的问题。作风建设永远在路上。“己不正，焉能正人。”我们要从中央政治局常委会、中央政治局、中央委员会抓起，从高级干部抓起，持之以恒加强作风建设，坚持和发扬党的优良传统和作风，坚持抓常、抓细、抓长，使党的作风全面好起来，确保党始终同人民同呼吸、共命运、心连心。

我们党作为执政党，面临的最大威胁就是腐败。党的十八大以来，我们党坚持“老虎”、“苍蝇”一起打，使不敢腐的震慑作用得到发挥，不能腐、不想腐的效应初步显现，反腐败斗争压倒性态势正在形成。反腐倡廉、拒腐防变必须警钟长鸣。各级领导干部要牢固树立正确权力观，保持高尚精神追求，敬畏人民、敬畏组织、敬畏法纪，做到公正用权、依法用权、为民用权、廉洁用权，永葆共产党人拒腐蚀、永不沾的政治本色。我们要以顽强的意志品质，坚持零容忍的态度不变，做到有案必查、有腐必惩，让腐败分子在党内没有任何藏身之地！

伟大的斗争，宏伟的事业，需要高素质干部。我们要坚持德才兼备、以德为先，坚持五湖四海、任人唯贤，坚持事业为上、公道正派，坚决防止和纠正选人用人上的不正之风，把党和人民需要的好干部精心培养起来、及时发现出来、合理使用起来。

以德修身、以德立威、以德服众，是干部成长成才的重要因素。每一名党员干部都要坚守“三严三实”〔14〕，拧紧世界观、人生观、价值观这个“总开关”，做到心中有党、心中有民、心中有责、心中有戒，把为党和人民事业无私奉献作为人生的最高追求。各级领导干部要加快知识更新、加强实践锻炼，使专业素养和工作能力跟上时代节拍，避免少知而迷、无知而乱，努力成为做好工作的行家里手。

注　释

〔**1**〕见西晋陈寿《三国志·吴书·孙奋传》。

〔**2**〕见恩格斯《致韦尔纳·桑巴特》（《马克思恩格斯文集》第10卷，人民出版社2009年版，第691页）。

〔**3**〕见明代王守仁《教条示龙场诸生》。

〔**4**〕见夏明翰《就义诗》（《夏明翰》，人民出版社1984年版，第1页）。

〔**5**〕见方志敏《死！——共产主义的殉道者的记述》（《方志敏文集》，人民出版社1985年版，第144页）。

〔**6**〕见毛泽东《对〈毛主席诗词〉若干词句的解释》(《毛泽东文集》第8卷，人民出版社1999年版，第364页)。

〔**7**〕见邓小平《在武昌、深圳、珠海、上海等地的谈话要点》(《邓小平文选》第3卷，人民出版社1993年版，第370—371页)。

〔**8**〕四项基本原则，指坚持社会主义道路，坚持人民民主专政，坚持中国共产党的领导，坚持马克思列宁主义和毛泽东思想。

〔**9**〕中国共产党第十九次全国代表大会报告《决胜全面建成小康社会，夺取新时代中国特色社会主义伟大胜利》提出：中国特色社会主义进入新时代，我国社会主要矛盾已经转化为人民日益增长的美好生活需要和不平衡不充分的发展之间的矛盾。

〔**10**〕见《礼记·大学》。

〔**11**〕见西晋陈寿《三国志·蜀书·董允传》裴松之注引《襄阳记》。

〔**12**〕“四大考验”，指执政考验、改革开放考验、市场经济考验、外部环境考验。

〔**13**〕“四种危险”，指精神懈怠危险、能力不足危险、脱离群众危险、消极腐败危险。

〔**14**〕“三严三实”，指严以修身、严以用权、严以律己，谋事要实、创业要实、做人要实。

弘扬伟大长征精神，走好今天的长征路*

（2016 年 10 月 21 日）

长征这一人类历史上的伟大壮举，留给我们最可宝贵的精神财富，就是中国共产党人和红军将士用生命和热血铸就的伟大长征精神。

伟大长征精神，就是把全国人民和中华民族的根本利益看得高于一切，坚定革命的理想和信念，坚信正义事业必然胜利的精神；就是为了救国救民，不怕任何艰难险阻，不惜付出一切牺牲的精神；就是坚持独立自主、实事求是，一切从实际出发的精神；就是顾全大局、严守纪律、紧密团结的精神；就是紧紧依靠人民群众，同人民群众生死相依、患难与共、艰苦奋斗的精神。

伟大长征精神，是中国共产党人及其领导的人民军队革命风范的生动反映，是中华民族自强不息的民族品格的集中展示，是以爱国主义为核心的民族精神的最高体现。

人无精神则不立，国无精神则不强。精神是一个民族赖

---

* 这是习近平在纪念红军长征胜利 80 周年大会上讲话的一部分。

以长久生存的灵魂，唯有精神上达到一定的高度，这个民族才能在历史的洪流中屹立不倒、奋勇向前。伟大长征精神，作为中国共产党人红色基因和精神族谱的重要组成部分，已经深深融入中华民族的血脉和灵魂，成为社会主义核心价值观的丰富滋养，成为鼓舞和激励中国人民不断攻坚克难、从胜利走向胜利的强大精神动力。

历史是人民创造的，英雄的人民创造英雄的历史。今天中国的进步和发展，就是从长征中走出来的。

早在新中国成立前夕，毛泽东同志就告诫我们："夺取全国胜利，这只是万里长征走完了第一步。"〔1〕新中国成立后，经过艰苦摸索和曲折实践，我们开启了改革开放新时代，迈上了建设中国特色社会主义新长征之路。

改革开放30多年来，在中国共产党领导下，全国各族人民团结一心、艰苦奋斗，我国改革开放和社会主义现代化事业加速发展，人民生活得到根本改善，我国社会主义制度极大巩固和发展，我们迎来了中华民族实现伟大复兴的光明前景。

坚持和发展中国特色社会主义是一项长期的艰巨的历史任务。邓小平同志说："我们搞社会主义才几十年，还处在初级阶段。巩固和发展社会主义制度，还需要一个很长的历史阶段，需要我们几代人、十几代人，甚至几十代人坚持不懈地努力奋斗，决不能掉以轻心。"〔2〕

历史是不断向前的，要达到理想的彼岸，就要沿着我们确定的道路不断前进。每一代人有每一代人的长征路，每一代人都要走好自己的长征路。今天，我们这一代人的长征，就是要实现“两个一百年”奋斗目标、实现中华民族伟大复兴的中国梦。

今天的长征同当年的红军长征相比，同改革开放以来我们已经走过的新长征之路相比，虽然在环境、条件、任务、力量等方面有一些差异甚至有很大不同，但都是具有开创性、艰巨性、复杂性的事业。

实现伟大的理想，没有平坦的大道可走。夺取坚持和发展中国特色社会主义伟大事业新进展，夺取推进党的建设新的伟大工程新成效，夺取具有许多新的历史特点的伟大斗争新胜利，我们还有许多“雪山”、“草地”需要跨越，还有许多“娄山关”、“腊子口”需要征服，一切贪图安逸、不愿继续艰苦奋斗的想法都是要不得的，一切骄傲自满、不愿继续开拓前进的想法都是要不得的。

长征永远在路上。一个不记得来路的民族，是没有出路的民族。不论我们的事业发展到哪一步，不论我们取得了多大成就，我们都要大力弘扬伟大长征精神，在新的长征路上继续奋勇前进。

——弘扬伟大长征精神，走好今天的长征路，必须坚定共产主义远大理想和中国特色社会主义共同理想，为崇高理想信念而矢志奋斗。长征胜利启示我们：心中有信仰，脚下有力量；没有牢不可破的理想信念，没有崇高理想信念的有力支撑，要取得长征胜利是不可想象的。邓小平同志说：“过去我们党无论怎样弱小，无论遇到什么困难，一直有强大的战斗力，因为我们有马克思主义和共产主义的信念。有了共同的理想，也就有了铁的纪律。无论过去、现在和将来，这都是我们的真正优势。”[3]

在新的长征路上，我们一定要保持理想信念坚定，不论时代如何变化，不论条件如何变化，都风雨如磐不动摇，自觉做共产主义远大理想和中国特色社会主义共同理想的坚定信仰者、忠实实践者，永远为了真理而斗争，永远为了理想而斗争。

“石可破也，而不可夺坚；丹可磨也，而不可夺赤。”[4]理想信念的坚定，来自思想理论的坚定。认识真理，掌握真理，信仰真理，捍卫真理，是坚定理想信念的精神前提。中国共产党人的理想信念，建立在马克思主义科学真理的基础之上，建立在马克思主义揭示的人类社会发展规律的基础之上，建立在为最广大人民谋利益的崇高价值的基础之上。我们坚定，是因为我们追求的是真理。我们坚定，是因为我们遵循的是规律。我们坚定，是因为我们代表的是最广大人民根本利益。

坚定理想信念，就要深入学习马克思列宁主义、毛泽东思想、邓小平理论、“三个代表”重要思想、科学发展观，深入学习党的十八大以来党中央治国理政新理念新思想新战略，让真理武装我们的头脑，让真理指引我们的理想，让真理坚定我们的信仰。要坚持学而信、学而思、学而行，把学习成果转化为不可撼动的理想信念，转化为正确的世界观、人生观、价值观，用理想之光照亮奋斗之路，用信仰之力开创美好未来。

——弘扬伟大长征精神，走好今天的长征路，必须坚定中国特色社会主义道路自信、理论自信、制度自信、文化自信，为夺取中国特色社会主义伟大事业新胜利而矢志奋斗。长征胜利启示我们：只有掌握科学理论才能把握正确前进方向；只有立足实际、独立自主开辟前进道路，才能不断走向胜利。长征走过的道路，不仅翻越了千山万水，而且翻越了把马克思主义当做一成不变的教条的错误思想障碍。长征给我们的根本经验和启示，就是要坚持马克思主义基本原理同中国具体实际相结合，坚定不移走符合中国国情的革命、建设、改革道路。

在新的长征路上，我们要坚信，中国特色社会主义道路是实现社会主义现代化的必由之路，是指引中国人民创造自己美好生活的必由之路。中国特色社会主义理论体系是指导党和人民沿着中国特色社会主义道路实现中华民族伟大复兴的正确理论，是立于时代前沿、与时俱进的科学理论。中国特色社会主义制度是当代中国发展进步的根本制度保障，是具有鲜明中国特色、明显制度优势、强大自我完善能力的先进制度。中国特色社会主义文化积淀着中华民族最深层的精神追求，代表着中华民族独特的精神标识，是中国人民胜利前行的强大精神力量。这一点，不仅已经在理论上被证明是正确的，而且在实践上也被证明是正确的。

中国特色社会主义，承载着几代中国共产党人的理想和探索，寄托着无数仁人志士的夙愿和期盼，凝聚着亿万人民的奋斗和牺牲，是近代以来中国社会发展的必然选择。我们强调坚定道路自信、理论自信、制度自信、文化自信，不是说就固步自封、不思进取了，我们必须不断有所发现、有所发明、有所创造、有所前进，使中国特色社会主义永远充满蓬勃生机活力。同时，我们要永远记住，我们所进行的一切完善和改进，都是在既定方向上的继续前进，而不是改变方向，更不是要丢掉我们党、国家、人民安身立命的根本。

——弘扬伟大长征精神，走好今天的长征路，必须把人民放在心中最高位置，坚持一切为了人民、一切依靠人民，为人民过上更加美好生活而矢志奋斗。长征胜利启示我们：人民群众有着无尽的智慧和力量，只有始终相信人民，紧紧依靠人民，充分调动广大人民的积极性、主动性、创造性，才能凝聚起众志成城的磅礴之力。一部红军长征史，就是一部反映军民鱼水情深的历史。在湖南汝城县沙洲村，3 名女红军借宿徐解秀老人家中，临走时，把自己仅有的一床被子剪下一半给老人留下了。老人说，什么是共产党？共产党就是自己有一条被子，也要剪下半条给老百姓的人。同人民风雨同舟、血脉相通、生死与共，是中国共产党和红军取得长征胜利的根本保证，也是我们战胜一切困难和风险的根本保证。中国共产党之所以能够发展壮大，中国特色社会主义之所以能够不断前进，正是因为依靠了人民。中国共产党之所以能够得到人民拥护，中国特色社会主义之所以能够得到人民支持，也正是因为造福了人民。

在新的长征路上，全党必须牢记，为什么人、靠什么人的问题，是检验一个政党、一个政权性质的试金石。我们要始终把人民立场作为根本政治立场，把人民利益摆在至高无上的地位，不断把为人民造福事业推向前进。我们要团结带领全体人民，以自己的辛勤劳动和不懈努力，不断保障和改善民生，让改革发展成果更多更公平惠及全体人民，朝着实现全体人民共同富裕的目标稳步迈进。

“水能载舟，亦能覆舟。”[5]这个道理我们必须牢记，任何时候都不能忘却。老百姓是天，老百姓是地。忘记了人民，脱离了人民，我们就会成为无源之水、无本之木，就会一事无成。我们要坚持党的群众路线，始终保持党同人民群众的血肉联系，始终接受人民群众批评和监督，心中常思百姓疾苦，脑中常谋富民之策，使我们党永远赢得人民群众信任和拥护，使我们的事业始终拥有不竭的力量源泉。

团结是战胜一切困难的强大力量，是凝聚人心、成就伟业的重要保证。在为中华民族伟大复兴而奋斗的征程中，我们一定要巩固全国各族人民大团结，增强各党派、各团体、各民族、各阶层以及各方面的团结，坚决维护国家统一和社会和谐稳定，坚决反对任何破坏统一和团结的分裂活动。我们要凝聚起全体人民智慧和力量，激发出全社会创造活力和发展动力，让全体中华儿女万众一心、团结奋斗迸发出来的磅礴力量成为实现中华民族伟大复兴的强大动力。

——弘扬伟大长征精神，走好今天的长征路，必须把握方向、统揽大局、统筹全局，为实现我们的总任务、总布局、总目标而矢志奋斗。长征胜利启示我们：一个党要立于不败之地，必须立于时代潮头，紧扣新的历史特点，科学谋划全局，牢牢把握战略主动，坚定不移实现我们的战略目标。长征走的是高山峻岭，渡的是大河险滩，过的是草地荒原，但每一个行程、每一次突围、每一场战斗都从战略全局出发，既赢得了战争胜利，也赢得了战略主动。这既是一种精神，也是一种智慧。

在新的长征路上，我们要立足世情国情党情，统筹国内国际两个大局，统筹党和国家事业发展全局，协调推进各项事业发展，抓住战略重点，实现关键突破，赢得战略主动，防范系统性风险，避免颠覆性危机，维护好发展全局。

坚持和发展中国特色社会主义，总任务是实现社会主义现代化和中华民族伟大复兴。我们必须统筹推进“五位一体”总体布局、协调推进“四个全面”战略布局，一心一意为实现“两个一百年”奋斗目标而努力工作，不断把完成总任务的历史进程推向前进。发展对坚持和发展中国特色社会主义具有决定性意义，我们必须坚持以经济建设为中心，坚持以新发展理念引领经济发展新常态，破解发展难题，厚植发展优势，不断为坚持和发展中国特色社会主义奠定强大物质基础。改革是决定当代中国命运的关键一招，我们必须坚定不移高举改革旗帜，坚决冲破思想观念束缚，坚决破除利益固化藩篱，坚决清除妨碍生产力发展和社会进步的体制机制障碍，不断推进国家治理体系和治理能力现代化。创新是引领发展的第一动力，我们必须解放思想、实事求是、与时俱进，坚定不移推进理论创新、实践创新、制度创新以及其他各方面创新，让党和国家事业始终充满创造活力、不断打开创新局面。

——弘扬伟大长征精神，走好今天的长征路，必须建设同我国国际地位相称、同国家安全和发展利益相适应的巩固国防和强大军队，为维护国家安全和世界和平而矢志奋斗。长征胜利启示我们：人民军队是革命的依托、民族的希望，党对军队绝对领导是人民军队赢得胜利的根本保证。长征锻炼了人民军队，长征磨练了人民军队，长征成就了人民军队，长征开启了人民军队发展的新起点。长征是人民军队的光荣，光荣的人民军队必须永远继承红军长征的伟大精神和优良作风。

在新的长征路上，我们要坚持以党在新形势下的强军目标为引领，深入贯彻新形势下军事战略方针，努力建设世界一流军队。

强国必须强军，军强才能国安。要紧紧扭住政治建军不放松，坚持党对军队的绝对领导，永葆人民军队性质、宗旨、本色，永远做红军的传人，着力培养有灵魂、有本事、有血性、有品德的新一代革命军人，努力锻造具有铁一般信仰、铁一般信念、铁一般纪律、铁一般担当的过硬部队。要紧紧扭住改革强军不放松，坚定不移深化国防和军队改革，着力解决制约国防和军队建设的体制性障碍、结构性矛盾、政策性问题，深入推进军队组织形态现代化，加快构建中国特色现代军事力量体系。要紧紧扭住依法治军不放松，着力构建中国特色军事法治体系，推动实现治军方式的根本性转变，提高国防和军队建设法治化水平。要紧紧扭住备战打仗不放松，坚持战斗力这个唯一的根本标准，拓展和深化军事斗争准备，加强实战化军事训练，加快提升打赢信息化战争能力。要深入贯彻军民融合发展战略，更好把国防和军队建设融入国家经济社会发展体系，形成全要素、多领域、高效益的军民融合深度发展格局。要加强国防动员和后备力量建设，巩固和发展军政军民团结。要加强国际军事安全合作，积极履行同中国国际地位相适应的责任和义务，同世界各国一道共同应对全球性安全挑战，为维护世界和平作出更大贡献。全军要增强忧患意识、危机意识、使命意识，以只争朝夕的精神推进国防和军队现代化，担负起维护国家主权、安全、发展利益的重大责任。

——弘扬伟大长征精神，走好今天的长征路，必须加强党的领导，坚持全面从严治党，为推进党的建设新的伟大工程而矢志奋斗。长征胜利启示我们：党的领导是党和人民事业成功的根本保证。毛泽东同志指出："谁使长征胜利的呢？是共产党。没有共产党，这样的长征是不可能设想的。中国共产党，它的领导机关，它的干部，它的党员，是不怕任何艰难困苦的。"[6]中国共产党的领导，是中国革命、建设、改革不断取得胜利最根本的保证，是中国特色社会主义最本质的特征，也是中国特色社会主义的最大优势，必须毫不动摇坚持和完善。

在新的长征路上，全党同志都要自觉坚持和维护党的领导，自觉站在党和人民立场上，对党忠诚、为党分忧、为党担责、为党尽责，竭尽全力完成党交给的职责和任务，通过全党共同努力，使我们党永远同人民在一起、永远走在时代前列。

"自知者英，自胜者雄。"[7]民族复兴梦想越接近，改革开放任务越繁重，越要加强党的建设。安不忘危，才是生存发展之道。我们党面临的"四大考验"、"四种危险"是长期的、复杂的、严峻的。要坚持党中央集中统一领导，在各级党组织和广大党员、干部中强化政治意识、大局意识、核心意识、看齐意识，确保在思想上政治上行动上始终同党中央保持高度一致。要继续推进全面从严治党，牢牢把握加强党的执政能力建设和先进性建设这条主线，加强和规范新形势下党内政治生活，坚定不移推进党风廉政建设和反腐败斗争，不断增强党自我净化、自我完善、自我革新、自我提高能力，提高党的领导水平和执政水平、增强拒腐防变和抵御风险能力，确保党始终成为中国特色社会主义事业的坚强领导核心。

弘扬伟大长征精神，走好今天的长征路，是新的时代条件下我们面临的一个重大课题。伟大长征精神，是党和人民付出巨大代价、进行伟大斗争获得的宝贵精神财富，我们世世代代都要牢记伟大长征精神、学习伟大长征精神、弘扬伟大长征精神，使之成为我们党、我们国家、我们人民、我们军队、我们民族不断走向未来的强大精神动力。

长征胜利 80 年来，我们党团结带领全国各族人民，不断推进革命、建设、改革伟大事业，进行了一次又一次波澜壮阔的伟大长征，夺取了一个又一个举世瞩目的伟大胜利。

现在，我们比历史上任何时期都更接近中华民族伟大复兴的目标，比历史上任何时期都更有信心、有能力实现这个目标。我们这一代人，继承了前人的事业，进行着今天的奋斗，更要开辟明天的道路。

蓝图已绘就，奋进正当时。前进道路上，我们要大力弘扬伟大长征精神，激励和鼓舞全党全军全国各族人民特别是青年一代发愤图强、奋发有为，继续把革命前辈开创的伟大事业推向前进，在实现“两个一百年”奋斗目标、实现中华民族伟大复兴中国梦新的长征路上续写新的篇章、创造新的辉煌！

注　　释

〔**1**〕见毛泽东《在中国共产党第七届中央委员会第二次全体会议上的报告》(《毛泽东选集》第 4 卷，人民出版社 1991 年版，第 1438 页)。

〔**2**〕见邓小平《在武昌、深圳、珠海、上海等地的谈话要点》(《邓小平文选》第 3 卷，人民出版社 1993 年版，第 379—380 页)。

〔**3**〕见邓小平《在中国共产党全国代表会议上的讲话》(《邓小平文选》第 3 卷，人民出版社 1993 年版，第 144 页)。

〔**4**〕见《吕氏春秋 · 诚廉》。

〔**5**〕见唐代吴兢《贞观政要 · 政体》。

〔**6**〕见毛泽东《论反对日本帝国主义的策略》(《毛泽东选集》第 1 卷，人民出版社 1991 年版，第 150 页)。

〔**7**〕见隋代王通《中说 · 周公篇》。

高举中国特色社会主义伟大旗帜，为决胜全面小康社会实现中国梦而奋斗*

（2017 年 7 月 26 日）

中国特色社会主义是改革开放以来党的全部理论和实践的主题，全党必须高举中国特色社会主义伟大旗帜，牢固树立中国特色社会主义道路自信、理论自信、制度自信、文化自信，确保党和国家事业始终沿着正确方向胜利前进。我们要牢牢把握我国发展的阶段性特征，牢牢把握人民群众对美好生活的向往，提出新的思路、新的战略、新的举措，继续统筹推进“五位一体”总体布局、协调推进“四个全面”战略布局，决胜全面建成小康社会，夺取中国特色社会主义伟大胜利，为实现中华民族伟大复兴的中国梦不懈奋斗。

即将召开的党的十九大，是在全面建成小康社会决胜阶段、中国特色社会主义发展关键时期召开的一次十分重要的大会，能否提出具有全局性、战略性、前瞻性的行动纲领，

---

* 这是习近平在省部级主要领导干部“学习习近平总书记重要讲话精神，迎接党的十九大”专题研讨班开班式上的讲话要点。

事关党和国家事业继往开来，事关中国特色社会主义前途命运，事关最广大人民根本利益。我们党要明确宣示举什么旗、走什么路、以什么样的精神状态、担负什么样的历史使命、实现什么样的奋斗目标。

谋划和推进党和国家各项工作，必须深入分析和准确判断当前世情国情党情。我们强调重视形势分析，对形势作出科学判断，是为制定方针、描绘蓝图提供依据，也是为了使全党同志特别是各级领导干部增强忧患意识，做到居安思危、知危图安。分析国际国内形势，既要看到成绩和机遇，更要看到短板和不足、困难和挑战，看到形势发展变化给我们带来的风险，从最坏处着眼，做最充分的准备，朝好的方向努力，争取最好的结果。

党的十八大以来的5年，是党和国家发展进程中很不平凡的5年。5年来，党中央科学把握当今世界和当代中国的发展大势，顺应实践要求和人民愿望，推出一系列重大战略举措，出台一系列重大方针政策，推进一系列重大工作，解决了许多长期想解决而没有解决的难题，办成了许多过去想办而没有办成的大事。我们全面加强党的领导，大大增强了党的凝聚力、战斗力和领导力、号召力。我们坚定不移贯彻新发展理念，有力推动我国发展不断朝着更高质量、更有效率、更加公平、更可持续的方向前进。我们坚定不移全面深化改革，推动改革呈现全面发力、多点突破、纵深推进的崭新局面。我们坚定不移全面推进依法治国，显著增强了我们党运用法律手段领导和治理国家的能力。我们加强党对意识形态工作的领导，巩固了全党全社会思想上的团结统一。我们坚定不移推进生态文明建设，推动美丽中国建设迈出重要步伐。我们坚定不移推进国防和军队现代化，推动国防和军队改革取得历史性突破。我们坚定不移推进中国特色大国外交，营造了我国发展的和平国际环境和良好周边环境。我们坚定不移推进全面从严治党，着力解决人民群众反映最强烈、对党的执政基础威胁最大的突出问题，形成了反腐败斗争压倒性态势，党内政治生活气象更新，全党理想信念更加坚定、党性更加坚强，党自我净化、自我完善、自我革新、自我提高能力显著提高，党的执政基础和群众基础更加巩固，为党和国家各项事业发展提供了坚强政治保证。

抓住重点带动面上工作，是唯物辩证法的要求，也是我们党在革命、建设、改革进程中一贯倡导和坚持的方法。经过改革开放近 40 年的发展，我国社会生产力水平明显提高；人民生活显著改善，对美好生活的向往更加强烈，人民群众的需要呈现多样化多层次多方面的特点，期盼有更好的教育、更稳定的工作、更满意的收入、更可靠的社会保障、更高水平的医疗卫生服务、更舒适的居住条件、更优美的环境、更丰富的精神文化生活。

认识和把握我国社会发展的阶段性特征，要坚持辩证唯物主义和历史唯物主义的方法论，从历史和现实、理论和实践、国内和国际等的结合上进行思考，从我国社会发展的历史方位上来思考，从党和国家事业发展大局出发进行思考，得出正确结论。全党要牢牢把握社会主义初级阶段这个最大国情，牢牢立足社会主义初级阶段这个最大实际，更准确地把握我国社会主义初级阶段不断变化的特点，坚持党的基本路线，在继续推动经济发展的同时，更好解决我国社会出现的各种问题，更好实现各项事业全面发展，更好发展中国特色社会主义事业，更好推动人的全面发展、社会全面进步。

党的十八大以来，在新中国成立特别是改革开放以来我国发展取得的重大成就基础上，党和国家事业发生历史性变革，我国发展站到了新的历史起点上，中国特色社会主义进入了新的发展阶段。中国特色社会主义不断取得的重大成就，意味着近代以来久经磨难的中华民族实现了从站起来、富起来到强起来的历史性飞跃，意味着社会主义在中国焕发出强大生机活力并不断开辟发展新境界，意味着中国特色社会主义拓展了发展中国家走向现代化的途径，为解决人类问题贡献了中国智慧、提供了中国方案。全党要提高战略思维能力，不断增强工作的原则性、系统性、预见性、创造性，按照新要求制定党和国家大政方针，完善发展战略和各项政策，以新的精神状态和奋斗姿态把中国特色社会主义推向前进。

我们党是高度重视理论建设和理论指导的党，强调理论必须同实践相统一。我们坚持和发展中国特色社会主义，必须高度重视理论的作用，增强理论自信和战略定力。在新的时代条件下，我们要进行伟大斗争、建设伟大工程、推进伟大事业、实现伟大梦想，仍然需要保持和发扬马克思主义政党与时俱进的理论品格，勇于推进实践基础上的理论创新。时代是思想之母，实践是理论之源。我们要在迅速变化的时代中赢得主动，要在新的伟大斗争中赢得胜利，就要在坚持马克思主义基本原理的基础上，以更宽广的视野、更长远的眼光来思考和把握国家未来发展面临的一系列重大战略问题，在理论上不断拓展新视野、作出新概括。

到2020年全面建成小康社会，实现第一个百年奋斗目标，是我们党向人民、向历史作出的庄严承诺。我们要按照党的十六大、十七大、十八大提出的全面建成小康社会各项要求，突出抓重点、补短板、强弱项，特别是要坚决打好防范化解重大风险、精准脱贫、污染防治的攻坚战，坚定不移深化供给侧结构性改革，推动经济社会持续健康发展，使全面建成小康社会得到人民认可、经得起历史检验。2020年全面建成小康社会后，我们要激励全党全国各族人民为实现第二个百年奋斗目标而努力，踏上建设社会主义现代化国家新征程，让中华民族以更加昂扬的姿态屹立于世界民族之林。

党要团结带领人民进行伟大斗争、推进伟大事业、实现伟大梦想，必须毫不动摇坚持和完善党的领导，毫不动摇推进党的建设新的伟大工程，把党建设得更加坚强有力。只有进一步把党建设好，确保我们党永葆旺盛生命力和强大战斗力，我们党才能带领人民成功应对重大挑战、抵御重大风险、克服重大阻力、解决重大矛盾，不断从胜利走向新的胜利。实践使我们越来越深刻地认识到，管党治党不仅关系党的前途命运，而且关系国家和民族的前途命运，必须以更大的决心、更大的勇气、更大的气力抓紧抓好。

全面从严治党永远在路上。一个政党，一个政权，其前途命运取决于人心向背。对党的十八大以来全面从严治党取得的成果，人民群众给予了很高评价，成绩值得充分肯定，经验值得深入总结。但是，我们决不能因此而沾沾自喜、盲目乐观。全面从严治党依然任重道远。全党要坚持问题导向，保持战略定力，推动全面从严治党向纵深发展，把全面从严治党的思路举措搞得更加科学、更加严密、更加有效，确保党始终同人民想在一起、干在一起，引领承载着中国人民伟大梦想的航船破浪前进，胜利驶向光辉的彼岸。

继续推进马克思主义中国化时代化大众化*

（2017 年 9 月 29 日）

我们党是用马克思主义武装起来的政党，马克思主义是我们共产党人理想信念的灵魂。发展 21 世纪马克思主义、当代中国马克思主义，必须立足中国、放眼世界，保持与时俱进的理论品格，深刻认识马克思主义的时代意义和现实意义，锲而不舍推进马克思主义中国化、时代化、大众化，使马克思主义放射出更加灿烂的真理光芒。

在人类思想史上，就科学性、真理性、影响力、传播面而言，没有一种思想理论能达到马克思主义的高度，也没有一种学说能像马克思主义那样对世界产生了如此巨大的影响。这体现了马克思主义的巨大真理威力和强大生命力，表明马克思主义对人类认识世界、改造世界、推动社会进步仍然具有不可替代的作用。学习研究当代世界马克思主义思潮，对我们推进马克思主义中国化，发展 21 世纪马克思主义、当代中国马克思主义具有积极作用。

---

* 这是习近平在主持中共十八届中央政治局第四十三次集体学习时的讲话要点。

时代在变化，社会在发展，但马克思主义基本原理依然是科学真理。尽管我们所处的时代同马克思所处的时代相比发生了巨大而深刻的变化，但从世界社会主义500年的大视野来看，我们依然处在马克思主义所指明的历史时代。这是我们对马克思主义保持坚定信心、对社会主义保持必胜信念的科学根据。马克思主义就是我们党和人民事业不断发展的参天大树之根本，就是我们党和人民不断奋进的万里长河之泉源。背离或放弃马克思主义，我们党就会失去灵魂、迷失方向。在坚持以马克思主义为指导这一根本问题上，我们必须坚定不移，任何时候任何情况下都不能动摇。

只有民族的才是世界的，只有引领时代才能走向世界。要立足时代特点，推进马克思主义时代化，更好运用马克思主义观察时代、解读时代、引领时代，真正搞懂面临的时代课题，深刻把握世界历史的脉络和走向。新中国成立以来特别是改革开放以来，中国发生了深刻变革，置身这一历史巨变之中的中国人更有资格、更有能力揭示这其中所蕴含的历史经验和发展规律，为发展马克思主义作出中国的原创性贡献。要有这样的理论自觉，更要有这样的理论自信。要立足我国实际，以我们正在做的事情为中心，聆听人民心声，回应现实需要，深入总结中国特色社会主义实践，更好实现马克思主义基本原理同当代中国具体实际相结合，同时也要放宽视野，吸收人类文明一切有益成果，不断创新和发展马克思主义。

世界格局正处在加快演变的历史进程之中，产生了大量深刻复杂的现实问题，提出了大量亟待回答的理论课题。这就需要我们加强对当代资本主义的研究，分析把握其出现的各种变化及其本质，深化对资本主义和国际政治经济关系深刻复杂变化的规律性认识。当代世界马克思主义思潮，一个很重要的特点就是他们中很多人对资本主义结构性矛盾以及生产方式矛盾、阶级矛盾、社会矛盾等进行了批判性揭示，对资本主义危机、资本主义演进过程、资本主义新形态及本质进行了深入分析。这些观点有助于我们正确认识资本主义发展趋势和命运，准确把握当代资本主义新变化新特征，加深对当代资本主义变化趋势的理解。对国外马克思主义研究新成果，我们要密切关注和研究，有分析、有鉴别，既不能采取一概排斥的态度，也不能搞全盘照搬。同时，我们要坚持把自己的事情办好，不断发展中国特色社会主义，不断壮大我国综合国力，充分展示我国社会主义制度的优越性。

回顾党的奋斗历程可以发现，我们党之所以能够不断历经艰难困苦创造新的辉煌，很重要的一条就是我们党始终重视思想建党、理论强党，坚持用科学理论武装广大党员、干部的头脑，使全党始终保持统一的思想、坚定的意志、强大的战斗力。我们要赢得优势、赢得主动、赢得未来，战胜前进道路上各种各样的拦路虎、绊脚石，必须把马克思主义作为看家本领，以更宽广的视野、更长远的眼光来思考把握未来发展面临的一系列重大问题，不断提高全党运用马克思主义分析和解决实际问题的能力，不断提高运用科学理论指导我们应对重大挑战、抵御重大风险、克服重大阻力、解决重大矛盾的能力。要坚持不懈用马克思主义中国化最新成果武装头脑、凝心聚魂，坚定全党马克思主义信仰和共产主义理想，不断提高全党特别是领导干部的理论思维能力和思想政治水平。领导干部特别是高级干部要带头学习，原原本本学习和研读马克思主义经典著作，学习毛泽东思想、邓小平理论、“三个代表”重要思想、科学发展观，学习党中央治国理政新理念新思想新战略，要深入学、持久学、刻苦学，带着问题学、联系实际学，把科学思想理论转化为认识世界、改造世界的强大物质力量，以更好坚持和发展中国特色社会主义。

二、决胜全面建成小康社会

深刻认识全面建成小康社会决胜阶段的形势*

（2015 年 10 月 29 日）

到 2020 年全面建成小康社会，是我们党向人民、向历史作出的庄严承诺。“十三五”时期与实现全面建成小康社会奋斗目标的时间节点高度契合，“十三五”规划是全面建成小康社会收官的规划。今后 5 年党和国家各项任务，归结起来就是夺取全面建成小康社会决胜阶段的伟大胜利，实现第一个百年奋斗目标。

改革开放之初，邓小平同志首先用小康来诠释中国式现代化，明确提出到 20 世纪末“在中国建立一个小康社会”〔1〕的奋斗目标。在全党全国各族人民共同努力下，这个目标在上世纪末如期实现，人民生活总体上达到小康水平。在这个基础上，党的十六大提出本世纪头 20 年全面建设惠及十几亿人口的更高水平的小康社会的奋斗目标。党的十六大以来，我们党扭住这个奋斗目标，一茬接着一茬干，一棒接着一棒跑，全面建设小康社会取得了显著成绩。

---

* 这是习近平在中共十八届五中全会第二次全体会议上讲话的一部分。

现在，这个时跨本世纪头20年的奋斗历程到了需要一鼓作气向终点线冲刺的历史时刻。完成这一战略任务，是我们的历史责任，也是我们的最大光荣。我们必须清醒看到，如期全面建成小康社会，既具有充分条件，也面临艰巨任务，前进道路并不平坦，诸多矛盾叠加、风险隐患增多的挑战依然严峻复杂。如果应对不好，或者发生系统性风险、犯颠覆性错误，就会延误甚至中断全面建成小康社会进程。对此，全党同志必须做好充分的思想准备和工作准备，认清形势，坚定信心，继续顽强奋斗。

"知其事而不度其时则败"〔2〕。尽管国际国内环境发生了深刻复杂变化，但我国发展重要战略机遇期的重大判断没有改变。从国际看，世界政治经济形势总体上有利于维护世界和平与发展大局，世界经济在深度调整中曲折复苏，全球治理体系深刻变革，国际力量对比趋向平衡，我国发展具有相对稳定的外部环境。从国内看，我国物质基础雄厚、人力资本丰富、市场空间广阔、发展潜力巨大，经济长期向好基本面没有改变。经济发展进入新常态，在增长速度不可避免换挡的同时，经济发展方式加快转变，经济结构不断优化，发展动力持续转换，改革开放释放出新的发展活力，良好发展态势可以保持。

《中共中央关于制定国民经济和社会发展第十三个五年规划的建议》在党的十六大以来确定的全面建成小康社会目标要求的基础上，根据新形势新情况，提出了今后5年全面建成小康社会新的目标要求。这些新的目标要求，连同党的十六大、十七大、十八大提出的目标要求，是我们对人民立下的军令状，必须全力以赴去实现。关于新的目标要求，《建议》讲得很清楚了，我想谈谈如何准确把握和扎实推进问题。

《建议》提出的目标要求是对全国的要求，各地不可能整齐划一。比如，“两个翻番”[3]意味着“十三五”时期全国年均经济增长要保持在6.5%以上，全国城乡居民人均可支配收入年均增长5.8%以上，力争发展和居民收入增长同步，但各地不可能都保持这样的速度，有些高一点、有些低一点才符合实际。对一些中西部地区，对一些革命老区、民族地区、边疆地区、贫困地区，特别农产品主产区、重点生态功能区，主要目标是保障国家粮食安全、保障国家生态安全的主体功能要得到加强，各项事业有明显进步，特别是人民生活、公共服务水平有明显提高。对贫困人口而言，要实现“两不愁、三保障”[4]，收入达到脱贫标准。不是说各地人均国内生产总值、人均收入等都要达到全国平均水平才是实现了全面小康。

特别要强调的是，进入全面建成小康社会决胜阶段，不是新一轮大干快上，不能靠粗放型发展方式、靠强力刺激抬高速度实现“两个翻番”，否则势必走到老路上去，那将会带来新的矛盾和问题。我们不仅要全面建成小康社会，而且要考虑更长远时期的发展要求，加快形成适应经济发展新常态的经济发展方式。这样，才能建成高质量的小康社会，才能为实现第二个百年奋斗目标奠定更为牢靠的基础。

注　　释

〔1〕见邓小平《发展中日关系要看得远些》(《邓小平文选》第3卷，人民出版社1993年版，第54页)。

〔2〕见唐代陆贽《论缘边守备事宜状》。

〔3〕“两个翻番”，指中国共产党第十八次全国代表大会报告《坚定不移沿着中国特色社会主义道路前进，为全面建成小康社会而奋斗》提出的：到2020年实现国内生产总值和城乡居民人均收入比2010年翻一番。

〔4〕“两不愁、三保障”，指不愁吃、不愁穿，义务教育、基本医疗和住房安全有保障。

下大气力破解制约如期全面建成小康社会的重点难点问题*

（2015 年 10 月 29 日）

实现全会确定的目标任务，必须下气力解决好重点难点问题。这既是我们必须完成的任务，也是必须迈过的一道坎儿，正所谓“操其要于上，而分其详于下”[1]。

第一，转方式，着力解决好发展质量和效益问题。发展是基础，经济不发展，一切都无从谈起。改革开放以来，我们靠聚精会神搞建设、一心一意谋发展，取得了骄人的成就。实现全面建成小康社会奋斗目标，仍然要把发展作为第一要务，努力使发展达到一个新水平。发展是硬道理的战略思想要坚定不移坚持，同时必须坚持科学发展，加大结构性改革力度，坚持以提高发展质量和效益为中心，实现更高质量、更有效率、更加公平、更可持续的发展。

当前，我国经济下行压力很大，这其中有全球性、阶段性因素的影响，但根本上是结构性问题。比如，当前经济下行的一个重要原因是工业增长下滑，而工业下滑主要是产业

* 这是习近平在中共十八届五中全会第二次全体会议上讲话的一部分。

结构不适应需求变化、部分行业产能过剩严重。企业效益不好的主要原因也是如此。提高发展质量和效益，关键是要加快转变经济发展方式、调整经济结构，采取果断措施化解产能过剩，这是唯一正确的选择。“十三五”时期是转方式调结构的重要窗口期。如果不注重转方式调结构，只是为短期经济增长实行刺激政策，必然会继续透支未来增长。面对传统经济发展方式积累的矛盾和问题，如果一直迟疑和等待，不仅会丧失窗口期的宝贵机遇，而且还会耗尽改革开放以来积累下来的宝贵资源。这是不少国家的教训。机遇不会等着我们，问题也不会等待我们。

发展要有一定速度，但这个速度必须有质量、有效益。经济下行压力加大，表面上是有效需求不足，实际上是有效供给不足。总体上我国产能很大，但其中一部分是无效供给，而高质量、高水平的有效供给又不足。我国是制造大国和出口大国，但主要是低端产品和技术，科技含量高、质量高、附加值高的产品并不多。我们既要着力扩大需求，也要注重提高供给质量和水平。

过去，我国生产能力滞后，因而把工作重点放在扩大投资、提高生产能力上。现在，产能总体过剩，仍一味靠扩大规模投资抬高速度，作用有限且边际效用递减。虽然短期内投资可以成为拉动经济增长的重要动力，但最终消费才是经济增长的持久动力。在扩大有效投资、发挥投资关键作用的同时，必须更加有效地发挥消费对增长的基础作用。“一带一路”建设、京津冀协同发展、长江经济带建设三大战略，是今后一个时期要重点拓展的发展新空间，要有力有序推进。

在前30多年的发展中，我国逐步形成了京津冀、长三角、珠三角三大城市群，成为带动全国发展的主要空间载体。东北地区、中原地区、长江中游、成渝地区等各有1亿多人口，完全有条件形成相对完整的产业体系和大市场，成为带动发展的新空间。当然，要做好空间规划顶层设计，有序推进，避免盲目性。

关于转方式调结构的重点任务，《中共中央关于制定国民经济和社会发展第十三个五年规划的建议》提出了具体要求，关键是要实现有质量、有效益的发展。一是投资要有效益。扩大投资可以促进增长，但如果都是无效投资，投下去没有回报，贷的款、借的债就没法偿还，形成一堆坏账，对企业而言就是财务风险，对国家而言就是财政金融风险。虽然说基础设施特别是公共性较强的基础设施投资的回报期可以长一些，但我们也不能把几十年以后的事都干了，即使应该干的也要看财力是不是可以支撑。二是产品要有市场。这是投资是否有合理回报的前提。不分析市场前景，以政代企配置资源，或者以优惠政策诱使企业扩大投资，结果可能成为继续前进的包袱。三是企业要有利润。企业之所以叫企业，就是必须赢利。企业没有利润、大面积亏损，两三年后撑不下去了，那就不仅是速度低一点的问题了，员工收入和政府财政无从谈起，而且会带来金融风险甚至社会风险。我们的政策基点要放在企业特别是实体经济企业上，高度重视实体经济健康发展，增强实体经济赢利能力。四是员工要有收入。人们到企业就业是为了取得收入，收入低于预期、低于市场决定的平均工资，就招不来人。当然，工资增长快于宏观经济形势所决定的企业利润增长，也会导致企业招人贵、负担重，有些劳动密集型外资企业也会转移到工资成本更低的国家。五是政府要有税收。政府必须提供外部性强的公共服务、基础设施。政府做这些事的钱从哪里来？主要是税收。政府可以发债，但也不能发过了头。如果经济增长速度挺高，但政府没有税收，没有钱干政府要干的事，民生和公共服务无从改善，社会也难以和谐稳定。政府的钱不能乱花，所以要控制好支出。

转方式调结构是“十三五”时期的关键任务。要以结构深度调整、振兴实体经济为主线调整完善相关政策，构建产业新体系，培育一批战略性产业，构建现代农业产业体系，加快建设制造强国，加快发展现代服务业。转方式调结构的基础动力在创新，要推动新技术、新产业、新业态蓬勃发展，瞄准世界科技前沿，形成一批重大创新成果，推进科技成果产业化，使创新成果变成实实在在的经济活动，形成新的产品群、产业群。

第二，补短板，着力解决好发展不平衡问题。全面建成小康社会，强调的不仅是“小康”，而且更重要的也是更难做到的是“全面”。“小康”讲的是发展水平，“全面”讲的是发展的平衡性、协调性、可持续性。如果到2020年我们在总量和速度上完成了目标，但发展不平衡、不协调、不可持续问题更加严重，短板更加突出，就算不上真正实现了目标，即使最后宣布实现了，也无法得到人民群众和国际社会认可。

全面小康，覆盖的领域要全面，是五位一体全面进步。全面小康社会要求经济更加发展、民主更加健全、科教更加进步、文化更加繁荣、社会更加和谐、人民生活更加殷实。要在坚持以经济建设为中心的同时，全面推进经济建设、政治建设、文化建设、社会建设、生态文明建设，促进现代化建设各个环节、各个方面协调发展，不能长的很长、短的很短。

比如，生态文明建设就是突出短板。在30多年持续快速发展中，我国农产品、工业品、服务产品的生产能力迅速扩大，但提供优质生态产品的能力却在减弱，一些地方生态环境还在恶化。这就要求我们尽力补上生态文明建设这块短板，切实把生态文明的理念、原则、目标融入经济社会发展各方面，贯彻落实到各级各类规划和各项工作中。主体功能区是国土空间开发保护的基础制度，也是从源头上保护生态环境的根本举措，虽然提出了多年，但落实不力。我国960多万平方公里的国土，自然条件各不相同，定位错了，之后的一切都不可能正确。要加快完善基于主体功能区的政策和差异化绩效考核，推动各地区依据主体功能定位发展。要坚持保护优先、自然恢复为主，实施山水林田湖生态保护和修复工程，加大环境治理力度，改革环境治理基础制度，全面提升自然生态系统稳定性和生态服务功能，筑牢生态安全屏障。

全面小康，覆盖的人口要全面，是惠及全体人民的小康。全面建成小康社会突出的短板主要在民生领域，发展不全面的问题很大程度上也表现在不同社会群体民生保障方面。“天地之大，黎元为本。”[2]要按照人人参与、人人尽力、人人享有的要求，坚守底线、突出重点、完善制度、引导预期，注重机会公平，着力保障基本民生。

农村贫困人口脱贫是最突出的短板。虽然全面小康不是人人同样的小康，但如果现有的7000多万农村贫困人口生活水平没有明显提高，全面小康也不能让人信服。所以，《建议》把农村贫困人口脱贫作为全面建成小康社会的基本标志，强调实施精准扶贫、精准脱贫，以更大决心、更精准思路、更有力措施，采取超常举措，实施脱贫攻坚工程，确保我国现行标准下农村贫困人口实现脱贫、贫困县全部摘帽、解决区域性整体贫困。

我们有1800万左右的城镇低保人口，对他们而言，要通过完善各项保障制度来保障基本生活；对1.3亿多65岁以上的老年人，要增加养老服务供给、增强医疗服务的便利性；对2亿多在城镇务工的农民工，要让他们逐步公平享受当地基本公共服务；对上千万在特大城市就业的大学毕业生等其他常住人口，要让他们有适宜的居住条件；对900多万城镇登记失业人员，要让他们有一门专业技能，实现稳定就业和稳定收入；等等。总之，我们要坚持以人民为中心的发展思想，针对特定人群面临的特定困难，想方设法帮助他们解决实际问题。

“十三五”时期，财政收入不可能像原来那样高速增长，要处理好发展经济和保障民生的关系，既要在经济发展的基础上不断加大保障民生力度，也不要脱离财力作难以兑现的承诺。要重点加强基本公共服务，特别是要加大对革命老区、民族地区、边疆地区、贫困地区基本公共服务的支持力度，加强对特定人群特殊困难的帮扶，在此基础上做好教育、就业、收入分配、社会保障、医疗卫生等各领域民生工作。要坚持量入为出，积极调整财政支出结构。前一阶段，根据财政收入增长很快的形势作了一些承诺，现在看来要从可持续性角度研究一下，该适度降低的要下决心降低。

全面小康，覆盖的区域要全面，是城乡区域共同的小康。努力缩小城乡区域发展差距，是全面建成小康社会的一项重要任务。对这个问题，要辩证地看。城市和乡村、不同区域承担的主体功能不同。青海和西藏的主要区域是重点生态功能区，是世界第三极，生态产品和服务的价值极大。如果盲目开发造成破坏，今后花多少钱也补不回来。但是，在现行国内生产总值核算体系下，只用国内生产总值衡量发展水平，这些地方必然同发达地区的发展差距越来越大。我们说的缩小城乡区域发展差距，不能仅仅看作是缩小国内生产总值总量和增长速度的差距，而应该是缩小居民收入水平、基础设施通达水平、基本公共服务均等化水平、人民生活水平等方面的差距。此外，对城乡地区收入差距，也要全面认识。城乡区域之间生活成本特别是居住成本很不一样，光看收入也不能准确反映问题。

第三，防风险，着力增强风险防控意识和能力。今后5年，可能是我国发展面临的各方面风险不断积累甚至集中显露的时期。我们面临的重大风险，既包括国内的经济、政治、意识形态、社会风险以及来自自然界的风险，也包括国际经济、政治、军事风险等。如果发生重大风险又扛不住，国家安全就可能面临重大威胁，全面建成小康社会进程就可能被迫中断。我们必须把防风险摆在突出位置，“图之于未萌，虑之于未有”〔3〕，力争不出现重大风险或在出现重大风险时扛得住、过得去。

过去，我们常常以为，一些矛盾和问题是由于经济发展水平低、老百姓收入少造成的，等经济发展水平提高了、老百姓生活好起来了，社会矛盾和问题就会减少。现在看来，不发展有不发展的问题，发展起来有发展起来的问题，而发展起来后出现的问题并不比发展起来前少，甚至更多更复杂了。新形势下，如果利益关系协调不好、各种矛盾处理不好，就会导致问题激化，严重的就会影响发展进程。

需要注意的是，各种风险往往不是孤立出现的，很可能是相互交织并形成一个风险综合体。对可能发生的各种风险，各级党委和政府要增强责任感和自觉性，把自己职责范围内的风险防控好，不能把防风险的责任都推给上面，也不能把防风险的责任都留给后面，更不能在工作中不负责任地制造风险。要加强对各种风险源的调查研判，提高动态监测、实时预警能力，推进风险防控工作科学化、精细化，对各种可能的风险及其原因都要心中有数、对症下药、综合施策，出手及时有力，力争把风险化解在源头，不让小风险演化为大风险，不让个别风险演化为综合风险，不让局部风险演化为区域性或系统性风险，不让经济风险演化为社会政治风险，不让国际风险演化为国内风险。

注　　释

〔1〕见南宋陈亮《论执要之道》。

〔2〕见唐代房玄龄等《晋书·宣帝纪》。

〔3〕见后晋刘昫等《旧唐书·柳亨传附柳泽传》。

坚持精准扶贫、精准脱贫，坚决打赢脱贫攻坚战*

（2015 年 11 月 27 日）

消除贫困、改善民生、逐步实现共同富裕，是社会主义的本质要求，是我们党的重要使命。全面建成小康社会，是我们对全国人民的庄严承诺。脱贫攻坚战的冲锋号已经吹响。我们要立下愚公移山志，咬定目标、苦干实干，坚决打赢脱贫攻坚战，确保到 2020 年所有贫困地区和贫困人口一道迈入全面小康社会。

这次中央扶贫开发工作会议是党的十八届五中全会后召开的第一个中央工作会议，体现了党中央对扶贫开发工作的高度重视。党的十八届五中全会从实现全面建成小康社会奋斗目标出发，明确到 2020 年我国现行标准下农村贫困人口实现脱贫，贫困县全部摘帽，解决区域性整体贫困。会议的主要任务是，贯彻落实党的十八届五中全会精神，分析全面建成小康社会进入决胜阶段脱贫攻坚面临的形势和任务，对当前和今后一个时期脱贫攻坚任务作出部署，动员全党全国全社会力量，齐心协力打赢脱贫攻坚战。

---

* 这是习近平在中央扶贫开发工作会议上的讲话要点。

新中国成立以来，我们党带领人民持续向贫困宣战。经过改革开放37年来的努力，我们成功走出了一条中国特色扶贫开发道路，使7亿多农村贫困人口成功脱贫，为全面建成小康社会打下了坚实基础。我国成为世界上减贫人口最多的国家，也是世界上率先完成联合国千年发展目标的国家。这个成就，足以载入人类社会发展史册，也足以向世界证明中国共产党领导和中国特色社会主义制度的优越性。

我们要清醒认识到，当前我国脱贫攻坚形势依然严峻。截至去年底，全国仍有7000多万农村贫困人口。“十三五”期间脱贫攻坚的目标是，到2020年稳定实现农村贫困人口不愁吃、不愁穿，农村贫困人口义务教育、基本医疗、住房安全有保障；同时实现贫困地区农民人均可支配收入增长幅度高于全国平均水平、基本公共服务主要领域指标接近全国平均水平。脱贫攻坚已经到了啃硬骨头、攻坚拔寨的冲刺阶段，必须以更大的决心、更明确的思路、更精准的举措、超常规的力度，众志成城实现脱贫攻坚目标，决不能落下一个贫困地区、一个贫困群众。

要坚持精准扶贫、精准脱贫，重在提高脱贫攻坚成效。关键是要找准路子、构建好的体制机制，在精准施策上出实招、在精准推进上下实功、在精准落地上见实效。要解决好“扶持谁”的问题，确保把真正的贫困人口弄清楚，把贫困人口、贫困程度、致贫原因等搞清楚，以便做到因户施策、因人施策。要解决好“谁来扶”的问题，加快形成中央统筹、省（自治区、直辖市）负总责、市（地）县抓落实的扶贫开发工作机制，做到分工明确、责任清晰、任务到人、考核到位。

要解决好“怎么扶”的问题，按照贫困地区和贫困人口的具体情况，实施“五个一批”工程。一是发展生产脱贫一批，引导和支持所有有劳动能力的人依靠自己的双手开创美好明天，立足当地资源，实现就地脱贫。二是易地搬迁脱贫一批，贫困人口很难实现就地脱贫的要实施易地搬迁，按规划、分年度、有计划组织实施，确保搬得出、稳得住、能致富。三是生态补偿脱贫一批，加大贫困地区生态保护修复力度，增加重点生态功能区转移支付，扩大政策实施范围，让有劳动能力的贫困人口就地转成护林员等生态保护人员。四是发展教育脱贫一批，治贫先治愚，扶贫先扶智，国家教育经费要继续向贫困地区倾斜、向基础教育倾斜、向职业教育倾斜，帮助贫困地区改善办学条件，对农村贫困家庭幼儿特别是留守儿童给予特殊关爱。五是社会保障兜底一批，对贫困人口中完全或部分丧失劳动能力的人，由社会保障来兜底，统筹协调农村扶贫标准和农村低保标准，加大其他形式的社会救助力度。要加强医疗保险和医疗救助，新型农村合作医疗和大病保险政策要对贫困人口倾斜。要高度重视革命老区脱贫攻坚工作。

精准扶贫是为了精准脱贫。要设定时间表，实现有序退出，既要防止拖延病，又要防止急躁症。要留出缓冲期，在一定时间内实行摘帽不摘政策。要实行严格评估，按照摘帽标准验收。要实行逐户销号，做到脱贫到人，脱没脱贫要同群众一起算账，要群众认账。

越是进行脱贫攻坚战，越是要加强和改善党的领导。各级党委和政府必须坚定信心、勇于担当，把脱贫职责扛在肩上，把脱贫任务抓在手上。各级领导干部要保持顽强的工作作风和拼劲，满腔热情做好脱贫攻坚工作。脱贫攻坚任务重的地区党委和政府要把脱贫攻坚作为“十三五”期间头等大事和第一民生工程来抓，坚持以脱贫攻坚统揽经济社会发展全局。要层层签订脱贫攻坚责任书、立下军令状。要建立年度脱贫攻坚报告和督查制度，加强督查问责。要把脱贫攻坚实绩作为选拔任用干部的重要依据，在脱贫攻坚第一线考察识别干部，激励各级干部到脱贫攻坚战场上大显身手。要把夯实农村基层党组织同脱贫攻坚有机结合起来，选好一把手、配强领导班子。

扶贫开发投入力度，要同打赢脱贫攻坚战的要求相匹配。中央财政专项扶贫资金、中央基建投资用于扶贫的资金等，增长幅度要体现加大脱贫攻坚力度的要求。中央财政一般性转移支付、各类涉及民生的专项转移支付，要进一步向贫困地区倾斜。省级财政、对口扶贫的东部地区要相应增加扶贫资金投入。要加大扶贫资金整合力度。要做好金融扶贫这篇文章，加快农村金融改革创新步伐。要加强扶贫资金阳光化管理，集中整治和查处扶贫领域的职务犯罪，对挤占挪用、层层截留、虚报冒领、挥霍浪费扶贫资金的要从严惩处。

脱贫致富终究要靠贫困群众用自己的辛勤劳动来实现。没有比人更高的山，没有比脚更长的路。要重视发挥广大基层干部群众的首创精神，让他们的心热起来、行动起来，靠辛勤劳动改变贫困落后面貌。要动员全社会力量广泛参与扶贫事业。

加大力度推进深度贫困地区脱贫攻坚*

（2017年6月23日）

加快推进深度贫困地区脱贫攻坚，要按照党中央统一部署，坚持精准扶贫精准脱贫基本方略，坚持中央统筹、省负总责、市县抓落实的管理体制，坚持党政一把手负总责的工作责任制，坚持专项扶贫、行业扶贫、社会扶贫等多方力量、多种举措有机结合和互为支撑的“三位一体”大扶贫格局，以解决突出制约问题为重点，以重大扶贫工程和到村到户帮扶措施为抓手，以补短板为突破口，强化支撑保障体系，加大政策倾斜力度，集中力量攻关，万众一心克难，确保深度贫困地区和贫困群众同全国人民一道进入全面小康社会。

第一，合理确定脱贫目标。党中央对2020年脱贫攻坚的目标已有明确规定，即到2020年，稳定实现农村贫困人口不愁吃、不愁穿，义务教育、基本医疗和住房安全有保障；实现贫困地区农民人均可支配收入增长幅度高于全国平均水平，基本公共服务主要领域指标接近全国平均水平；确保我国现

* 这是习近平在深度贫困地区脱贫攻坚座谈会上讲话的一部分。

行标准下农村贫困人口实现脱贫，贫困县全部摘帽，解决区域性整体贫困。深度贫困地区也要实现这个目标。同时，我们要以唯物主义的态度对待这个问题，即使到了2020年，深度贫困地区也不可能达到发达地区的发展水平。我们今天的努力是要使这些地区的群众实现“两不愁、三保障”，使这些地区基本公共服务主要领域指标接近全国平均水平。在这个问题上，我们要实事求是，不要好高骛远，不要吊高各方面胃口。

第二，加大投入支持力度。要发挥政府投入的主体和主导作用，发挥金融资金的引导和协同作用。新增脱贫攻坚资金主要用于深度贫困地区，新增脱贫攻坚项目主要布局于深度贫困地区，新增脱贫攻坚举措主要集中于深度贫困地区。各部门安排的惠民项目要向深度贫困地区倾斜，深度贫困地区新增涉农资金要集中整合用于脱贫攻坚项目。各级财政要加大对深度贫困地区的转移支付规模，增加金融投入对深度贫困地区的支持，资本市场要注意对深度贫困地区的上市企业安排，保险机构要适当降低对深度贫困地区的保费收取标准。要增加建设用地对深度贫困地区支持力度，新增建设用地指标优先保障深度贫困地区发展用地需要，允许深度贫困县将城乡建设用地增减挂钩指标在省域范围内使用。通过各种举措，形成支持深度贫困地区脱贫攻坚的强大投入合力。

第三，集中优势兵力打攻坚战。“分则力散，专则力全。”[1]造成各地深度贫困的原因各不相同，集中优势兵力打歼灭战要从各地实际出发，充分发挥我们集中力量办大事的制度优势。就全国而言，下一步要重点解决深度贫困地区公共服务、基础设施以及基本医疗有保障的问题。我在去年12

月中央政治局常委会会议听取脱贫攻坚情况汇报时就提出，要实施贫困村提升工程，培育壮大集体经济，完善基础设施，打通脱贫攻坚政策落实“最后一公里”。只要我们集中力量，找对路子，对居住在自然条件特别恶劣地区的群众加大易地扶贫搬迁力度，对生态环境脆弱的禁止开发区和限制开发区群众增加护林员等公益岗位，对因病致贫群众加大医疗救助、临时救助、慈善救助等帮扶力度，对无法依靠产业扶持和就业帮助脱贫的家庭实行政策性保障兜底，就完全有能力啃下这些硬骨头。

第四，区域发展必须围绕精准扶贫发力。深度贫困地区的区域发展是精准扶贫的基础，是精准扶贫的重要组成部分。集中连片的贫困区要着力解决健全公共服务、建设基础设施、发展产业等问题，但必须明确，这样做是为了给贫困人口脱贫提供有利的发展环境，在深度贫困地区促进区域发展的措施必须围绕如何减贫来进行，真正为实施精准扶贫奠定良好基础。要防止以区域发展之名上项目、要资金，导致区域经济增长了、社会服务水平提高了，贫富差距反而拉大了。深度贫困地区要改善经济发展方式，重点发展贫困人口能够受益的产业，如特色农业、劳动密集型的加工业和服务业等。交通建设项目要尽量做到向进村入户倾斜，水利工程项目要向贫困村和小型农业生产倾斜，生态保护项目要提高贫困人口参与度和受益水平，新型农村合作医疗和大病保险制度要对贫困人口实行政策倾斜，等等。

第五，加大各方帮扶力度。要加大东部地区和中央单位对深度贫困地区的帮扶支持，强化帮扶责任，“谁的孩子谁抱”。对东西部扶贫协作和对口支援、中央单位定点帮扶的对象在深度贫困地区的，要在资金、项目、人员方面增加力度。东部经济发达县结对帮扶西部贫困县“携手奔小康行动”和民营企业“万企帮万村行动”，都要向深度贫困地区倾斜。国务院扶贫办要做好这方面的对接工作。要通过多种形式，积极引导社会力量广泛参与深度贫困地区脱贫攻坚，帮助深度贫困群众解决生产生活困难。要在全社会广泛开展向贫困地区、贫困群众献爱心活动，广泛宣传为脱贫攻坚作出突出贡献的典型事例，为社会力量参与脱贫攻坚营造良好氛围。

第六，加大内生动力培育力度。我常讲，扶贫要同扶智、扶志结合起来。智和志就是内力、内因。我在福建宁德工作时就讲“弱鸟先飞”，就是说贫困地区、贫困群众首先要有“飞”的意识和“先飞”的行动。没有内在动力，仅靠外部帮扶，帮扶再多，你不愿意“飞”，也不能从根本上解决问题。现在，一些地方出现干部作用发挥有余、群众作用发挥不足现象，“干部干，群众看”、“干部着急，群众不急”。一些贫困群众“等、靠、要”思想严重，“靠着墙根晒太阳，等着别人送小康”。要注重调动贫困群众的积极性、主动性、创造性，注重培育贫困群众发展生产和务工经商的基本技能，注重激发贫困地区和贫困群众脱贫致富的内在活力，注重提高贫困地区和贫困群众自我发展能力。要弘扬中华民族传统美德，勤劳致富，勤俭持家。要发扬中华民族孝亲敬老的传统美德，引导人们自觉承担家庭责任、树立良好家风，强化家庭成员赡养、扶养老年人的责任意识，促进家庭老少和顺。一个健康向上的民族，就应该鼓励劳动、鼓励就业、鼓励靠自己的努力养活家庭，服务社会，贡献国家。要改进工作方式方法，改变简单给钱、给物、给牛羊的做法，多采用生产奖补、劳务补助、以工代赈等机制，不大包大揽，不包办代替，教育和引导广大群众用自己的辛勤劳动实现脱贫致富。

第七，加大组织领导力度。深度贫困地区脱贫攻坚要强化落地，吹糠见米，做到人员到位、责任到位、工作到位、效果到位。解决深度贫困问题，加强组织领导是保证。党中央强调要增强“四个意识”[2]，这不是一个口号，不是一句空话，要落实在行动上。各级党委和政府要坚决落实党中央决策部署，坚定不移做好脱贫攻坚工作。深度贫困地区党委和政府要坚持把脱贫攻坚作为“十三五”期间头等大事和第一民生工程来抓，坚持以脱贫攻坚统揽经济社会发展全局。县级党委是全县脱贫攻坚的总指挥部，县委书记要统揽脱贫攻坚，统筹做好进度安排、项目落地、资金使用、人力调配、推进实施等工作。我在这里再次重申，脱贫攻坚期内贫困县县级党政正职要保持稳定，对表现优秀的，完成脱贫攻坚任务后可提拔重用。希望在这个岗位上的同志不辱使命，把党交给的光荣任务全面完成好。

深度贫困地区脱贫攻坚，尤其要加强工作第一线的组织领导。打攻坚战的关键是人，这些年我们在贫困村选派第一书记、驻村工作队，有的还增加了大学生村官。深度贫困是坚中之坚，打这样的仗，就要派最能打的人，各地要在这个问题上下大功夫。否则，有钱也不成事。要把夯实农村基层党组织同脱贫攻坚有机结合起来，选好一把手、配强领导班子，特别是要下决心解决软弱涣散基层班子的问题，发挥好村党组织在脱贫攻坚中的战斗堡垒作用。还要依法打击村霸黑恶势力，严防他们干扰基层政权运行。各级党政机关要积极向贫困地区选派干部，向贫困村选派第一书记和驻村工作队，让干部在脱贫攻坚中锻炼成长。在脱贫攻坚一线工作的基层干部非常辛苦。今年元旦我在新年贺词中专门问候他们，就是要发出一个信号，要求地方党委和政府要关心、关爱、关注他们。要把深度贫困地区作为锻炼干部、选拔干部的重要平台。扶贫干部要真正沉下去，扑下身子到村里干，同群众一起干，不能蜻蜓点水，不能三天打鱼两天晒网，不能神龙见首不见尾。这方面，各级党组织和组织部门要管好抓紧，确保第一书记和驻村干部用心用情用力做好帮扶工作。

第八，加强检查督查。打赢脱贫攻坚战绝非朝夕之功，不是轻轻松松冲一冲就能解决的。党中央没有硬性要求地方提前完成脱贫任务，更何况贫困问题错综复杂的深度贫困地区。脱贫计划不能脱离实际随意提前，扶贫标准不能随意降低，决不能搞数字脱贫、虚假脱贫。要实施最严格的考核评估，坚持年度脱贫攻坚报告和督查制度，加强督查问责，对不严不实、弄虚作假的严肃问责。要加强扶贫资金管理使用，对挪用乃至贪污扶贫款项的行为必须坚决纠正、严肃处理。扶贫工作必须务实，脱贫过程必须扎实，脱贫结果必须真实，让脱贫成效真正获得群众认可、经得起实践和历史检验。

我多次强调，脱贫攻坚工作要实打实干，一切工作都要落实到为贫困群众解决实际问题上，切实防止形式主义，不能搞花拳绣腿，不能搞繁文缛节，不能做表面文章。一段时间以来，一些材料反映，一些地方为了做到精准识贫、精准扶贫，搞了一大堆表格要下面填写。一些基层干部忙于填写各类表格，加班加点，甚至没有时间进村入户调研办实事。还有一些表格需要贫困群众亲自填报，但表格设计太复杂，填写项目太多，而且有很多术语，农民也弄不清楚。这类问题要注意纠正，精准识贫、精准扶贫要坚持，但要讲究科学、讲究方法、讲究效率，把各方面信息集中起来，建立信息库，实现信息资源共享。

各省区市要按照党中央要求，聚焦问题，分析原因，寻找解决途径。工作力度不够的要加大力度，投入力度不够的要增加投入，解决问题的办法没找对的要尽快按照精准扶贫的要求研究对策，以确保到2020年省内深度贫困地区完成脱贫任务。

注　　释

〔**1**〕见《十一家注孙子·虚实篇》引杜佑注。

〔**2**〕“四个意识”，指政治意识、大局意识、核心意识、看齐意识。

三、将改革进行到底

真枪真刀推进改革*

（2014 年 8 月 18 日）

今年是党的十八届三中全会提出全面深化改革的元年，要真枪真刀推进改革，为今后几年改革开好头。各地区各部门要狠抓工作落实，实施方案要抓到位，实施行动要抓到位，督促检查要抓到位，改革成果要抓到位，宣传引导要抓到位，让人民群众感受到实实在在的改革成效，引导广大干部群众共同为改革想招、一起为改革发力。

《党的十八届三中全会重要改革举措实施规划（2014—2020 年）》，对未来 7 年的改革实施工作作出整体安排，突出了每项改革举措的改革路径、成果形式、时间进度，是指导今后一个时期改革的总施工图和总台账。中央有关部门要认真组织好规划的实施工作，统筹衔接关联改革，合理安排改革进度，实化细化改革成果，处理好改革与相关法律立改废的关系，及时解决实施中的矛盾问题，力争把改革任务做实。

做好下一步工作，关键是要狠抓落实。实施方案要抓到位，抓住突出问题和关键环节，找出体制机制症结，拿出解决办法，重大改革方案制定要确保质量。实施行动要抓到位，

* 这是习近平在中央全面深化改革领导小组第四次会议上的讲话要点。

掌握节奏和步骤，搞好统筹协调，使相关改革协同配套、整体推进。督促检查要抓到位，强化督促考核机制，实行项目责任制，分兵把守，守土有责，主动出击，贴身紧逼。改革成果要抓到位，建立健全改革举措实施效果评价体系。宣传引导要抓到位，继续加大对党的十八届三中全会精神的宣传引导，积极宣传改革新进展新成效。

加快实施自由贸易区战略，构建开放型经济新体制*

（2014 年 12 月 5 日）

站在新的历史起点上，实现“两个一百年”奋斗目标、实现中华民族伟大复兴的中国梦，必须适应经济全球化新趋势、准确判断国际形势新变化、深刻把握国内改革发展新要求，以更加积极有为的行动，推进更高水平的对外开放，加快实施自由贸易区战略，加快构建开放型经济新体制，以对外开放的主动赢得经济发展的主动、赢得国际竞争的主动。

加快实施自由贸易区战略，是我国新一轮对外开放的重要内容。党的十七大把自由贸易区建设上升为国家战略，党的十八大提出要加快实施自由贸易区战略。党的十八届三中全会提出要以周边为基础加快实施自由贸易区战略，形成面向全球的高标准自由贸易区网络。这次中央政治局集体学习安排这个内容，目的是分析我们加快实施自由贸易区战略面临的国内外环境，探讨我国加快实施这个战略的思路。

要准确把握经济全球化新趋势和我国对外开放新要求。

---

* 这是习近平在主持中共十八届中央政治局第十九次集体学习时的讲话要点。

改革开放是我国经济社会发展的动力。不断扩大对外开放、提高对外开放水平，以开放促改革、促发展，是我国发展不断取得新成就的重要法宝。开放带来进步，封闭导致落后，这已为世界和我国发展实践所证明。党的十八大以来，我们乘势而上，加快构建开放型经济新体制，更高水平的开放格局正在形成。

多边贸易体制和区域贸易安排一直是驱动经济全球化向前发展的两个轮子。现在，全球贸易体系正经历自 1994 年乌拉圭回合谈判以来最大的一轮重构。我国是经济全球化的积极参与者和坚定支持者，也是重要建设者和主要受益者。我国经济发展进入新常态，妥善应对我国经济社会发展中面临的困难和挑战，更加需要扩大对外开放。“机者如神，难遇易失。”〔1〕我们必须审时度势，努力在经济全球化中抢占先机、赢得主动。

加快实施自由贸易区战略，是适应经济全球化新趋势的客观要求，是全面深化改革、构建开放型经济新体制的必然选择，也是我国积极运筹对外关系、实现对外战略目标的重要手段。我们要加快实施自由贸易区战略，发挥自由贸易区对贸易投资的促进作用，更好帮助我国企业开拓国际市场，为我国经济发展注入新动力、增添新活力、拓展新空间。加快实施自由贸易区战略，是我国积极参与国际经贸规则制定、争取全球经济治理制度性权力的重要平台，我们不能当旁观者、跟随者，而是要做参与者、引领者，善于通过自由贸易区建设增强我国国际竞争力，在国际规则制定中发出更多中国声音、注入更多中国元素，维护和拓展我国发展利益。

加快实施自由贸易区战略是一项复杂的系统工程。要加强顶层设计、谋划大棋局，既要谋子更要谋势，逐步构筑起立足周边、辐射“一带一路”、面向全球的自由贸易区网络，积极同“一带一路”沿线国家和地区商建自由贸易区，使我国与沿线国家合作更加紧密、往来更加便利、利益更加融合。要努力扩大数量、更要讲质量，大胆探索、与时俱进，积极扩大服务业开放，加快新议题谈判。要坚持底线思维、注重防风险，做好风险评估，努力排除风险因素，加强先行先试、科学求证，加快建立健全综合监管体系，提高监管能力，筑牢安全网。要继续练好内功、办好自己事，加快市场化改革，营造法治化营商环境，加快经济结构调整，推动产业优化升级，支持企业做大做强，提高国际竞争力和抗风险能力。

要建立公平开放透明的市场规则，提高我国服务业国际竞争力。要坚持引进来和走出去相结合，完善对外投资体制和政策，激发企业对外投资潜力，勇于并善于在全球范围内配置资源、开拓市场。要加快从贸易大国走向贸易强国，巩固外贸传统优势，培育竞争新优势，拓展外贸发展空间，积极扩大进口。要树立战略思维和全球视野，站在国内国际两个大局相互联系的高度，审视我国和世界的发展，把我国对外开放事业不断推向前进。

注　释

〔**1**〕见北齐魏收《魏书·傅永传》。

让人民群众有更多获得感*

（2015 年 2 月 27 日—2016 年 12 月 5 日）

一

要科学统筹各项改革任务，协调抓好党的十八届三中、四中全会改革举措，在法治下推进改革、在改革中完善法治，突出重点，对准焦距，找准穴位，击中要害，推出一批能叫得响、立得住、群众认可的硬招实招，处理好改革“最先一公里”和“最后一公里”的关系，突破“中梗阻”，防止不作为，把改革方案的含金量充分展示出来，让人民群众有更多获得感。

（2015 年 2 月 27 日在中央全面深化改革领导小组第十次会议上的讲话要点）

二

必须从贯彻落实“四个全面”战略布局的高度，深刻把握全面深化改革的关键地位和重要作用，拿出勇气和魄力，自觉运用改革思维谋划和推动工作，不断提高领导、谋划、推动、

* 这是习近平在中央全面深化改革领导小组第十次、十一次、二十三次、三十次会议上的讲话要点。

落实改革的能力和水平，切实做到人民有所呼、改革有所应。

（2015 年 4 月 1 日在中央全面深化改革领导小组第十一次会议上的讲话要点）

三

改革既要往有利于增添发展新动力方向前进，也要往有利于维护社会公平正义方向前进，注重从体制机制创新上推进供给侧结构性改革，着力解决制约经济社会发展的体制机制问题；把以人民为中心的发展思想体现在经济社会发展各个环节，做到老百姓关心什么、期盼什么，改革就要抓住什么、推进什么，通过改革给人民群众带来更多获得感。

（2016 年 4 月 18 日在中央全面深化改革领导小组第二十三次会议上的讲话要点）

四

总结谋划好改革工作，对做好明年和今后改革工作具有重要意义，要总结经验、完善思路、突出重点，提高改革整体效能，扩大改革受益面，发挥好改革先导性作用，多推有利于增添经济发展动力的改革，多推有利于促进社会公平正义的改革，多推有利于增强人民群众获得感的改革，多推有利于调动广大干部群众积极性的改革。

（2016 年 12 月 5 日在中央全面深化改革领导小组第三十次会议上的讲话要点）

勇于自我革命，当改革的促进派实干家*

（2015 年 5 月 5 日—2017 年 8 月 29 日）

一

要教育引导各级领导干部自觉用“四个全面”战略布局统一思想，正确把握改革大局，从改革大局出发看待利益关系调整，只要对全局改革有利、对党和国家事业发展有利、对本系统本领域形成完善的体制机制有利，都要自觉服从改革大局、服务改革大局，勇于自我革命，敢于直面问题，共同把全面深化改革这篇大文章做好。

（2015 年 5 月 5 日在中央全面深化改革领导小组第十二次会议上的讲话要点）

二

领导干部是否做到严以修身、严以用权、严以律己，谋

* 这是习近平在中央全面深化改革领导小组第十二次、十四次、二十一次、二十八次、三十二次、三十三次、三十八次会议上的讲话要点。

事要实、创业要实、做人要实，全面深化改革是一个重要检验。要把“三严三实”要求贯穿改革全过程，引导广大党员、干部特别是领导干部大力弘扬实事求是、求真务实精神，理解改革要实，谋划改革要实，落实改革也要实，既当改革的促进派，又当改革的实干家。

（2015 年 7 月 1 日在中央全面深化改革领导小组第十四次会议上的讲话要点）

三

各地区各部门要牢固树立全局意识、责任意识，把抓改革作为一项重大政治责任，坚定改革决心和信心，增强推进改革的思想自觉和行动自觉，既当改革促进派、又当改革实干家，以钉钉子精神抓好改革落实，扭住关键、精准发力，敢于啃硬骨头，盯着抓、反复抓，直到抓出成效。

（2016 年 2 月 23 日在中央全面深化改革领导小组第二十一次会议上的讲话要点）

四

中央和国家机关有关部门是改革的责任主体，是推进改革的重要力量。各部门要坚决贯彻落实党中央决策部署，坚持以解放思想、解放和发展社会生产力、解放和增强社会活力为基本取向，强化责任担当，以自我革命的精神推进改革，坚决端正思想认识，坚持从改革大局出发，坚定抓好改革落实。

（2016 年 10 月 11 日在中央全面深化改革领导小组第二十八次会议上的讲话要点）

五

党政主要负责同志是抓改革的关键，要把改革放在更加突出位置来抓，不仅亲自抓、带头干，还要勇于挑最重的担子、啃最硬的骨头，做到重要改革亲自部署、重大方案亲自把关、关键环节亲自协调、落实情况亲自督察，扑下身子，狠抓落实。

（2017 年 2 月 6 日在中央全面深化改革领导小组第三十二次会议上的讲话要点）

六

各级主要负责同志要自觉从全局高度谋划推进改革，做到实事求是、求真务实，善始善终、善作善成，把准方向、敢于担当，亲力亲为、抓实工作。

（2017 年 3 月 24 日在中央全面深化改革领导小组第三十三次会议上的讲话要点）

七

改革是我们进行具有新的历史特点的伟大斗争的重要方面。全面深化改革，必须加强党对改革的领导，必须坚持问题导向，必须狠抓改革落实，必须深化对改革规律的认识和运用。要继续高举改革旗帜，站在更高起点谋划和推进改革，坚定改革定力，增强改革勇气，总结运用好党的十八大以来形成的改革新经验，再接再厉，久久为功，坚定不移将改革进行到底。

（2017 年 8 月 29日在中央全面深化改革领导小组第三十八次会议上的讲话要点）

使改革落地生根*

（2016 年 1 月 4 日—6 日）

今年仍然是全面深化改革具有关键意义的一年，要把具有标志性、引领性、支柱性的改革任务牢牢抓在手上，主动出击、贴身紧逼、精准发力。地方抓改革、推改革，一方面要落实好党中央部署的改革任务，一方面要搞好探索创新。要在坚持全国一盘棋的前提下，确定好改革重点、路径、次序、方法，创造性落实好中央精神，使改革更加精准地对接发展所需、基层所盼、民心所向。要吃透中央制定的重点改革方案，同时完善落实机制，从实际出发、从具体问题入手，见物见人，什么问题突出就着重解决什么问题，使改革落地生根。

---

* 这是习近平在重庆调研时的讲话要点。

注重全面深化改革的系统性整体性协同性*

（2017 年 6 月 26 日）

注重系统性、整体性、协同性是全面深化改革的内在要求，也是推进改革的重要方法。改革越深入，越要注意协同，既抓改革方案协同，也抓改革落实协同，更抓改革效果协同，促进各项改革举措在政策取向上相互配合、在实施过程中相互促进、在改革成效上相得益彰，朝着全面深化改革总目标聚焦发力。

---

* 这是习近平在中央全面深化改革领导小组第三十六次会议上的讲话要点。

2015 年 2 月 13 日，习近平在陕西延安市延川县文安驿镇梁家河村看望村民，并就革命老区脱贫致富进行实地调研。

2015 年 4 月 3 日，习近平在北京朝阳区孙河乡参加首都义务植树活动。

2015 年 9 月 3 日，纪念中国人民抗日战争暨世界反法西斯战争胜利 70 周年大会在北京天安门广场举行，习近平出席并发表讲话。这是习近平检阅受阅部队。

2015 年 9 月，在中华人民共和国成立 66 周年之际，习近平特别邀请内蒙古、广西、西藏、宁夏、新疆 5 个自治区的基层民族团结优秀代表到北京参加国庆活动。这是 30 日，习近平在人民大会堂会见代表们。

2015 年 11 月 7 日，习近平在新加坡同台湾方面领导人马英九会面，就进一步推进两岸关系和平发展交换意见。这是 1949 年以来两岸领导人的首次会面。

2016 年 2 月 19 日，习近平在北京主持召开党的新闻舆论工作座谈会，并到中央新闻单位调研。这是习近平在中央电视台总控中心同工作人员交流。

2016 年 9 月 9 日，在第三十二个教师节来临之际，习近平来到北京市八一学校看望慰问师生，向全国广大教师和教育工作者致以节日祝贺和问候。

2016 年 10 月 24 日至 27 日，中共十八届六中全会在北京举行。这是习近平、李克强、张德江、俞正声、刘云山、王岐山、张高丽等在主席台上。

2016 年 11 月 15 日，习近平在北京西城区中南海选区怀仁堂投票站参加区人大代表选举投票。

2016 年 12 月 23 日，习近平在中南海会见来京述职的澳门特别行政区行政长官崔世安。

2017 年 1 月 9 日，习近平在国家科学技术奖励大会上，向获得 2016 年度国家最高科学技术奖的中国科学院物理研究所赵忠贤院士和中国中医科学院屠呦呦研究员颁奖。

2017 年 1 月 23 日，习近平在中国人民解放军陆军某部“大功三连”看望慰问官兵。

2017 年 1 月 24 日，习近平在河北张家口市张北县小二台镇德胜村徐海成家，同村干部和村民代表座谈。

2017 年 4 月 19 日，习近平在广西北海市铁山港公用码头，看望在现场作业的工人们。

2017 年 6 月 21 日至 23 日，习近平在山西考察并主持召开深度贫困地区脱贫攻坚座谈会。这是 21 日，习近平在忻州市岢岚县赵家洼村特困户刘福有家中察看扶贫手册。

2017 年 7 月 1 日，习近平在出席庆祝香港回归祖国 20 周年大会暨香港特别行政区第五届政府就职典礼后，在香港特别行政区行政长官林郑月娥陪同下，考察香港国际机场第三跑道建设情况。

四、建设社会主义法治国家

加快建设社会主义法治国家*

（2014 年 10 月 23 日）

坚定不移走中国特色社会主义法治道路

全面推进依法治国，必须走对路。如果路走错了，南辕北辙了，那再提什么要求和举措也都没有意义了。全会通过的《中共中央关于全面推进依法治国若干重大问题的决定》有一条贯穿全篇的红线，这就是坚持和拓展中国特色社会主义法治道路。中国特色社会主义法治道路是一个管总的东西。具体讲我国法治建设的成就，大大小小可以列举出十几条、几十条，但归结起来就是开辟了中国特色社会主义法治道路这一条。

恩格斯说过："一个新的纲领毕竟总是一面公开树立起来的旗帜，而外界就根据它来判断这个党。"[1] 推进任何一项工作，只要我们党旗帜鲜明了，全党都行动起来了，全社会就会跟着走。一个政党执政，最怕的是在重大问题上态度不坚定，结果社会上对有关问题沸沸扬扬、莫衷一是，别有用心的人趁机煽风点火、蛊惑搅和，最终没有不出事的！所以，道路问题不能含糊，必须向全社会释放正确而又明确的信号。

---

* 这是习近平在中共十八届四中全会第二次全体会议上讲话的一部分。

这次全会部署全面推进依法治国，是我们党在治国理政上的自我完善、自我提高，不是在别人压力下做的。在坚持和拓展中国特色社会主义法治道路这个根本问题上，我们要树立自信、保持定力。走中国特色社会主义法治道路是一个重大课题，有许多东西需要深入探索，但基本的东西必须长期坚持。

第一，必须坚持中国共产党的领导。党的领导是中国特色社会主义最本质的特征，是社会主义法治最根本的保证。坚持中国特色社会主义法治道路，最根本的是坚持中国共产党的领导。依法治国是我们党提出来的，把依法治国上升为党领导人民治理国家的基本方略也是我们党提出来的，而且党一直带领人民在实践中推进依法治国。全面推进依法治国，要有利于加强和改善党的领导，有利于巩固党的执政地位、完成党的执政使命，决不是要削弱党的领导。

坚持党的领导，是社会主义法治的根本要求，是全面推进依法治国题中应有之义。要把党的领导贯彻到依法治国全过程和各方面，坚持党的领导、人民当家作主、依法治国有机统[illegible]。只有在党的领导下依法治国、厉行法治，人民当家作主才能充分实现，国家和社会生活法治化才能有序推进。

坚持党的领导，不是一句空的口号，必须具体体现在党领导立法、保证执法、支持司法、带头守法上。一方面，要坚持党总揽全局、协调各方的领导核心作用，统筹依法治国各领域工作，确保党的主张贯彻到依法治国全过程和各方面。另一方面，要改善党对依法治国的领导，不断提高党领导依法治国的能力和水平。党既要坚持依法治国、依法执政，自党在宪法法律范围内活动，又要发挥好各级党组织和广大党员、干部在依法治国中的政治核心作用和先锋模范作用。

第二，必须坚持人民主体地位。我国社会主义制度保证了人民当家作主的主体地位，也保证了人民在全面推进依法治国中的主体地位。这是我们的制度优势，也是中国特色社会主义法治区别于资本主义法治的根本所在。

坚持人民主体地位，必须坚持法治为了人民、依靠人民、造福人民、保护人民。要保证人民在党的领导下，依照法律规定，通过各种途径和形式管理国家事务，管理经济和文化事业，管理社会事务。要把体现人民利益、反映人民愿望、维护人民权益、增进人民福祉落实到依法治国全过程，使法律及其实施充分体现人民意志。

人民权益要靠法律保障，法律权威要靠人民维护。要充分调动人民群众投身依法治国实践的积极性和主动性，使全体人民都成为社会主义法治的忠实崇尚者、自觉遵守者、坚定捍卫者，使尊法、信法、守法、用法、护法成为全体人民的共同追求。

第三，必须坚持法律面前人人平等。平等是社会主义法律的基本属性，是社会主义法治的基本要求。坚持法律面前人人平等，必须体现在立法、执法、司法、守法各个方面。任何组织和个人都必须尊重宪法法律权威，都必须在宪法法律范围内活动，都必须依照宪法法律行使权力或权利、履行职责或义务，都不得有超越宪法法律的特权。任何人违反宪法法律都要受到追究，绝不允许任何人以任何借口任何形式以言代法、以权压法、徇私枉法。

各级领导干部在推进依法治国方面肩负着重要责任。现在，一些党员、干部仍然存在人治思想和长官意识，认为依法办事条条框框多、束缚手脚，凡事都要自己说了算，根本不知道有法律存在，大搞以言代法、以权压法。这种现象不改变，依法治国就难以真正落实。必须抓住领导干部这个“关键少数”，首先解决好思想观念问题，引导各级干部深刻认识到，维护宪法法律权威就是维护党和人民共同意志的权威，捍卫宪法法律尊严就是捍卫党和人民共同意志的尊严，保证宪法法律实施就是保证党和人民共同意志的实现。

我们必须认认真真讲法治、老老实实抓法治。各级领导干部要对法律怀有敬畏之心，带头依法办事，带头遵守法律，不断提高运用法治思维和法治方式深化改革、推动发展、化解矛盾、维护稳定能力。如果在抓法治建设上喊口号、练虚功、摆花架，只是叶公好龙，并不真抓实干，短时间内可能看不出什么大的危害，一旦问题到了积重难返的地步，后果就是灾难性的。对各级领导干部，不管什么人，不管涉及谁，只要违反法律就要依法追究责任，绝不允许出现执法和司法的“空挡”。要把法治建设成效作为衡量各级领导班子和领导干部工作实绩重要内容，把能不能遵守法律、依法办事作为考察干部重要依据。

第四，必须坚持依法治国和以德治国相结合。法律是成文的道德，道德是内心的法律，法律和道德都具有规范社会行为、维护社会秩序的作用。治理国家、治理社会必须一手抓法治、一手抓德治，既重视发挥法律的规范作用，又重视发挥道德的教化作用，实现法律和道德相辅相成、法治和德治相得益彰。

发挥好法律的规范作用，必须以法治体现道德理念、强化法律对道德建设的促进作用。一方面，道德是法律的基础，只有那些合乎道德、具有深厚道德基础的法律才能为更多人所自觉遵行。另一方面，法律是道德的保障，可以通过强制性规范人们行为、惩罚违法行为来引领道德风尚。要注意把一些基本道德规范转化为法律规范，使法律法规更多体现道德理念和人文关怀，通过法律的强制力来强化道德作用、确保道德底线，推动全社会道德素质提升。

发挥好道德的教化作用，必须以道德滋养法治精神、强化道德对法治文化的支撑作用。再多再好的法律，必须转化为人们内心自觉才能真正为人们所遵行。“不知耻者，无所不为。”〔2〕没有道德滋养，法治文化就缺乏源头活水，法律实施就缺乏坚实社会基础。在推进依法治国过程中，必须大力弘扬社会主义核心价值观，弘扬中华传统美德，培育社会公德、职业道德、家庭美德、个人品德，提高全民族思想道德水平，为依法治国创造良好人文环境。

第五，必须坚持从中国实际出发。走什么样的法治道路、建设什么样的法治体系，是由一个国家的基本国情决定的。“为国也，观俗立法则治，察国事本则宜。不观时俗，不察国本，则其法立而民乱，事剧而功寡。”〔3〕全面推进依法治国，必须从我国实际出发，同推进国家治理体系和治理能力现代化相适应，既不能罔顾国情、超越阶段，也不能因循守旧、墨守成规。

坚持从实际出发，就是要突出中国特色、实践特色、时代特色。要总结和运用党领导人民实行法治的成功经验，围绕社会主义法治建设重大理论和实践问题，不断丰富和发展符合中国实际、具有中国特色、体现社会发展规律的社会主义法治理论，为依法治国提供理论指导和学理支撑。我们的先人们早就开始探索如何驾驭人类自身这个重大课题，春秋战国时期就有了自成体系的成文法典，汉唐时期形成了比较完备的法典。我国古代法制蕴含着十分丰富的智慧和资源，中华法系在世界几大法系中独树一帜。要注意研究我国古代法制传统和成败得失，挖掘和传承中华法律文化精华，汲取营养、择善而用。

坚持从我国实际出发，不等于关起门来搞法治。法治是人类文明的重要成果之一，法治的精髓和要旨对于各国国家治理和社会治理具有普遍意义，我们要学习借鉴世界上优秀的法治文明成果。但是，学习借鉴不等于是简单的拿来主义，必须坚持以我为主、为我所用，认真鉴别、合理吸收，不能搞“全盘西化”，不能搞“全面移植”，不能照搬照抄。

扎扎实实把全会提出的各项任务落到实处

这次全会对全面推进依法治国作出了全面部署，提出的重大举措有 180 多项，涵盖了依法治国各个方面。全党要以只争朝夕的精神和善作善成的作风，扎扎实实把全会提出的各项任务落到实处。

第一，紧紧围绕全面推进依法治国总目标，加快建设中国特色社会主义法治体系。全面推进依法治国总目标是建设中国特色社会主义法治体系，建设社会主义法治国家。这是贯穿决定全篇的一条主线，既明确了全面推进依法治国的性质和方向，又突出了全面推进依法治国的工作重点和总抓手，对全面推进依法治国具有纲举目张的意义。

依法治国各项工作都要围绕全面推进总目标来部署、来展开。法治体系是国家治理体系的骨干工程。落实全会部署，必须加快形成完备的法律规范体系、高效的法治实施体系、严密的法治监督体系、有力的法治保障体系，形成完善的党内法规体系。

“立善法于天下，则天下治；立善法于一国，则一国治。”[4]要坚持立法先行，坚持立改废释并举，加快完善法律、行政法规、地方性法规体系，完善包括市民公约、乡规民约、行业规章、团体章程在内的社会规范体系，为全面推进依法治国提供基本遵循。要加快建设包括宪法实施和执法、司法、守法等方面的体制机制，坚持依法行政和公正司法，确保宪法法律全面有效实施。要加强党内监督、人大监督、民主监督、行政监督、司法监督、审计监督、社会监督、舆论监督，努力形成科学有效的权力运行和监督体系，增强监督合力和实效。

要完善党内法规制定体制机制，注重党内法规同国家法律的衔接和协调，构建以党章为根本、若干配套党内法规为支撑的党内法规制度体系，提高党内法规执行力。党章等党规对党员的要求比法律要求更高，党员不仅要严格遵守法律法规，而且要严格遵守党章等党规，对自己提出更高要求。

第二，准确把握全面推进依法治国工作布局，坚持依法治国、依法执政、依法行政共同推进，坚持法治国家、法治政府、法治社会一体建设。全面推进依法治国是一项庞大的系统工程，必须统筹兼顾、把握重点、整体谋划，在共同推进上着力，在一体建设上用劲。

“天下之事，不难于立法，而难于法之必行。”[5]依法治国是我国宪法确定的治理国家的基本方略，而能不能做到依法治国，关键在于党能不能坚持依法执政，各级政府能不能依法行政。我们要增强依法执政意识，坚持以法治的理念、法治的体制、法治的程序开展工作，改进党的领导方式和执政方式，推进依法执政制度化、规范化、程序化。执法是行政机关履行政府职能、管理经济社会事务的主要方式，各级政府必须依法全面履行职能，坚持法定职责必须为、法无授权不可为，健全依法决策机制，完善执法程序，严格执法责任，做到严格规范公正文明执法。

法治国家、法治政府、法治社会三者各有侧重、相辅相成。全面推进依法治国需要全社会共同参与，需要全社会法治观念增强，必须在全社会弘扬社会主义法治精神，建设社会主义法治文化。要在全社会树立法律权威，使人民认识到法律既是保障自身权利的有力武器，也是必须遵守的行为规范，培育社会成员办事依法、遇事找法、解决问题靠法的良好环境，自觉抵制违法行为，自觉维护法治权威。

第三，准确把握全面推进依法治国重点任务，着力推进科学立法、严格执法、公正司法、全民守法。全面推进依法治国，必须从目前法治工作基本格局出发，突出重点任务，扎实有序推进。

推进科学立法，关键是完善立法体制，深入推进科学立法、民主立法，抓住提高立法质量这个关键。要优化立法职权配置，发挥人大及其常委会在立法工作中的主导作用，健全立法起草、论证、协调、审议机制，完善法律草案表决程序，增强法律法规的及时性、系统性、针对性、有效性，提高法律法规的可执行性、可操作性。要明确立法权力边界，从体制机制和工作程序上有效防止部门利益和地方保护主义法律化。要加强重点领域立法，及时反映党和国家事业发展要求、人民群众关切期待，对涉及全面深化改革、推动经济发展、完善社会治理、保障人民生活、维护国家安全的法律抓紧制订、及时修改。

推进严格执法，重点是解决执法不规范、不严格、不透明、不文明以及不作为、乱作为等突出问题。要以建设法治政府为目标，建立行政机关内部重大决策合法性审查机制，积极推行政府法律顾问制度，推进机构、职能、权限、程序、责任法定化，推进各级政府事权规范化、法律化。要全面推进政务公开，强化对行政权力的制约和监督，建立权责统一、权威高效的依法行政体制。要严格执法资质、完善执法程序，建立健全行政裁量权基准制度，确保法律公正、有效实施。

推进公正司法，要以优化司法职权配置为重点，健全司法权力分工负责、相互配合、相互制约的制度安排。各级党组织和领导干部都要旗帜鲜明支持司法机关依法独立行使职权，绝不容许利用职权干预司法。“举直错诸枉，则民服；举枉错诸直，则民不服。”[6]司法人员要刚正不阿，勇于担当，敢于依法排除来自司法机关内部和外部的干扰，坚守公正司法的底线。要坚持以公开促公正、树公信，构建开放、动态、透明、便民的阳光司法机制，杜绝暗箱操作，坚决遏制司法腐败。

推进全民守法，必须着力增强全民法治观念。要坚持把全民普法和守法作为依法治国的长期基础性工作，采取有力措施加强法制宣传教育。要坚持法治教育从娃娃抓起，把法治教育纳入国民教育体系和精神文明创建内容，由易到难、循序渐进不断增强青少年的规则意识。要健全公民和组织守法信用记录，完善守法诚信褒奖机制和违法失信行为惩戒机制，形成守法光荣、违法可耻的社会氛围，使尊法守法成为全体人民共同追求和自觉行动。

第四，着力加强法治工作队伍建设。全面推进依法治国，建设一支德才兼备的高素质法治队伍至关重要。我国专门的法治队伍主要包括在人大和政府从事立法工作的人员，在行政机关从事执法工作的人员，在司法机关从事司法工作的人员。全面推进依法治国，首先要把这几支队伍建设好。

立法、执法、司法这 3 支队伍既有共性又有个性，都十分重要。立法是为国家定规矩、为社会定方圆的神圣工作，立法人员必须具有很高的思想政治素质，具备遵循规律、发扬民主、加强协调、凝聚共识的能力。执法是把纸面上的法律变为现实生活中活的法律的关键环节，执法人员必须忠于法律、捍卫法律，严格执法、敢于担当。司法是社会公平正义的最后一道防线，司法人员必须信仰法律、坚守法治，端稳天平、握牢法槌，铁面无私、秉公司法。要按照政治过硬、业务过硬、责任过硬、纪律过硬、作风过硬的要求，教育和引导立法、执法、司法工作者牢固树立社会主义法治理念，恪守职业道德，做到忠于党、忠于国家、忠于人民、忠于法律。

律师队伍是依法治国的一支重要力量，要大力加强律师队伍思想政治建设，把拥护中国共产党领导、拥护社会主义法治作为律师从业的基本要求。

第五，坚定不移推进法治领域改革，坚决破除束缚全面推进依法治国的体制机制障碍。解决法治领域的突出问题，根本途径在于改革。如果完全停留在旧的体制机制框架内，用老办法应对新情况新问题，或者用零敲碎打的方式来修修补补，是解决不了大问题的。在决定起草时我就说过，如果做了一个不痛不痒的决定，那还不如不做。全会决定必须直面问题、聚焦问题，针对法治领域广大干部群众反映强烈的问题，回应社会各方面关切。

这次全会研究和部署全面推进依法治国，虽然不像三中全会那样涉及方方面面，但也不可避免涉及改革发展稳定、内政外交国防、治党治国治军等各个领域，涉及面、覆盖面都不小。这次全会提出了180多项重要改革举措，许多都是涉及利益关系和权力格局调整的“硬骨头”。凡是这次写进决定的改革举措，都是我们看准了的事情，都是必须改的。这就需要我们拿出自我革新的勇气，一个一个问题解决，一项一项抓好落实。

法治领域改革涉及的主要是公检法司等国家政权机关和强力部门，社会关注度高，改革难度大，更需要自我革新的胸襟。如果心中只有自己的“一亩三分地”，拘泥于部门权限和利益，甚至在一些具体问题上讨价还价，必然是磕磕绊绊、难有作为。改革哪有不触动现有职能、权限、利益的？需要触动的就要敢于触动，各方面都要服从大局。各部门各方面一定要增强大局意识，自觉在大局下思考、在大局下行动，跳出部门框框，做到相互支持、相互配合。要把解决了多少实际问题、人民群众对问题解决的满意度作为评价改革成效的标准。只要有利于提高党的执政能力、巩固党的执政地位，有利于维护宪法和法律的权威，有利于维护人民权益、维护公平正义、维护国家安全稳定，不管遇到什么阻力和干扰，都要坚定不移向前推进，决不能避重就轻、拣易怕难、互相推诿、久拖不决。

法治领域改革有一个特点，就是很多问题都涉及法律规定。改革要于法有据，但也不能因为现行法律规定就不敢越雷池一步，那是无法推进改革的，正所谓“苟利于民不必法古，苟周于事不必循旧”[7]。需要推进的改革，将来可以先修改法律规定再推进。对涉及改革的事项，中央全面深化改革领导小组要认真研究和督办。

同志们，全面推进依法治国是一个系统工程，是国家治理领域一场广泛而深刻的革命，必须加强党对法治工作的组织领导。各级党委要健全党领导依法治国的制度和工作机制，履行对本地区本部门法治工作的领导责任，找准工作着力点，抓紧制定贯彻落实全会精神的具体意见和实施方案。要把全面推进依法治国的工作重点放在基层，发挥基层党组织在全面推进依法治国中的战斗堡垒作用，加强基层法治机构和法治队伍建设，教育引导基层广大党员、干部增强法治观念、提高依法办事能力，努力把全会提出的各项工作和举措落实到基层。

注　　释

〔1〕见恩格斯《给奥·倍倍尔的信》(《马克思恩格斯文集》第3卷，人民出版社2009年版，第415页)。

〔2〕见北宋欧阳修《集古录跋尾·魏公卿上尊号表》。

〔3〕见《商君书·算地》。

〔4〕见北宋王安石《周公》。

〔5〕见明代张居正《请稽查章奏随事考成以修实政疏》。

〔6〕见《论语·为政》。

〔7〕见《淮南子·氾论训》。

领导干部要做尊法学法守法用法的模范*

（2015 年 2 月 2 日）

各级领导干部在推进依法治国方面肩负着重要责任，全面依法治国必须抓住领导干部这个“关键少数”。领导干部要做尊法学法守法用法的模范，带动全党全国一起努力，在建设中国特色社会主义法治体系、建设社会主义法治国家上不断见到新成效。

改革开放以来特别是党的十五大提出依法治国、建设社会主义法治国家以来，我国社会主义法治建设取得了重大成就，各级领导干部在推进依法治国进程中发挥了重要作用。同时，在现实生活中， 些领导干部法治意识比较淡薄，有的存在有法不依、执法不严甚至徇私枉法等问题，影响了党和国家的形象和威信，损害了政治、经济、文化、社会、生态文明领域的正常秩序。所有领导干部都要警醒起来、行动起来，坚决纠正和解决法治不彰问题。

---

* 这是习近平在省部级主要领导干部学习贯彻党的十八届四中全会精神全面推进依法治国专题研讨班上的讲话要点。

各级领导干部的信念、决心、行动，对全面推进依法治国具有十分重要的意义。领导干部要做尊法的模范，带头尊崇法治、敬畏法律；做学法的模范，带头了解法律、掌握法律；做守法的模范，带头遵纪守法、捍卫法治；做用法的模范，带头厉行法治、依法办事。

领导干部都要牢固树立宪法法律至上、法律面前人人平等、权由法定、权依法使等基本法治观念，对各种危害法治、破坏法治、践踏法治的行为要挺身而出、坚决斗争。对领导干部的法治素养，从其踏入干部队伍的那一天起就要开始抓，加强教育、培养自觉，加强管理、强化监督。学法懂法是守法用法的前提。要系统学习中国特色社会主义法治理论，准确把握我们党处理法治问题的基本立场。首要的是学习宪法，还要学习同自己所担负的领导工作密切相关的法律法规。各级领导干部尤其要弄明白法律规定我们怎么用权，什么事能干、什么事不能干，心中高悬法律的明镜，手中紧握法律的戒尺，知晓为官做事的尺度。各级党委要重视法治培训，完善学法制度。

领导干部要牢记法律红线不可逾越、法律底线不可触碰，带头遵守法律、执行法律，带头营造办事依法、遇事找法、解决问题用法、化解矛盾靠法的法治环境。谋划工作要运用法治思维，处理问题要运用法治方式，说话做事要先考虑一下是不是合法。领导干部要把对法治的尊崇、对法律的敬畏转化成思维方式和行为方式，做到在法治之下、而不是法治之外、更不是法治之上想问题、作决策、办事情。党纪国法不能成为“橡皮泥”、“稻草人”，违纪违法都要受到追究。

党政主要负责人要履行推进法治建设第一责任人职责，统筹推进科学立法、严格执法、公正司法、全民守法。用人导向最重要、最根本、也最管用。法治素养是干部德才的重要内容。要把能不能遵守法律、依法办事作为考察干部重要内容。要抓紧对领导干部推进法治建设实绩的考核制度进行设计，对考核结果运用作出规定。要落实党的十八届四中全会就此提出的一系列制度安排，使其早日形成，早日发挥作用。

全面推进依法治国，方向要正确，政治保证要坚强。党的领导是社会主义法治最根本的保证。我们要坚持的中国特色社会主义法治道路，本质上是中国特色社会主义道路在法治领域的具体体现；我们要发展的中国特色社会主义法治理论，本质上是中国特色社会主义理论体系在法治问题上的理论成果；我们要建设的中国特色社会主义法治体系，本质上是中国特色社会主义制度的法律表现形式。

中国共产党是中国特色社会主义事业的领导核心，处在总揽全局、协调各方的地位。社会主义法治必须坚持党的领导，党的领导必须依靠社会主义法治。法是党的主张和人民意愿的统一体现，党领导人民制定宪法法律，党领导人民实施宪法法律，党自身必须在宪法法律范围内活动，这就是党的领导力量的体现。党和法、党的领导和依法治国是高度统一的。我们就是在不折不扣贯彻着以宪法为核心的依宪治国、依宪执政，我们依据的是中华人民共和国宪法。

每个党政组织、每个领导干部必须服从和遵守宪法法律，不能把党的领导作为个人以言代法、以权压法、徇私枉法的挡箭牌。权力是一把“双刃剑”，在法治轨道上行使可以造福人民，在法律之外行使则必然祸害国家和人民。把权力关进制度的笼子里，就是要依法设定权力、规范权力、制约权力、监督权力。全面依法治国，必须紧紧围绕保障和促进社会公平正义来进行。公平正义是我们党追求的一个非常崇高的价值，全心全意为人民服务的宗旨决定了我们必须追求公平正义，保护人民权益、伸张正义。

深化司法体制改革*

（2015 年 3 月 24 日）

深化司法体制改革，建设公正高效权威的社会主义司法制度，是推进国家治理体系和治理能力现代化的重要举措。公正司法事关人民切身利益，事关社会公平正义，事关全面推进依法治国。要坚持司法体制改革的正确政治方向，坚持以提高司法公信力为根本尺度，坚持符合国情和遵循司法规律相结合，坚持问题导向、勇于攻坚克难，坚定信心，凝聚共识，锐意进取，破解难题，坚定不移深化司法体制改革，不断促进社会公平正义。

我国司法制度是党领导人民在长期实践中建立和发展起来的，总体上与我国国情和我国社会主义制度是适应的。同时，由于多种因素影响，司法活动中也存在一些司法不公、冤假错案、司法腐败以及金钱案、权力案、人情案等问题。这些问题如果不抓紧解决，就会严重影响全面依法治国进程，严重影响社会公平正义。党的十八大以来，党中央对司法体制改革高度重视，紧紧围绕建设中国特色社会主义法治体系、建设社会主义法治国家，紧紧围绕维护社会公平正义，抓紧

* 这是习近平在主持中共十八届中央政治局第二十一次集体学习时的讲话要点。

落实有关改革举措，取得了重要进展。

司法制度是上层建筑的重要组成部分，我们推进司法体制改革，是社会主义司法制度自我完善和发展，走的是中国特色社会主义法治道路。党的领导是社会主义法治的根本保证，坚持党的领导是我国社会主义司法制度的根本特征和政治优势。深化司法体制改革，完善司法管理体制和司法权力运行机制，必须在党的统一领导下进行，坚持和完善我国社会主义司法制度。要把党总揽全局、协调各方，同审判机关和检察机关依法履行职能、开展工作统一起来。

司法体制改革必须为了人民、依靠人民、造福人民。司法体制改革成效如何，说一千道一万，要由人民来评判，归根到底要看司法公信力是不是提高了。司法是维护社会公平正义的最后一道防线。公正是司法的灵魂和生命。深化司法体制改革，要广泛听取人民群众意见，深入了解一线司法实际情况、了解人民群众到底在期待什么，把解决了多少问题、人民群众对问题解决的满意度作为评判改革成效的标准。

要紧紧牵住司法责任制这个“牛鼻子”，凡是进入法官、检察官员额的，要在司法一线办案，对案件质量终身负责。法官、检察官要有审案判案的权力，也要加强对他们的监督制约，把对司法权的法律监督、社会监督、舆论监督等落实到位，保证法官、检察官做到“以至公无私之心，行正大光明之事”[1]，把司法权关进制度的笼子，让公平正义的阳光照进人民心田，让老百姓看到实实在在的改革成效。

司法体制改革必须同我国根本政治制度、基本政治制度和经济社会发展水平相适应，保持我们自己的特色和优势。

我们要借鉴国外法治有益成果，但不能照搬照抄国外司法制度。完善司法制度、深化司法体制改革，要遵循司法活动的客观规律，体现权责统一、权力制约、公开公正、尊重程序的要求。司法体制改革事关全局，要加强顶层设计，自上而下有序推进。要坚持从实际出发，结合不同地区、不同层级司法机关实际情况积极实践，推动制度创新。

问题是工作的导向，也是改革的突破口。要紧紧抓住影响司法公正、制约司法能力的重大问题和关键问题，增强改革的针对性和实效性。党的十八届三中、四中全会提出的司法体制改革任务，都是看准了的事情，都是必须改的，要坚定不移落实到位。中央政法委和各牵头单位要规划好各项改革出台的时机、方式、节奏，不断推出一批群众认可的硬招实招。中央政法单位要带好头，无论是制度、方案的设计，还是配套措施的推出，都要从党和国家事业发展全局出发，从最广大人民根本利益出发。各地区各部门要大力支持司法体制改革，抓好工作任务落实。对已经出台的改革举措，要加强改革效果评估，及时总结经验，注意发现和解决苗头性、倾向性、潜在性问题。要下功夫凝聚共识，充分调动一切积极因素，形成推进改革的强大力量。

注　释

〔**1**〕见明代吕坤《呻吟语·应务》。

坚持依法治国和以德治国相结合*

（2016 年 12 月 9 日）

法律是准绳，任何时候都必须遵循；道德是基石，任何时候都不可忽视。在新的历史条件下，我们要把依法治国基本方略、依法执政基本方式落实好，把法治中国建设好，必须坚持依法治国和以德治国相结合，使法治和德治在国家治理中相互补充、相互促进、相得益彰，推进国家治理体系和治理能力现代化。

法律是成文的道德，道德是内心的法律。法律和道德都具有规范社会行为、调节社会关系、维护社会秩序的作用，在国家治理中都有其地位和功能。法安天下，德润人心。法律有效实施有赖于道德支持，道德践行也离不开法律约束。法治和德治不可分离、不可偏废，国家治理需要法律和道德协同发力。

改革开放以来，我们深刻总结我国社会主义法治建设的成功经验和深刻教训，把依法治国确定为党领导人民治理国

---

* 这是习近平在主持中共十八届中央政治局第三十七次集体学习时的讲话要点。

家的基本方略，把依法执政确定为党治国理政的基本方式，走出了一条中国特色社会主义法治道路。这条道路的一个鲜明特点，就是坚持依法治国和以德治国相结合，强调法治和德治两手抓、两手都要硬。这既是历史经验的总结，也是对治国理政规律的深刻把握。

要强化道德对法治的支撑作用。坚持依法治国和以德治国相结合，就要重视发挥道德的教化作用，提高全社会文明程度，为全面依法治国创造良好人文环境。要在道德体系中体现法治要求，发挥道德对法治的滋养作用，努力使道德体系同社会主义法律规范相衔接、相协调、相促进。要在道德教育中突出法治内涵，注重培育人们的法律信仰、法治观念、规则意识，引导人们自觉履行法定义务、社会责任、家庭责任，营造全社会都讲法治、守法治的文化环境。

要把道德要求贯彻到法治建设中。以法治承载道德理念，道德才有可靠制度支撑。法律法规要树立鲜明道德导向，弘扬美德义行，立法、执法、司法都要体现社会主义道德要求，都要把社会主义核心价值观贯穿其中，使社会主义法治成为良法善治。要把实践中广泛认同、较为成熟、操作性强的道德要求及时上升为法律规范，引导全社会崇德向善。要坚持严格执法，弘扬真善美、打击假恶丑。要坚持公正司法，发挥司法断案惩恶扬善功能。

要运用法治手段解决道德领域突出问题。法律是底线的道德，也是道德的保障。要加强相关立法工作，明确对失德行为的惩戒措施。要依法加强对群众反映强烈的失德行为的整治。对突出的诚信缺失问题，既要抓紧建立覆盖全社会的征信系统，又要完善守法诚信褒奖机制和违法失信惩戒机制，使人不敢失信、不能失信。对见利忘义、制假售假的违法行为，要加大执法力度，让败德违法者受到惩治、付出代价。

要提高全民法治意识和道德自觉。法律要发挥作用，首先全社会要信仰法律；道德要得到遵守，必须提高全体人民道德素质。要加强法治宣传教育，引导全社会树立法治意识，使人们发自内心信仰和崇敬宪法法律；同时要加强道德建设，弘扬中华民族传统美德，提升全社会思想道德素质。要坚持把全民普法和全民守法作为依法治国的基础性工作，使全体人民成为社会主义法治的忠实崇尚者、自觉遵守者、坚定捍卫者。要深入实施公民道德建设工程，深化群众性精神文明创建活动，引导广大人民群众自觉践行社会主义核心价值观，树立良好道德风尚，争做社会主义道德的示范者、良好风尚的维护者。

要发挥领导干部在依法治国和以德治国中的关键作用。领导干部既应该做全面依法治国的重要组织者、推动者，也应该做道德建设的积极倡导者、示范者。要坚持把领导干部带头学法、模范守法作为全面依法治国的关键，推动领导干部学法经常化、制度化。以德修身、以德立威、以德服众，是干部成长成才的重要因素。领导干部要努力成为全社会的道德楷模，带头践行社会主义核心价值观，讲党性、重品行、作表率，带头注重家庭、家教、家风，保持共产党人的高尚品格和廉洁操守，以实际行动带动全社会崇德向善、尊法守法。

五、推动全面从严治党向纵深发展

做焦裕禄式的县委书记*

（2015 年 1 月 12 日）

同志们：

很高兴同大家座谈。我很关注县一级工作。中组部报告说，你们正在中央党校学习，希望我能见见大家。我说，要见面，还要坐下来谈谈，听听大家的学习心得和想法。大家来自改革发展稳定第一线，对真实情况比较了解，谈谈肯定有好处。

元旦刚刚过去，我先祝大家新年好，也祝全国县委书记和在县里工作的广大党员、干部新年好！大家辛苦了！

党中央决定举办县委书记研修班，用 3 年多时间在中央党校把全国 2800 多名县（市、区、旗）委书记轮训一遍。这是一项着眼长远的战略举措。主要目的是帮助县委书记深入学习贯彻党的十八大和十八届三中、四中全会精神，学习中国特色社会主义理论体系，研究县域经济社会发展和党的建设方面的理论和现实问题，用党的理论创新最新成果武装头脑、指导实践、推动工作，培养造就一支高素质县委书记队伍。

---

* 这是习近平在中央党校县委书记研修班学员座谈会上的讲话。

我对县一级职能、运转和县委书记的角色有亲身感悟，刚才听了6位同志的发言，很有感触，脑海里不断浮现我当县委书记时的画面，仿佛回到了30多年前。我同大家的感受是一样的，就是县委书记这个岗位很重要，官不大，责任不小、压力不小，这个官不好当。

在我们党的组织结构和国家政权结构中，县一级处在承上启下的关键环节，是发展经济、保障民生、维护稳定、促进国家长治久安的重要基础。古人讲，郡县治，天下安。我国县的建制始于春秋时期，因秦代推进郡县制而得到巩固和发展。2000多年来，县一直是我国国家结构的基本单元，稳定存在至今。

历朝历代都高度重视县级官员选拔任用。古人早就总结出“宰相起于州部，猛将发于卒伍”〔1〕这一历史现象。历史上，许多名人志士为官从政是从县一级起步的。北宋政治家王安石，27岁担任浙江鄞县（今宁波市鄞州区）知县，任职3年，“治绩大举，民称其德”，为以后革新变法打下了基础。清代郑板桥长期在河南范县、山东潍县担任知县，其诗句“衙斋卧听萧萧竹，疑是民间疾苦声。些小吾曹州县吏，一枝一叶总关情”〔2〕千古流传。陶渊明〔3〕、狄仁杰〔4〕、包拯〔5〕、海瑞〔6〕等很多人都当过县令、知县。

一个县就是一个基本完整的社会，“麻雀虽小，五脏俱全”。现在，县级政权所承担的责任越来越大，需要办的事情越来越多，尤其是在全面建成小康社会、全面深化改革、全面依法治国、全面从严治党进程中起着重要作用。县委书记在干部序列中说起来级别不高，但地位特殊。邓小平同志曾经说：“当好一个县委书记并不容易，要有全面的领导经验，对东西南北中、党政军民学各方面的工作都能抓得起来。”[7]“特别要抓好县委一级，建立一个强有力的县委可是重要啊！军队是团，地方是县，为什么总讲县、团级呀，就是这个道理。”[8]海瑞说：“官之至难者，令也。”[9]说的就是县官难做。

怎样才能当好县委书记？有的同志在发言中谈到了，要做政治坚定的明白人、绿色发展的铺路石、体察民情的大脚掌、地方团队的领头雁、作风建设的打铁匠，归纳得很好。我一直认为，焦裕禄同志为县委书记树立了榜样。我多次去过兰考县，去年第二批党的群众路线教育实践活动中又去了两次。每每踏上兰考的土地，我的心情都很激动。焦裕禄同志以自己的实际行动塑造了一个优秀共产党员和优秀县委书记的光辉形象。做县委书记，就要做焦裕禄式的县委书记。

怎样做焦裕禄式的县委书记？有很多角度可以谈，今天，我想从心中有党、心中有民、心中有责、心中有戒4个方面来谈谈这个问题。

一、当好县委书记，必须始终做到心中有党。

县委是我们党执政兴国的“一线指挥部”，县委书记就是“一线总指挥”。对党忠诚，是县委书记的重要标准。衡量一个县委书记当得怎么样，可以讲很多条，但主要看这一条。“善莫大于作忠。”[10]

我们县委书记队伍总体是好的，绝大多数同志是值得信赖的。这一点必须明确。同时，也要看到，在县委书记这个岗位上，面临的考验很多很严峻，有改革发展稳定繁重工作的考验，有保障和改善民生突出问题的考验，有形形色色错误思潮的考验，有权力、金钱、美色的考验，有庸俗风气、潜规则的考验，如此等等。特别值得注意的是，县委书记手中掌握着很大权力，所以各种诱惑、算计都冲着你来，各种讨好、捧杀都对着你去，往往会成为“围猎”的对象。很多县远离中心城市，容易让人有“山高皇帝远”的念头，上级监督鞭长莫及。在这样的环境下工作，如果没有对党忠诚作政治上的“定海神针”，就很可能在各种考验面前败下阵来。

县一级阵地，必须由心中有党、对党忠诚的人坚守。当县委书记，要记住自己是中国共产党的县委书记，是党派你在这里当县委书记的。这个道理很简单，但要时刻牢记于心就不那么简单了。要把牢政治方向，强化组织意识，时刻想到自己是党的人，时刻不忘自己对党应尽的义务和责任，相信组织、依靠组织、服从组织，自觉维护党的团结统一。

只有理想信念坚定，心中有党、对党忠诚才能有牢固思想基础。理想信念动摇了，那是不可能心中有党的。大家要把学习掌握马克思主义理论作为看家本领，深入学习马克思列宁主义、毛泽东思想，深入学习邓小平理论、“三个代表”重要思想、科学发展观，深入学习十八大以来党的理论创新成果，不断领悟，不断参透，做到学有所得、思有所悟，注重解决好世界观、人生观、价值观这个“总开关”问题，真正做到对马克思主义虔诚而执着、至信而深厚。

共产主义决不是“土豆烧牛肉”那么简单，不可能唾手可得、一蹴而就，但我们不能因为实现共产主义理想是一个漫长的过程，就认为那是虚无缥缈的海市蜃楼，就不去做一个忠诚的共产党员。革命理想高于天。实现共产主义是我们共产党人的最高理想，而这个最高理想是需要一代又一代人接力奋斗的。如果大家都觉得这是看不见摸不着的东西，没有必要为之奋斗和牺牲，那共产主义就真的永远实现不了了。我们现在坚持和发展中国特色社会主义，就是向着最高理想所进行的实实在在努力。

虽然国家发展水平和人民生活水平还不高，发展过程中还存在很多问题，大家在县委书记岗位上可能看到和遇到很多很现实的矛盾和问题，但我们一定要有一个基本立场，就是对中国特色社会主义要保持必胜信念，在涉及中国特色社会主义道路、理论、制度等重大原则问题上必须立场坚定、态度坚决。作为“一线总指挥”的县委书记们坚定了、沉着了，朝着大目标共同努力了，阵地才守得住，战斗才能打得赢，理想才能不断变为现实。

心中有党，是具体的而不是抽象的。作为党的干部，不论在什么地方、在哪个岗位上工作，都要增强党性立场和政治意识，经得起风浪考验，不能在政治方向上走岔了、走偏了。要严守政治纪律，在政治方向、政治立场、政治言论、政治行为方面守好规矩，自觉坚持党的领导，自觉同党中央保持高度一致，自觉维护党中央权威。党中央提倡的坚决响应，党中央决定的坚决照办，党中央禁止的坚决杜绝，决不允许上有政策、下有对策，决不允许有令不行、有禁不止，决不允许在贯彻执行中央决策部署上打折扣。只要出现这种问题，大家就要坚决纠正。

二、当好县委书记，必须始终做到心中有民。

全心全意为人民服务是我们党的根本宗旨。县委书记是直接面对基层群众的领导干部，必须心系群众、为民造福。

大家心中要始终装着老百姓，先天下之忧而忧，后天下之乐而乐，做到不谋私利、克己奉公。对个人的名誉、地位、利益，要想得透、看得淡，自觉打掉心里的小算盘。要着力解决好人民最关心最直接最现实的利益问题，特别是要下大气力解决好人民不满意的问题，多做雪中送炭的事情。现在，距实现全面建成小康社会的第一个百年奋斗目标只有五六年了，但困难地区、困难群众还为数不少，必须时不我待地抓好扶贫开发工作，决不能让困难地区和困难群众掉队。党和国家要把抓好扶贫开发工作作为重大任务，贫困地区各级领导干部更要心无旁骛、聚精会神抓好这项工作，团结带领广大群众通过顽强奋斗早日改变面貌。“当官不为民作主，不如回家卖红薯。”说的就是这个道理。我经常提到五六十年代福建东山县县委书记谷文昌，他一心一意为老百姓办事，当地老百姓逢年过节是“先祭谷公，后拜祖宗”。

在县委书记这个岗位上，很多人都想干一番事业，这种想法和干劲是必须有的。我当年到了正定，看到老百姓生活比较贫困、经济社会发展水平比较落后的情形，心里很着急，的确有一股激情、一种志向，想尽快改变这种面貌。但是，干事创业一定要树立正确政绩观，做到“民之所好好之，民之所恶恶之”〔11〕。要求真务实、真抓实干，做工作自觉从人民利益出发，决不能为了树立个人形象，搞华而不实、劳民伤财的“形象工程”、“政绩工程”。

不同的县有着不同的资源和禀赋，要把调查研究作为基本功，深入基层、深入群众、深入实际，了解情况、问计于民。我说过，当县委书记一定要跑遍所有的村，当市委书记一定要跑遍所有的乡镇，当省委书记一定要跑遍所有的县市区。我在正定时经常骑着自行车下乡，从滹沱河北岸到滹沱河以南的公社去，每次骑到滹沱河沙滩就得扛着自行车走。虽然辛苦一点，但确实摸清了情况，同基层干部和老百姓拉近了距离、增进了感情。情况搞清楚了，就要坚持从实际出发谋划事业和工作，使想出来的点子、举措、方案符合实际情况，不好高骛远，不脱离实际。重要决策方案，特别是涉及群众切身利益的重要政策措施，要广泛听取群众意见，不能嫌麻烦、图省事。

做到心中有民，必须树立良好作风。在县一级这个层面，县委书记对一方党风政风具有示范作用。老百姓看党，最集中的是看县委一班人特别是县委书记。县委书记作风不好，党在当地群众心目中的形象就会大打折扣。大家要按照中央要求，继续把作风建设抓好、把群众路线教育实践活动成果巩固好，做到勤政、务实、为民，自觉抵制和纠正“四风”问题。

三、当好县委书记，必须始终做到心中有责。

“为官避事平生耻。”〔12〕干部就要有担当，有多大担当才能干多大事业，尽多大责任才会有多大成就。不能只想当官不想干事，只想揽权不想担责，只想出彩不想出力。县一级领导要谋几十万、上百万人的改革发展稳定大计，管千头万绪的事务，这个舞台足够大，刚才你们也说到了，是“芝麻官”千钧担。党把干部放在这样一个岗位上是信任，是重托，要意气风发、满腔热情干好，为官一任、造福一方。不能干一年、两年、三年还是涛声依旧，全县发展面貌没有变化，每年都是重复昨天的故事。

责任就意味着尽心尽责干事。对定下来的工作部署，要一抓到底、善始善终，坚决防止走过场、一阵风。县委书记多数任职就几年，不能有临时工的思想。有的人到了县委书记岗位上，想的是反正干不长，不如弄点大动静出来，也好显示自己的能耐和政绩，为自己晋升提拔铺路。这样的观点要不得。一个县里，规划几年一变，蓝图几年一画，干不成什么事。要有“功成不必在我”的境界，一张好的蓝图，只要是科学的、切合实际的、符合人民愿望的，就要像接力赛一样，一棒一棒接着干下去。山西右玉县地处毛乌素沙漠的天然风口地带，是一片风沙成患、山川贫瘠的不毛之地。新中国成立之初，第一任县委书记带领全县人民开始治沙造林。60 多年来，一张蓝图、一个目标，县委一任接着一任、一届接着一届率领全县干部群众坚持不懈干，使绿化率由当年的 0.3% 上升到现在的 53%，把“不毛之地”变成了“塞上绿洲”。抓任何工作，都要有这种久久为功、利在长远的耐心和耐力。

事业成功的原因很多，奋发有为是主要因素。我们大多数领导干部能够做到责任在心、担当在肩，但的确也有一些领导干部不思进取、为官不为，抱着“当一天和尚撞一天钟”的心态，只要不出事，宁愿不做事，满足于做四平八稳的“太平官”。这种认识是错误的。面对工作难题，要有明知山有虎、偏向虎山行的劲头，积极寻找克服困难的具体对策，豁得出来、顶得上去，真正成为带领人民群众战风险、渡难关的主心骨。

现在，我国经济发展进入新常态，保持经济社会持续健康发展，必须转方式、调结构，必须实施创新驱动发展战略，必须推动新型工业化、信息化、城镇化、农业现代化同步发展。做好这些工作，县一级十分重要。这些工作怎么做？做什么？要开动脑筋、深入思考、积极推动。全面深化改革，县一级要做什么事，能做什么事，要不等待、不观望，坚持问题导向，积极主动作为。县一级处于社会矛盾的前沿，县委书记处在维稳第一线，一定要履行好责任。前些年，瓮安、孟连、陇南等事件说明，突出矛盾和突发事件背后都存在复杂的利益冲突，都存在干部作风问题，也都存在工作上处置不当的问题。对突出矛盾要有责任意识，主动去解决而不是回避推卸，努力做到发现在早、处置在小。对突发事件要临危不惧、沉着冷静、敢于负责，关键时刻要亲临现场、靠前指挥、果断处置。

四、当好县委书记，必须始终做到心中有戒。

我们的权力是党和人民赋予的，是为党和人民做事用的，姓公不姓私，只能用来为党分忧、为国干事、为民谋利。要正确行使权力，依法用权、秉公用权、廉洁用权，做到法定职权必须为，法无授权不可为，保持如临深渊、如履薄冰的谨慎，做到心有所畏、言有所戒、行有所止，处理好公和私、情和法、利和法的关系。

县委书记是一班之长，要带头执行民主集中制，不把“班长”当成“家长”。要按照程序进行决策，特别是涉及资金、项目、用人等重大问题，要经过集体研究，不搞个人专权。要善于把党委一班人、几大家班子和各级干部智慧集中起来，做到总揽不包揽、分工不分家、放手不撒手。要有胸怀，能容人容事，注意听取班子成员意见，带头增进和维护县委班子团结。当然，讲团结不是要搞一团和气，讲和谐不是要“和稀泥”。在大是大非问题上，要有正确立场和鲜明态度，敢于站出来说话，敢于表明自己的态度。

党的十八届四中全会提出要全面推进依法治国，建设社会主义法治国家。依法治国的根基在基层。县委书记要做学法尊法守法用法的模范，善于运用法治思维谋划县域治理。要牢记法律红线不可逾越、法律底线不可触碰，做决策、开展工作多想一想是否合法、是否可行，多想一想法律的依据、法定的程序、违法的后果，自觉当依法治国的推动者、守护者。

廉洁自律是共产党人为官从政的底线。我经常讲，鱼和熊掌不可兼得，当官发财两条道，当官就不要发财，发财就不要当官。要始终严格要求自己，把好权力关、金钱关、美色关，做到清清白白做人、干干净净做事、坦坦荡荡为官。要加强对亲属和身边工作人员的教育和约束，要求他们守德、守纪、守法。焦裕禄同志曾经亲自起草了《干部十不准》，规定干部在任何时候都不搞特殊化。他得知儿子“看白戏”，立即拿出钱叫儿子到戏院补票。被康熙〔13〕誉为“天下清官第一”的张伯行曾经说过：“一丝一粒，我之名节；一厘一毫，民之脂膏。宽一分，民受赐不止一分；取一文，我为人不值一文。”〔14〕这些廉政箴言，至今都没有过时，大家要努力学习。

县委书记作为县里的权力人物和公众人物，要注意道德操守，道德上失足有时比某些工作失误杀伤力还要大。我国古代就要求县令“导扬风化”。要自觉弘扬和践行社会主义核心价值观，加强道德修养，追求健康情趣，慎重对待朋友交往，时刻检点自己生活的方方面面，引导全县形成健康向上的社会风尚。要不断体会和弘扬先人传承下来的传统美德，如“大道之行也，天下为公”[15]、“不义而富且贵，于我如浮云”[16]、“君子喻于义”[17]、“言必信，行必果”[18]、“德不孤，必有邻”[19]、“人而无信，不知其可也”[20]，等等，为为人处世、安身立命提供重要启示。

同志们，再过几天，你们这期县委书记研修班就要结束了。希望大家学以致用、用有所成，努力把本地区的工作做得更好。最后，祝同志们工作顺利、身体健康、阖家幸福！

注　　释

〔1〕参见《韩非子·显学》。原文是：“宰相必起于州部，猛将必发于卒伍。”

〔2〕见清代郑板桥《潍县署中画竹呈年伯包大中丞括》。

〔3〕陶渊明（365—427），浔阳柴桑（今江西九江西南）人。东晋诗人。

〔4〕狄仁杰（630—700），并州太原（今山西太原西南）人。唐代武周时期大臣。

〔5〕包拯（999—1062），庐州合肥（今属安徽）人。北宋大臣。

〔6〕海瑞（1514—1587），广东琼山（今属海南）人。明代大臣。

〔7〕见邓小平《各方面都要整顿》（《邓小平文选》第2卷，人民出版社1994年版，第36页）。

〔8〕这段话出自邓小平1975年10月4日在全国农村工作座谈会上的插话（《邓小平年谱（一九七五——一九九七）》上卷，中央文献出版社2004年版，第107页）。

〔9〕见明代海瑞《令箴》。

〔10〕见东汉马融《忠经·证应章》。

〔11〕见《礼记·大学》。

〔12〕参见金代元好问《四哀诗·李钦叔》。原文是：“当官避事平生

耻，视死如归社稷心。”

〔**13**〕康熙，即清圣祖爱新觉罗·玄烨（1654—1722），1661—1722年在位，年号康熙。

〔**14**〕见清代张伯行《禁止馈送檄》。

〔**15**〕见《礼记·礼运》。

〔**16**〕见《论语·述而》。

〔**17**〕见《论语·里仁》。

〔**18**〕见《论语·子路》。

〔**19**〕见《论语·里仁》。

〔**20**〕见《论语·为政》。

守纪律，讲规矩*

（2015 年 1 月 13 日）

古人说："欲知平直，则必准绳；欲知方圆，则必规矩。"〔1〕没有规矩不成其为政党，更不成其为马克思主义政党。我认为，我们党的党内规矩是党的各级组织和全体党员必须遵守的行为规范和规则。党的规矩总的包括什么呢？其一，党章是全党必须遵循的总章程，也是总规矩。其二，党的纪律是刚性约束，政治纪律更是全党在政治方向、政治立场、政治言论、政治行动方面必须遵守的刚性约束。其三，国家法律是党员、干部必须遵守的规矩，法律是党领导人民制定的，全党必须模范执行。其四，党在长期实践中形成的优良传统和工作惯例。

党章等党内规章制度、党的纪律、国家法律是全党必须遵守的规矩，这个大家比较好理解。为什么说党在长期实践中形成的优良传统和工作惯例也是十分重要的党内规矩呢？这是因为，对我们这么一个大党来讲，不仅要靠党章和纪律，还得靠党的优良传统和工作惯例。这些规矩看着没有白纸黑

---

* 这是习近平在中共第十八届中央纪律检查委员会第五次全体会议上讲话的一部分。

字的规定，但都是一种传统、一种范式、一种要求。纪律是成文的规矩，一些未明文列入纪律的规矩是不成文的纪律；纪律是刚性的规矩，一些未明文列入纪律的规矩是自我约束的纪律。党内很多规矩是我们党在长期实践中形成的优良传统和工作惯例，经过实践检验，约定俗成、行之有效，反映了我们党对一些问题的深刻思考和科学总结，需要全党长期坚持并自觉遵循。

比如，党内绝不允许搞团团伙伙、结党营私、拉帮结派，搞了就是违反政治纪律。如何防微杜渐？要从规矩抓起，要有这个意识。有些干部聚在一起，搞个同乡会、同学会，一段时间聚一下，黄埔一期二期三期的这么论，看着好像漫无目的，其实醉翁之意不在酒，是要结交情谊，将来好相互提携、互通款曲，这就不符合规矩了。这种聚会最好不要搞，这种饭最好不要吃。有的人只要是他工作过的地方，都利用手中的权力“正正规规”地搞团团伙伙，全要搞成他自己的领地，到处插手人事安排，关照自己小圈子里的人，结果他们就成了一根绳上的蚂蚱。

比如，在一些干部中，乱评乱议、口无遮拦现象比较突出。如果造谣生事那是违反党纪甚至违反国法，但这些人就是在那儿调侃，传播小道消息，东家长西家短乱发议论，热衷于转发网上不良信息，甚至一些所谓“铁杆朋友”聚在一起妄议中央大政方针。有的人热衷于打探消息，四处寻问，八方打听，不该问的偏要问，不该知道的特想知道，捉到一些所谓内幕消息就到处私下传播。对中央查处的一些大案要案，有的高级干部就在背后说查人家干什么，做了那么多工作，就这一点小事就要抓住不放，显得忿忿不平的。情况是这样吗？看看那些人写的忏悔录，哪个人是冤枉的？虽然这只是不负责任地传播消息、发表议论，也不是在正式场合说的，但其腐蚀性、涣散性也是非常严重的。

还比如，有的干部脱岗离岗了，不向组织汇报，借口说有些是私事，应该有“自由空间”。我在地方工作时，逢年过节都得值班，生怕出了什么事。很多地方和部门的负责同志一到节假日就不见了，到外地去休假了。跑到那么远的地方怎么放得下心？一旦有个什么事怎么办？当领导干部就要有强烈的责任感，节假日尤其要自觉坚守岗位。没有说不让休息，但关键是如何休息、在哪儿休息，有没有考虑到自己肩负的职责。大部分领导干部在这个问题上做得是好的，节假日都能自觉坚守岗位。这不也是一种规矩吗？

再比如，有些领导干部个人重大问题不报告。不是说非要家里出了命案才需要报告。有的同志有重病不报，对所有人都隐瞒了，最后病危了组织还不知道，场面上的工作都干不了了，但就是不说，最后命都给耽误没了。有的子女家属长期在国外也不报告，在国外定居的按规定要报告，但他们也不是正式定居，就觉得可以不报告。有的家庭发生重大变故不向组织报告，离婚、结婚多少年了，组织都不知道。有的弄了很多证件，护照好几本，还有假身份证。这些事情不要报告吗？懂规矩就应该报告，隐情不报的，一是不懂规矩，二是这里面怕有不可告人的隐情。有的党的高级干部编了一套暗语，家里人、身边人相互说话都用暗语，搞得像《潜伏》一样。这正常吗？

又比如，跑风漏气、说情风、打招呼的问题。对组织有关内部决定和考虑，有的人通过隐喻、暗示等方式向相关人员通风报信，说没有还就是有，要查吧还查不出来。组织决定提拔某个干部，只要说“过了”、“行了”两个字就够了。组织决定审查某个人，只要说“注意一点”就够了。还有说情风，有的人对担任过领导岗位的地方、有影响的地方，对那里的干部问题递一句话，也不直接说要提拔，就说某某还不错啊、某某还可以啊。意思尽在不言中，但抓还抓不住。已经离开那里了，还插手那里的人事安排。还有，选举的时候，一些人打招呼、拉票、助选，有时不用明着干，说者无意、听者有心，最后踏雪无痕。这些事情该做吗？这属不属于规矩问题？

人不以规矩则废，党不以规矩则乱。以上这些问题如不下大气力整治，就会像传染病一样蔓延开来，最终严重危害党的肌体。党内规矩有的有明文规定，有的没有，但作为一个党的干部特别是高级干部应该懂的。不懂的话，那就不具备当干部特别是高级干部的觉悟和水平。没有明文规定一定要报的事项，报还是不报，关键看党的观念强不强、党性强不强。领导干部违纪往往是从破坏规矩开始的。规矩不能立起来、严起来，很多问题就会慢慢产生出来。很多事实都证明了这一点。讲规矩是对党员、干部党性的重要考验，是对党员、干部对党忠诚度的重要检验。

当前，遵守政治纪律和政治规矩，重点要做到以下5个方面。一是必须维护党中央权威，决不允许背离党中央要求另搞一套，全党同志特别是各级领导干部在任何时候任何情况下都必须在思想上政治上行动上同党中央保持高度一致，听从党中央指挥，不得阳奉阴违、自行其是，不得对党中央的大政方针说三道四，不得公开发表同中央精神相违背的言论。二是必须维护党的团结，决不允许在党内培植私人势力，要坚持五湖四海，团结一切忠实于党的同志，团结大多数，不得以人划线，不得搞任何形式的派别活动。三是必须遵循组织程序，决不允许擅作主张、我行我素，重大问题该请示的请示，该汇报的汇报，不允许超越权限办事，不能先斩后奏。四是必须服从组织决定，决不允许搞非组织活动，不得跟组织讨价还价，不得违背组织决定，遇到问题要找组织、依靠组织，不得欺骗组织、对抗组织。五是必须管好亲属和身边工作人员，决不允许他们擅权干政、谋取私利，不得纵容他们影响政策制定和人事安排、干预正常工作运行，不得默许他们利用特殊身份谋取非法利益。

在所有党的纪律和规矩中，第一位的是政治纪律和政治规矩。从近年来查处的高级干部严重违纪违法案件特别是周永康、薄熙来、徐才厚、令计划、苏荣等案件看，破坏党的政治纪律和政治规矩问题非常严重，务必引起重视。这些人权力越大、位置越重要，越不拿党的政治纪律和政治规矩当回事儿，甚至到了肆无忌惮、胆大包天的地步！有的政治野心膨胀，为了一己私利或者小团体的利益，背着党组织搞政治阴谋活动，搞破坏分裂党的政治勾当！有的领导干部把自己凌驾于组织之上，老子天下第一，把党派他去主政的地方当成了自己的“独立王国”，用干部、作决策不按规定向中央报告，搞小山头、小团伙、小圈子。他们热衷干的事目的都是包装自己，找人抬轿子、吹喇叭，为个人营造声势，政治野心很大。有的人发展到目空一切的地步，对中央工作部署搞软抵制，甚至冲着党的理论和路线方针政策大放厥词，散布对中央领导同志的恶毒谣言，压制、打击同自己意见不合的同志，一心以为鸿鹄将至，谁挡他的道就要把谁搬开。胆大妄为到了何等程度！这在我们党内是绝对不允许的。干这种事，最后都会搬起石头砸自己的脚，机关算尽反而误了卿卿性命。

明制度于前，重威刑于后。各级党组织要把严守纪律、严明规矩放到重要位置来抓，努力在全党营造守纪律、讲规矩的氛围。对政治纪律和政治规矩，要十分明确地强调、十分坚定地执行，不要语焉不详、闪烁其词。各级领导干部特别是高级干部要牢固树立纪律和规矩意识，在守纪律、讲规矩上作表率，自觉做政治上的明白人。特别是要加强对年轻干部的教育引导，让他们从进入干部队伍起就知道守纪律、讲规矩的重要性和严肃性，明白在党内不守纪律、不讲规矩，跟组织玩小聪明，权欲膨胀、利欲熏心，不择手段往上爬，为了自己什么事都敢干，总有一天是会自己毁了自己的。各级党委要加强监督检查，对不守纪律的行为要严肃处理。

注　　释

〔1〕见《吕氏春秋·自知》。

增强看齐意识*

（2015年12月11日）

我们党是高度集中统一的马克思主义政党，思想上的统一、政治上的团结、行动上的一致是党的事业不断发展壮大的根本所在。党校是教育培训干部的地方，必须自觉在思想上政治上行动上同党中央保持高度一致，而且要做得更好。在这上面出了问题，那就是方向性问题。

毛主席在党的七大预备会议上讲过一段名言："要知道，一个队伍经常是不大整齐的，所以就要常常喊看齐，向左看齐，向右看齐，向中看齐。我们要向中央基准看齐，向大会基准看齐。看齐是原则，有偏差是实际生活，有了偏差，就喊看齐。"〔1〕毛主席说，看齐是原则，有偏差是实际生活。这是很深刻的道理。就像军队一样，再训练有素的部队也经常要喊看齐，而且要天天喊、时时喊。当然，整队型看齐比较容易，因为那是形体上的，思想上政治上行动上看齐就不那么容易了。经常喊看齐是我们党加强自身建设的规律和经验。只有经常喊看齐，只有各级党组织都经常喊看齐，才能时刻警醒、及时纠偏，使全党始终保持整齐昂扬的奋进状态。不断把领导干部集中到党校

* 这是习近平在全国党校工作会议上讲话的一部分。

来学习培训，一个重要目的就是帮助大家向党中央看齐。

党校增强看齐意识，就要坚持党校一切工作都必须围绕党中央决策部署来进行。延安整风运动〔2〕之前，包括党校在内的干部学校理论与实际、学与用脱节，主观主义和教条主义严重，由此出现同以毛泽东同志为代表的中央路线有偏差、看不齐的问题，毛泽东同志在《改造我们的学习》一文中批评了这种现象，但没有引起注意。1943 年 9 月，毛主席再次说："一九四一年五月，我作《改造我们的学习》的报告，毫无影响。"〔3〕正是由于存在着不看齐、看不齐现象，1942 年 2 月 28 日和 3 月底，中央党校两次改组，决定由毛主席直接领导中央党校工作，以彻底改变中央党校不适应党的事业发展的那些做法。

新形势下，党校工作必须向党中央看齐，向党的理论和路线方针政策看齐，向党的十八大和十八届三中、四中、五中全会精神看齐，向党中央改革发展稳定、内政外交国防、治党治国治军各项决策部署看齐。制定教学和科研规划，确定教学和科研任务，设置教学和科研内容，创新教学和科研方法，都要自觉从这个大局去把握、去落实，做到党中央要求干什么，党校就坚定干什么。党校向党中央看齐了，才能引导来到这里的学员向党中央看齐。如果党校都没看齐，又如何引导学员向党中央看齐？

党校增强看齐意识，就必须严守党的政治纪律和政治规矩。党校是学校，但不是普通学校，而是党教育培训执政骨干的学校，政治上必须有更高要求。过去，我听到一些反映，说一些人在党校讲课时传播西方资本主义价值观念，有的口无遮拦、对党和国家大政方针妄加议论，有的专门挑刺、发牢骚、说怪话，有的打着党校的金字招牌随意参加社会上不伦不类的活动。这些现象虽然发生在少数人身上，但影响很不好。这样的问题在党校不能发生！

我这样说，不是说不能对党和国家的具体政策和工作提出意见、提出批评甚至是尖锐的批评。我们鼓励和支持解放思想，鼓励和支持对有关政策举措进行分析评估，但要把握好政治立场坚定性和科学探索创新性的有机统一，不能把探索性的学术问题等同于严肃的政治问题，也不能把严肃的政治问题等同于探索性的学术问题。不能一说学术问题可以研究，就不顾场合口无遮拦乱说一气，也不能为了沽名钓誉而标新立异。

还要看到，个人的意见、批评往往是探索性的，有时是个人的一孔之见，对不对要在实践中检验，可以在内部研究，也可以通过一定组织渠道向上反映，但拿到党校讲台上讲、拿到社会上发表就要慎重了。说者无意，听者有心。老百姓心里想，这是党校的人讲的，应该是比较正宗的观点，容易相信。还有一些别有用心的人，一听到党校有人说了什么话，就如获至宝，大肆炒作，说党校里的人都对党中央说三道四了，共产党内部有不同声音了。党校出现这些言论，杀伤力很大，不要低估。

总之，在党校讲台、公开场合对重大政治和理论问题发表观点和看法，应该自觉维护党的威信、维护党中央权威，自觉维护党校形象。我们说学术探索无禁区、党校讲课有纪律，但“无禁区”也不是绝对的，反对四项基本原则的言行，违反党的理论和路线方针政策的错误观点，无论公开还是私下里，在党校都是不允许的。这是党的政治纪律，党校必须模范遵守。

注　　释

〔**1**〕见毛泽东《中国共产党第七次全国代表大会的工作方针》(《毛泽东文集》第 3 卷，人民出版社 1996 年版，第 297—298 页)。

〔**2**〕延安整风运动，指中国共产党自 1942 年春至 1945 年春在全党范围内开展的一次马克思主义的思想教育运动。主要内容是：反对主观主义以整顿学风，反对宗派主义以整顿党风，反对党八股以整顿文风。经过这个运动，全党进一步掌握了马克思主义基本原理同中国革命具体实践的统一这样一个基本方向。因为当时中共中央所在地为延安，故称延安整风运动。

〔**3**〕见《毛泽东传（1893—1949）》，中央文献出版社 2004 年版，第 655 页。

坚定不移推进党风廉政建设和反腐败斗争*

（2016 年 1 月 12 日）

夺取全面建成小康社会决胜阶段的伟大胜利，关键在党。“打铁还需自身硬”是我们党的庄严承诺，全面从严治党是我们立下的军令状。3 年来，我们着力解决管党治党失之于宽、失之于松、失之于软的问题，使不敢腐的震慑作用充分发挥，不能腐、不想腐的效应初步显现，反腐败斗争压倒性态势正在形成。

党中央坚定不移反对腐败的决心没有变，坚决遏制腐败现象蔓延势头的目标没有变。全党同志对党中央在反腐败斗争上的决心要有足够自信，对反腐败斗争取得的成绩要有足够自信，对反腐败斗争带来的正能量要有足够自信，对反腐败斗争的光明前景要有足够自信！

同时，我们也要清醒看到，党风廉政建设和反腐败斗争形势依然严峻复杂。从党的十八大以来查处的中管干部违纪违法案件看，腐败分子往往集政治蜕变、经济贪婪、生活腐

---

* 这是习近平在中共第十八届中央纪律检查委员会第六次全体会议上讲话的一部分。

化、作风专横于一身。党的十八大以来，党中央反复强调领导干部要严守政治纪律和政治规矩，但有的置若罔闻，搞结党营私、拉帮结派、团团伙伙，一门心思钻营权力；有的明知在换届中组织没有安排他，仍派亲信到处游说拉票，搞非组织活动；有的政治野心不小，扬言“活着要进中南海，死了要入八宝山”；有的在其主政的地方建“独立王国”，搞小山头、拉小圈子，对党中央决策部署阳奉阴违，为实现个人政治野心而不择手段。

这些问题是关系党和国家政治安全的大问题，难道还不是政治吗？还用得着闪烁其词、讳莫如深吗？“新松恨不高千尺，恶竹应须斩万竿。”[1]如果不除恶务尽，一有风吹草动就会死灰复燃、卷土重来，不仅恶化政治生态，更会严重损害党心民心。有人说，如果这一次还是出现反弹、出现回潮，那人民就失望了。所以，军令状不是随便立的，我们说到就要做到。

当前，腐败问题依然存在。有的仍心存侥幸，搞迂回战术，卖官帽、批土地、抢项目、收红包，变着花样收钱敛财，动辄几百万、几千万甚至数以亿计；有的欺瞒组织、对抗组织，藏匿赃款赃物，与相关人员订立攻守同盟，企图逃避党纪国法惩处。他们故意制造一些噪音杂音，企图混淆视听，自己好从中脱身。“四风”在面上有所收敛，但并没有绝迹。党的十八大之后查处的领导干部，很多在享乐主义和奢靡之风上没有收手，贪图享乐，大吃大喝，花天酒地，骄奢淫逸，依然我行我素。有的“四风”问题改头换面、花样翻新，出现了各种变异。种种现实表明，全面从严治党任务依然艰巨，必须持续保持高压态势。

2016 年党风廉政建设和反腐败工作的总体要求是：全面贯彻党的十八大和十八届三中、四中、五中全会精神，协调推进“四个全面”战略布局，保持坚强政治定力，坚持全面从严治党、依规治党，忠诚履行党章赋予的职责，聚焦监督执纪问责，深化标本兼治，创新体制机制，健全法规制度，强化党内监督，把纪律挺在前面，持之以恒落实中央八项规定〔2〕精神，着力解决群众身边的不正之风和腐败问题，坚决遏制腐败蔓延势头，建设忠诚干净担当的纪检监察队伍，不断取得党风廉政建设和反腐败斗争新成效。

做好今年工作，重点要把握好以下几点。

第一，尊崇党章，严格执行准则和条例。全面从严治党首先要尊崇党章。党章总纲明确提出“坚持党要管党、从严治党”，这是党的建设的根本方针。党章第三十七条规定“党组织必须严格执行和维护党的纪律”，这是对主体责任的具体要求。各级党委要在思想认识、方法措施上跟上全面从严治党战略部署，把纪律挺在前面，发现问题就要提提领子、扯扯袖子，使红红脸、出出汗成为常态。对问题严重的，就要打手板、敲警钟，该组织处理的组织处理，该纪律处分的纪律处分。党委书记作为第一责任人，要担负起全面从严治党的政治责任。

勿以善小而不为，勿以恶小而为之。如果开始就咬耳朵、扯袖子，在执纪方面抓得很紧，可以让多少人避免违法？过去形成了这么一种现象，就是不到违法的程度大家都可以“包容”、“宽容”，到了违法就由他去吧。这是对党和干部不负责任的表现。空军的同志说，培养一名飞行员要花相当于其体重一样重的黄金。我们培养一名省部级干部要多少代价？很多干部从基层做起，慢慢成长起来，最后毁于一旦，一失足成千古恨。出问题的人之前就会有迹象，为什么不及时帮助他们认识和解决问题呢？这就需要把纪律挺在前面。

今年1月开始实施的《中国共产党廉洁自律准则》和《中国共产党纪律处分条例》，明确了党员追求的高标准和管党治党的戒尺。有了执纪监督尺子，就要在贯彻执行上下功夫。各级党委和纪委要首先加强对维护党章、执行党的路线方针政策和决议情况的监督检查，重点检查落实党的十八大和十八届三中、四中、五中全会精神的情况，贯彻落实党中央重大决策部署的情况，确保党的集中统一，保证党中央政令畅通。

有权就有责，权责要对等。问责不能感情用事，不能有怜悯之心，要“较真”、“叫板”，发挥震慑效应。前年，我们对湖南衡阳发生的以贿赂手段破坏选举案件严肃问责，给予党纪政纪处分467人，移送司法机关处理69人。去年，我们又对南充拉票贿选案进行彻底调查，对全部477名涉案人员严肃处理。这两起案件性质极为恶劣，是对我们党和社会主义民主制度的挑战。坚决查处这些案件，实施严厉问责，体现了失职必究、执纪必严的鲜明态度。今年，地方领导班子开始换届，要严肃政治纪律和组织纪律，做好问责工作，加大监督和查处力度，确保换届风清气正。任何地方、部门、单位，发生了党的领导作用不发挥、贯彻党的路线方针政策走样、管党治党不严不实、选人用人失察、发生严重“四风”

和腐败现象、巡视整改不力等问题，就要抓住典型严肃追责。既追究主体责任、监督责任，又上查一级追究领导责任、党组织责任。要完善和规范责任追究工作，建立健全责任追究典型问题通报制度，把问责同其他监督方式结合起来，以问责常态化促进履职到位，促进党的纪律执行到位。

第二，坚持坚持再坚持，把作风建设抓到底。作风问题本质上是党性问题。对我们共产党人来讲，能不能解决好作风问题，是衡量对马克思主义信仰、对社会主义和共产主义信念、对党和人民忠诚的一把十分重要的尺子。我们既要用铁的纪律整治各种面上的顶风违纪行为，更要睁大火眼金睛，任凭不正之风“七十二变”，也要把它们揪出来，有多少就处理多少。抓作风建设要返璞归真、固本培元，在加强党性修养的同时，弘扬中华优秀传统文化。

这里，我还要强调一下家风问题。从近年来查处的腐败案件看，家风败坏往往是领导干部走向严重违纪违法的重要原因。不少领导干部不仅在前台大搞权钱交易，还纵容家属在幕后收钱敛财，子女等也利用父母影响经商谋利、大发不义之财。有的将自己从政多年积累的“人脉”和“面子”，用在为子女非法牟利上，其危害不可低估。古人说：“将教天下，必定其家，必正其身。”〔3〕“莫用三爷，废职亡家。”“心术不可得罪于天地，言行要留好样与儿孙。”

在培育良好家风方面，老一辈革命家为我们作出了榜样。每一位领导干部都要把家风建设摆在重要位置，廉洁修身、廉洁齐家，在管好自己的同时，严格要求配偶、子女和身边工作人员。在年前的中央政治局专题民主生活会上，我专门强调了这个问题。我说，我在这里跟大家语重心长嘱咐，要操这点心，家里那点事有时不经意可能就溜过去了，要留留神，防微杜渐，不要护犊子。干部子弟也要遵纪守法，不要以为是干部子弟就谁都奈何不了了。触犯了党纪国法都要处理，而且要从严处理，做给老百姓看。

对那些盘根错节的复杂问题、年代久远的遗留问题、长期形成的惯性问题，要以燕子垒窝的恒劲、蚂蚁啃骨的韧劲、老牛爬坡的拼劲，坚持不懈，攻坚克难，善作善成。

第三，实现不敢腐，坚决遏制腐败现象滋生蔓延势头。只要谁敢搞腐败，就必须付出代价。一棵参天大树，如任蛀虫繁衍啃咬，最终必会逐渐枯萎。惩治腐败这一手必须紧抓不放、利剑高悬，坚持无禁区、全覆盖、零容忍。要重点查处政治问题和腐败问题交织，不收敛不收手，问题线索反映集中、群众反映强烈、现在重要岗位且可能还要提拔使用的领导干部。要深入剖析严重违纪违法干部的典型案例，发挥警示、震慑、教育作用。

要加大国际追逃追赃力度，推动二十国集团、亚太经合组织、《联合国反腐败公约》等多边框架下的国际合作，实施重大专项行动，把惩治腐败的天罗地网撒向全球，让已经潜逃的无处藏身，让企图外逃的丢掉幻想。

第四，推动全面从严治党向基层延伸。当前，基层干部队伍主流是好的，但在一些地方、部门、单位，基层干部不正之风和腐败问题还易发多发、量大面广。有的搞雁过拔毛，挖空心思虚报冒领、克扣甚至侵占惠农专项资金、扶贫资金；有的在救济、补助上搞优亲厚友、吃拿卡要；有的高高在上，漠视群众疾苦，形式主义、官僚主义严重；有的执法不公，甚至成为家族势力、黑恶势力的代言人，横行乡里、欺压百姓。

相对于“远在天边”的“老虎”，群众对“近在眼前”嗡嗡乱飞的“蝇贪”感受更为真切。“微腐败”也可能成为“大祸害”，它损害的是老百姓切身利益，啃食的是群众获得感，挥霍的是基层群众对党的信任。对基层贪腐以及执法不公等问题，要认真纠正和严肃查处，维护群众切身利益，让群众更多感受到反腐倡廉的实际成果。

县委是我们党执政兴国的“一线指挥部”，县委书记就是“一线总指挥”。省市两级党委要落实主体责任，抓好县委这个关键，特别是要强化县委书记的责任担当，加强基层组织和干部队伍建设，把基层党组织建设成坚强战斗堡垒，充分发挥广大党员、干部先锋模范作用。

第五，标本兼治，净化政治生态。政治生态好，人心就顺、正气就足；政治生态不好，就会人心涣散、弊病丛生。当前，有的地方和部门正气不彰、邪气不祛；“明规矩”名存实亡，“潜规则”大行其道；求真务实、埋头苦干的受到排挤，好大喜功、急功近利的如鱼得水。这种风气不纠正、不扭转，对干部队伍杀伤力很大。“浇风易渐，淳化难归。”〔4〕净化政治生态同修复自然生态一样，绝非一朝一夕之功，需要综合施策、协同推进。

各级领导干部特别是高级干部要从自身做起，给下级带个好头。中华民族历来都有珍惜名节、注重操守、干净为官的传统，历来都讲“为政以德”、“守土有责”，领导干部要秉公用权、廉洁用权，做遵纪守法的模范，同时要坚持原则、敢抓敢管。要坚持正确用人导向，把好干部选出来、用起来，促进能者上、庸者下、劣者汰。要抓住建章立制，立“明规矩”、破“潜规则”，围绕发生的腐败案例，查找漏洞，吸取教训，着重完善党内政治生活等各方面制度，压缩消极腐败现象生存空间和滋生土壤，通过体制机制改革和制度创新促进政治生态不断改善。

注　释

〔**1**〕见唐代杜甫《将赴成都草堂途中有作先寄严郑公五首》。

〔**2**〕中央八项规定，指中共十八届中央政治局关于改进工作作风、密切联系群众的八项规定。主要内容是：改进调查研究、精简会议活动、精简文件简报、规范出访活动、改进警卫工作、改进新闻报道、严格文稿发表、厉行勤俭节约。

〔**3**〕见北宋赵湘《本文》。

〔**4**〕见唐代王勃《上刘右相书》。

形成全面覆盖国家机关及其公务员的国家监察体系*

（2016 年 1 月 12 日）

行政监察法要体现党中央关于中央纪委、监察部合署办公，中央纪委履行党的纪律检查和政府行政监察两项职能，对党中央全面负责的精神。监察对象要涵盖所有公务员。要坚持党对党风廉政建设和反腐败工作的统一领导，扩大监察范围，整合监察力量，健全国家监察组织架构，形成全面覆盖国家机关及其公务员的国家监察体系。

强化党内监督是为了保证党立党为公、执政为民，强化国家监察是为了保证国家机器依法履职、秉公用权，强化群众监督是为了保证权力来自人民、服务人民。要把党内监督同国家监察、群众监督结合起来，同法律监督、民主监督、审计监督、司法监督、舆论监督等协调起来，形成监督合力，推进国家治理体系和治理能力现代化。

---

* 这是习近平在中共第十八届中央纪律检查委员会第六次全体会议上讲话的一部分。

强化巡视监督，发挥从严治党利器作用*

（2016 年 1 月 12 日）

巡视是党内监督的战略性制度安排。明代以后有八府巡按，走到哪里，捧着尚方宝剑，八面威风。我们的巡视不是八府巡按，但必须有权威性，成为国之利器、党之利器。推动巡视向纵深发展，根本在于贯彻中央巡视工作方针。要重点检查被巡视党组织是否维护党章权威、贯彻从严治党方针、执行党的路线方针政策和决议，是否存在党的领导弱化、主体责任缺失、从严治党不力等问题，督促其担负起管党治党责任。要以党的纪律为尺子，重点检查政治纪律执行情况，着力发现腐败、纪律、作风和选人用人方面的突出问题，更好发挥震慑遏制治本作用。要以贯彻执行巡视工作条例为契机，提高依规依纪巡视能力，推动巡视工作制度化、规范化。

巡视全覆盖本身就是震慑。中央一级巡视对象共有 280 多个单位，目前还有 100 多个要巡视，任务十分繁重。下一

* 这是习近平在中共第十八届中央纪律检查委员会第六次全体会议上讲话的一部分。

步，要完成对中央和国家机关的巡视，实现中央部门全覆盖。要继续创新体制机制，建立健全组织领导、统筹协调、报告反馈、整改落实、队伍建设等工作机制。要创新组织制度，内部挖潜、盘活存量，充实队伍、优化结构。要创新方式方法，使专项巡视更专、更活、更准。

对巡视发现的问题和线索，要分类处置、注重统筹，在件件有着落上集中发力。纪检机关、组织部门要及时跟进，分清问题性质，所有问题都要有明确说法。巡视发现的问题，根本责任在被巡视单位党组织，自己的问题必须自己“买单”，不能发现问题后还当“看客”和“说客”。对巡视整改落实情况，要开展“回头看”，揪住不放；对敷衍整改、整改不力、拒不整改的，要抓住典型，严肃追责。

巡视组对发现的问题要挖出深层次原因，提出意见和建议，督促被巡视单位党组织堵塞制度漏洞。巡视发现的诸多问题，除历史和主观原因之外，客观上是体制机制不健全，特别是在管人管事管资产方面，制度缺失和制度执行不力并存，监督手段和监督措施缺位。要深化监管体制改革，切实管细管实，做到有力有效。各省区市党委要加强对巡视工作的领导，确保在本届任期内实现巡视全覆盖。省区市党委书记和中央部委部长（主任）、国家机关部门党组（党委）书记对巡视发现的重点问题，要点出具体人头、提出具体意见，不能点个卯、表个态就完事。

“两学一做”学习教育，基础在学，关键在做*

（2016年2月4日、2017年4月13日）

一

“两学一做”[1]学习教育是加强党的思想政治建设的一项重大部署，是协调推进“四个全面”战略布局特别是推动全面从严治党向基层延伸的有力抓手，基础在学，关键在做，各级党组织要履行抓好“两学一做”学习教育的主体责任，坚持区分层次，突出问题导向，确保取得实际成效。

加强党的建设，首要任务是加强思想政治建设，关键是教育管理好党员、干部。党的十八大以来，我们党先后开展了党的群众路线教育实践活动、“三严三实”专题教育，对于解决党员干部特别是县处级以上领导干部存在的突出问题、推进全面从严治党起到了重要作用。思想政治建设不可能毕其功于一役。部署“两学一做”学习教育，就是要推动党内教育从“关键少数”向广大党员拓展，从集中性教育向经常

* 这是习近平对开展“两学一做”学习教育作出的两则指示。

性教育延伸，坚定广大党员的马克思主义立场，保证全党始终在思想上政治上行动上同党中央保持高度一致，使我们党始终成为有理想、有信念的马克思主义政党。

基层是党的执政之基、力量之源。只有基层党组织坚强有力，党员发挥应有作用，党的根基才能牢固，党才能有战斗力。开展“两学一做”学习教育，要把全面从严治党落实到每个支部、每名党员。“两学一做”学习教育，基础在学，关键在做。要突出问题导向，学要带着问题学，做要针对问题改，把合格的标尺立起来，把做人做事的底线划出来，把党员的先锋形象树起来，用行动体现信仰信念的力量。要整顿不合格基层党组织，坚持和落实行之有效的制度。要针对新情况新问题严肃党内政治生活，以改革创新精神补齐制度短板，真正使党的组织生活、党员教育管理严起来、实起来。

组织开展“两学一做”学习教育，是各级党组织及其负责人的主体责任，要抓紧抓实抓好。各级党组织书记要管好干部、带好班子，也要管好党员、带好队伍，掌握抓党员队伍建设的方法要求。要坚持区分层次，及时指导，一把钥匙开一把锁，防止走过场和形式主义。县处级以上党员领导干部要在学习教育中作出表率，紧密联系领导工作实际，学得更多一些、更深一些，要求更严一些、更高一些，努力提高思想政治素养和理论水平。

（2016年2月4日对开展“两学一做”学习教育作出的指示）

二

在全党开展“两学一做”学习教育，取得了显著成效。实践证明，“两学一做”学习教育是推进思想建党、组织建党、制度治党的有力抓手，是全面从严治党的基础性工程，要坚持不懈抓下去。要把思想政治建设摆在首位，坚持用党章党规规范党员、干部言行，用党的创新理论武装全党，引导全体党员做合格党员。要抓住“关键少数”，抓实基层支部，坚持问题导向，发挥先进典型示范作用。要落实各级党委（党组）主体责任，落实好“两学一做”学习教育常态化制度化各项举措，保证党的组织履行职能、发挥核心作用，保证领导干部忠诚干净担当、发挥表率作用，保证广大党员以身作则、发挥先锋模范作用，为统筹推进“五位一体”总体布局和协调推进“四个全面”战略布局提供坚强组织保证。

（2017 年 4 月 13 日对推进“两学一做”学习教育常态化制度化作出的指示）

注　释

〔**1**〕“两学一做”，指学党章党规、学系列讲话，做合格党员。

坚持党的领导、加强党的建设是国有企业的独特优势*

（2016 年 10 月 10 日）

要通过加强和完善党对国有企业的领导、加强和改进国有企业党的建设，使国有企业成为党和国家最可信赖的依靠力量，成为坚决贯彻执行党中央决策部署的重要力量，成为贯彻新发展理念、全面深化改革的重要力量，成为实施“走出去”战略、“一带一路”建设等重大战略的重要力量，成为壮大综合国力、促进经济社会发展、保障和改善民生的重要力量，成为我们党赢得具有许多新的历史特点的伟大斗争胜利的重要力量。要坚持有利于国有资产保值增值、有利于提高国有经济竞争力、有利于放大国有资本功能的方针，推动国有企业深化改革、提高经营管理水平，加强国有资产监管，坚定不移把国有企业做强做优做大。

国有企业是中国特色社会主义的重要物质基础和政治基础，是我们党执政兴国的重要支柱和依靠力量。新中国成立以来特别是改革开放以来，国有企业发展取得巨大成就。我

---

* 这是习近平在全国国有企业党的建设工作会议上的讲话要点。

国国有企业为我国经济社会发展、科技进步、国防建设、民生改善作出了历史性贡献，功勋卓著，功不可没。

坚持党的领导、加强党的建设，是我国国有企业的光荣传统，是国有企业的“根”和“魂”，是我国国有企业的独特优势。新形势下，国有企业坚持党的领导、加强党的建设，总的要求是：坚持党要管党、从严治党，紧紧围绕全面解决党的领导、党的建设弱化、淡化、虚化、边缘化问题，坚持党对国有企业的领导不动摇，发挥企业党组织的领导核心和政治核心作用，保证党和国家方针政策、重大部署在国有企业贯彻执行；坚持服务生产经营不偏离，把提高企业效益、增强企业竞争实力、实现国有资产保值增值作为国有企业党组织工作的出发点和落脚点，以企业改革发展成果检验党组织的工作和战斗力；坚持党组织对国有企业选人用人的领导和把关作用不能变，着力培养一支宏大的高素质企业领导人员队伍；坚持建强国有企业基层党组织不放松，确保企业发展到哪里、党的建设就跟进到哪里、党支部的战斗堡垒作用就体现在哪里，为做强做优做大国有企业提供坚强组织保证。

坚持党对国有企业的领导是重大政治原则，必须一以贯之；建立现代企业制度是国有企业改革的方向，也必须一以贯之。中国特色现代国有企业制度，“特”就特在把党的领导融入公司治理各环节，把企业党组织内嵌到公司治理结构之中，明确和落实党组织在公司法人治理结构中的法定地位，做到组织落实、干部到位、职责明确、监督严格。

党对国有企业的领导是政治领导、思想领导、组织领导的有机统一。国有企业党组织发挥领导核心和政治核心作用，归结到一点，就是把方向、管大局、保落实。要明确党组织在决策、执行、监督各环节的权责和工作方式，使党组织发挥作用组织化、制度化、具体化。要处理好党组织和其他治理主体的关系，明确权责边界，做到无缝衔接，形成各司其职、各负其责、协调运转、有效制衡的公司治理机制。

党和人民把国有资产交给企业领导人员经营管理，是莫大的信任。要加强对国有企业领导人员的党性教育、宗旨教育、警示教育，严明政治纪律和政治规矩，引导他们不断提高思想政治素质、增强党性修养，从思想深处拧紧螺丝。要突出监督重点，强化对关键岗位、重要人员特别是一把手的监督管理，完善“三重一大”〔1〕决策监督机制，严格日常管理，整合监督力量，形成监督合力。

坚持全心全意依靠工人阶级的方针，是坚持党对国有企业领导的内在要求。要健全以职工代表大会为基本形式的民主管理制度，推进厂务公开、业务公开，落实职工群众知情权、参与权、表达权、监督权，充分调动工人阶级的积极性、主动性、创造性。企业在重大决策上要听取职工意见，涉及职工切身利益的重大问题必须经过职代会审议。要坚持和完善职工董事制度、职工监事制度，鼓励职工代表有序参与公司治理。

国有企业领导人员是党在经济领域的执政骨干，是治国理政复合型人才的重要来源，肩负着经营管理国有资产、实现保值增值的重要责任。国有企业领导人员必须做到对党忠诚、勇于创新、治企有方、兴企有为、清正廉洁。国有企业领导人员要坚定信念、任事担当，牢记自己的第一职责是为党工作，牢固树立政治意识、大局意识、核心意识、看齐意识，把爱党、忧党、兴党、护党落实到经营管理各项工作中。面对日趋激烈的国内外市场竞争，国有企业领导人员要迎难而上、开拓进取，带领广大干部职工开创企业发展新局面。

要坚持党管干部原则，保证党对干部人事工作的领导权和对重要干部的管理权，保证人选政治合格、作风过硬、廉洁不出问题。要让国有企业领导人员在工作一线摸爬滚打、锻炼成长，把在实践中成长起来的良将贤才及时选拔到国有企业领导岗位上来。对国有企业领导人员，既要从严管理，又要关心爱护，树立正向激励的鲜明导向，让他们放开手脚干事、甩开膀子创业。要大力宣传优秀国有企业领导人员的先进事迹和突出贡献，营造尊重企业家价值、鼓励企业家创新、发挥企业家作用的浓厚社会氛围。

全面从严治党要在国有企业落实落地，必须从基本组织、基本队伍、基本制度严起。要同步建立党的组织、动态调整组织设置。要把党员日常教育管理的基础性工作抓紧抓好。企业党组织“三会一课”〔2〕要突出党性锻炼。要让支部成为团结群众的核心、教育党员的学校、攻坚克难的堡垒。要把思想政治工作作为企业党组织一项经常性、基础性工作来抓，把解决思想问题同解决实际问题结合起来，既讲道理，又办实事，多做得人心、暖人心、稳人心的工作。

各级党委要抓好国有企业党的建设，把党要管党、从严治党落到实处。地方各级党委要把国有企业党的建设纳入整体工作部署和党的建设总体规划。国有企业党委（党组）要履行主体责任。要加强国有企业党风廉政建设和反腐败工作，把纪律和规矩挺在前面，持之以恒落实中央八项规定精神，抓好巡视发现问题的整改，严肃查处侵吞国有资产、利益输送等问题。

注　释

〔**1**〕“三重一大”，指重大决策、重要人事任免、重大项目安排和大额度资金运作。

〔**2**〕“三会一课”，指定期召开支部党员大会、支部委员会、党小组会，按时上好党课。

严肃党内政治生活*

（2016 年 10 月 27 日）

这几年来，我反复强调严肃党内政治生活问题，就是因为我们党正处在一个关键的历史节点上，党的队伍发生的重大变化和党群干群关系出现的新情况新问题，迫切需要我们首先从政治上把全面从严治党抓紧抓好。

这次全会通过的《关于新形势下党内政治生活的若干准则》，既是党章规定和要求的具体化，也是近年来全面从严治党实践形成的一系列规定和举措的系统化。准则针对党内存在的突出矛盾和问题，从 12 个方面作出规定，既指出了病症，也开出了药方，既有治标举措，也有治本方略。准则管不管用，关键看能不能执行到位。

第一，抓好思想教育这个根本。“欲事立，须是心立。”〔1〕加强思想教育和理论武装，是党内政治生活的首要任务，是保证全党步调一致的前提。毛泽东同志曾经指出：“掌握思想教育，是团结全党进行伟大政治斗争的中心环节。”〔2〕党内政治生活出现这样那样的问题，根子还是一些党员、干部理想信念这个“压舱石”发生了动摇，世界观、人生观、价值观

---

* 这是习近平在中共十八届六中全会第二次全体会议上讲话的一部分。

这个“总开关”出现了松动。理想信念，源自坚守，成于磨砺。要坚持不懈强化理论武装，毫不放松加强党性教育，持之以恒加强道德教育，教育引导广大党员、干部筑牢信仰之基、补足精神之钙、把稳思想之舵，坚守真理、坚守正道、坚守原则、坚守规矩，明大德、严公德、守私德，重品行、正操守、养心性，做到以信念、人格、实干立身。

党内政治生活、政治生态、政治文化是相辅相成的，政治文化是政治生活的灵魂，对政治生态具有潜移默化的影响。要注重加强党内政治文化建设，倡导和弘扬忠诚老实、光明坦荡、公道正派、实事求是、艰苦奋斗、清正廉洁等价值观，旗帜鲜明抵制和反对关系学、厚黑学、官场术、“潜规则”等庸俗腐朽的政治文化，不断培厚良好政治生态的土壤。

第二，抓好严明纪律这个关键。“欲知平直，则必准绳；欲知方圆，则必规矩。”[3]纪律严明是加强和规范党内政治生活的内在要求和重要保证。要强化党内制度约束，扎紧制度的笼子。政治纪律和政治规矩是党最根本、最重要的纪律，遵守政治纪律和政治规矩是遵守党的全部纪律的基础。各级党组织和广大党员要自觉遵守政治纪律和政治规矩，不断增强政治意识、大局意识、核心意识、看齐意识，做到坚守政治信仰、站稳政治立场、把准政治方向。

要坚持有令必行、有禁必止，坚决查处各种违反纪律的行为，使各项纪律规矩真正成为“带电的高压线”，防止出现“破窗效应”。要按照准则精神，对现有制度规范进行梳理，该修订的修订，该补充的补充，该新建的新建，让党内政治生活有规可依、有章可循。各级党组织都负有执行纪律和规矩的主体责任，要强化监督问责，对责任落实不力的坚决追究责任，推动管党治党不断从“宽松软”走向“严实硬”。

第三，抓好选人用人这个导向。选人用人是党内政治生活的风向标，用人上的不正之风和腐败现象对政治生活危害最烈，端正用人导向是严肃党内政治生活的治本之策。要落实好干部标准，严把政治关、品行关、作风关、廉洁关，真正让忠诚干净担当、为民务实清廉、奋发有为、锐意改革、实绩突出的干部得到褒奖和重用，让阳奉阴违、阿谀逢迎、弄虚作假、不干实事、会跑会要的干部没市场、受惩戒。要大力整治选人用人上的不正之风，使用人风气更加清朗，坚决纠正“劣币驱逐良币”的逆淘汰现象，以用人环境的风清气正促进政治生态的山清水秀。要完善从严管理监督干部制度体系，解决“重选轻管”问题。同时，要抓紧健全容错纠错机制，加大正向激励力度，引导广大干部保持良好精神状态，奋发有为、敢于担当。

第四，用好组织生活这个经常性手段。党的组织生活是党内政治生活的重要内容和载体，是党组织对党员进行教育管理监督的重要形式。一个班子强不强、有没有战斗力，同有没有严肃认真的组织生活密切相关。要认真落实“三会一课”、民主生活会、领导干部双重组织生活、民主评议党员、谈心谈话等制度，加强经常性教育、管理、监督。要创新方式方法，增强吸引力和感染力，提高组织生活质量和效果。

批评和自我批评是我们党强身治病、保持肌体健康的锐利武器，也是加强和规范党内政治生活的重要手段。领导干部要带头，班子要作表率，在党内营造批评和自我批评的良好风气。领导干部要坚决反对事不关已、高高挂起，明知不对、少说为佳的庸俗哲学，坚决克服文过饰非、知错不改等错误倾向。

第五，抓住继承和创新这两个关键环节。我们党在长期实践中形成的党内政治生活的光荣传统，不论过去、现在还是将来，都是党的宝贵财富。光荣传统不能丢，丢了就丢了魂；红色基因不能变，变了就变了质。同时，我们要立足新的实际，不断从内容、形式、载体、方法、手段等方面进行改进和创新，善于以新的经验指导新的实践，更好发挥党内政治生活的作用，努力在全党造成一个又有集中又有民主、又有纪律又有自由、又有统一意志又有个人心情舒畅生动活泼的政治局面。

贯彻落实准则，关键看是否有效解决了党内政治生活存在的突出矛盾和问题。党的各级组织和每个党员、干部要自觉用准则对照自己的思想和行动，敢于直面问题，勇于自我解剖，向顽瘴痼疾开刀。一方面，要注重解决那些量大面广、表现突出的问题，诸如工作中搞独断专行、搞“一言堂”和自由主义、分散主义问题，作风上搞形式主义、官僚主义、享乐主义和奢靡之风问题，滥用权力、贪污受贿、腐化堕落、违法乱纪问题，有纪不依、执纪不严、违纪不究问题，不思进取、不敢担当、庸懒无为问题，等等。这类问题，群众看得真切，界限尺度比较明确，重在严格执行制度，加强刚性约束。另一方面，要着力解决政治性强、破坏力大的问题，诸如在重大问题上不同党中央保持一致、不执行党的政治纪律和政治规矩问题，对党不忠诚老实、阳奉阴违、弄虚作假、做“两面人”问题，选人用人上任人唯亲、任人唯利和跑官要官、买官卖官、拉票贿选问题，结党营私、拉帮结派、政治野心膨胀问题，等等。这类问题，往往隐蔽性强，不到关键时刻难以暴露，重在确立判断标准，及时查处典型，形成有效机制。

党内政治生活因素复杂，具体到一个地方、一个部门、一个单位，问题各不相同。直面问题是勇气，解决问题是水平。要坚持有什么问题就解决什么问题，什么问题难就重点解决什么问题，什么问题突出就着力攻克什么问题，无论解决什么问题，都要综合分析、举一反三，使每项措施、每次努力都有利于加强和规范党内政治生活，有利于净化党内政治生态。

注　释

〔**1**〕见北宋张载《经学理窟·气质》。

〔**2**〕见毛泽东《论联合政府》(《毛泽东选集》第3卷，人民出版社1991年版，第1094页)。

〔**3**〕见本卷《守纪律，讲规矩》注〔1〕。

全面落实党内监督责任*

（2016 年 10 月 27 日）

这次全会通过的《中国共产党党内监督条例》，是新形势下加强党内监督的顶层设计，是规范当前和今后一个时期党内监督的基本法规，必须抓好贯彻执行，使其成为规范各级党组织和广大党员、干部行为的硬约束。

早在延安时期，毛泽东同志就提出跳出“历史周期率”的课题，党的八大规定任何党员和党的组织都必须受到自上而下的和自下而上的监督，现在我们不断完善党内监督体系，目的都是形成科学管用的防错纠错机制，不断增强党自我净化、自我完善、自我革新、自我提高能力。

长期以来，党内存在的一个突出问题，就是不愿监督、不敢监督、抵制监督等现象不同程度存在，监督下级怕丢“选票”，监督同级怕伤“和气”，监督上级怕穿“小鞋”。在不少地方和部门，党内监督被高高举起、轻轻放下，成了一句口号。党内监督缺位，必然导致党的领导弱化、党的建设缺失、全面从严治党不力。全党要深刻认识到，党内监督是永葆党的肌体健康的生命之源，要不断增强向体内病灶开刀

---

* 这是习近平在中共十八届六中全会第二次全体会议上讲话的一部分。

的自觉性，使积极开展监督、主动接受监督成为全党的自觉行动。

党内监督是全党的任务，党委（党组）负主体责任，书记是第一责任人，党委常委会委员（党组成员）和党委委员在职责范围内履行监督职责。党的各级领导干部一定要把责任扛在肩上，做到知责、尽责、负责，敢抓敢管，勇于监督。党内监督要坚持惩前毖后、治病救人，立足于小、立足于早，开展批评和自我批评，及时进行约谈函询、诫勉谈话，及时发现问题、纠正偏差。分析这些年来查处的典型腐败案件，都有一个量变到质变、小节到大错的过程。如果在刚发现问题时组织就及时拉一把，一些干部也不至于在错误的道路上越滑越远。党组织要多了解党员、干部日常的思想、工作、作风、生活状况，多注意干部群众的反映，抓早抓小，防微杜渐。要把党内监督体现在时时处处事事上，敦促党员、干部按本色做人、按角色办事。全党同志要习惯于在同志间相互提醒和督促中修正错误、共同进步。

各级纪委是党内监督专责机关，履行监督执纪问责职责。要把维护政治纪律和政治规矩放在首位，加强对所辖范围内遵守党章党规党纪情况的监督，检查党的路线方针政策和决议的执行情况。要落实纪律检查工作双重领导体制，强化上级纪委对下级纪委的领导；加强对派驻纪检组工作的领导，督促被监督单位党组织和派驻纪检组落实管党治党责任。党的工作部门是党委（党组）主体责任在不同领域的载体和抓手，也要做好职责范围内的党内监督工作，既加强对本机关本单位的内部监督，又强化对本系统的日常监督。出现问题要及时了解处置，不能都等着党委、纪委去处理。只要我们把上上下下、条条块块都抓起来，就能织密党内监督之网。

党员民主监督是党内监督的基本方式。党员的民主监督不仅是权利，更是不容推卸的义务，是对党应尽的责任。基层党组织和党员要加强对党的领导干部的监督，督促其正常参加组织生活、履行党员义务。在党的会议上，党员要勇于对违反党章党规的行为提出意见，有根据地批评党的任何组织和任何党员，负责地向党反映党的任何组织和党员违纪违法的事实。各级党组织要保障党员知情权和监督权，鼓励和支持党员在党内监督中发挥积极作用，对干扰妨碍监督、打击报复监督的人要依纪严肃处理。

党内监督在党和国家各种监督形式中是最根本的、第一位的，但如果不同有关国家机关监督、民主党派监督、群众监督、舆论监督等结合起来，就不能形成监督合力。各级领导干部要主动接受各方面监督，这既是一种胸怀，也是一种自信。要支持人民政协依照章程进行民主监督，重视民主党派和无党派人士提出的意见、批评、建议，鼓励党外人士讲真话、进诤言。要自觉接受群众监督，畅通信访举报渠道，对违规违纪典型问题严肃处理，及时回应人民群众关切。要加强舆论监督，通过对典型案例进行曝光剖析，发挥警示作用，为全面从严治党营造良好舆论氛围。

牢固树立“四个意识”，维护党中央权威*

（2016 年 12 月 26 日—27 日）

党的历史、新中国发展的历史都告诉我们：要治理好我们这个大党、治理好我们这个大国，保证党的团结和集中统一至关重要，维护党中央权威至关重要。维护党中央权威，是中央政治局贯彻执行《关于新形势下党内政治生活的若干准则》、《中国共产党党内监督条例》的重要要求。中央政治局的同志要牢固树立政治意识、大局意识、核心意识、看齐意识，坚持以党的旗帜为旗帜、以党的方向为方向、以党的意志为意志，当政治上的明白人。对党忠诚，关键是要有坚定的理想信念。“四个意识”不是空洞的口号，不能只停留在口头表态上，要切实落实到行动上。大家要以党的基本路线为根本遵循，认真领会和正确把握党的理论和路线方针政策，多从人类发展大潮流、世界变化大格局、中国发展大历史来认识和把握党的基本路线，深刻领会为什么基本路线要长期坚持。

---

* 这是习近平在主持中共中央政治局民主生活会时的讲话要点。

对党忠诚、永不叛党，是党章对党员的基本要求。在对党忠诚问题上，中央政治局的同志必须纯粹。对党忠诚，不是抽象的而是具体的，不是有条件的而是无条件的，必须体现到对党的信仰的忠诚上，必须体现到对党组织的忠诚上，必须体现到对党的理论和路线方针政策的忠诚上。人民立场是马克思主义政党的根本政治立场，人民是历史进步的真正动力，群众是真正的英雄，人民利益是我们党一切工作的根本出发点和落脚点。中南海要始终直通人民群众，我们要始终把人民群众放在心中脑中。中央政治局的同志必须做到以人民忧乐为忧乐、以人民甘苦为甘苦，牢固树立以人民为中心的发展思想，始终怀着强烈的忧民、爱民、为民、惠民之心，察民情、接地气，倾听群众呼声，反映群众诉求。

党的十八大以来，中央政治局在执行民主集中制方面是做得好的，始终坚持和发展党内民主，特别是通过多种方式、多种渠道扩大了民主，有力推进了科学决策、民主决策、依法决策。中央政治局要继续在坚持民主集中制方面成为全党典范，坚持民主基础上的集中和集中指导下的民主相结合。大家都是这个领导集体的一员，要摆正自己的位置，无论担任什么职务、拥有多大权力都要执行集体作出的决策，无论作什么决定、办什么事情都必须符合大局需要。纪律严明是维护党的团结和集中统一的重要保证。每一个党员对党的政治纪律和政治规矩都要心存敬畏、严格遵守，中央政治局的同志首先应该做到，在指导思想和路线方针政策以及关系全局的重大原则问题上，脑子要特别清醒、立场要特别坚定。要严格执行重大问题请示报告制度，处理好全局和局部关系、中央和地方关系。我们党之所以坚强有力，党管干部原则是很重要的原因，要自觉坚持党管干部原则。

党和国家事业发展，离不开全党脚踏实地、真抓实干。抓工作，是停留在一般性号召还是身体力行，成效大不一样。讲实话、干实事最能检验和锤炼党性。中央政治局的同志要带头崇尚实干、狠抓落实，深入调研、精准发力，让改革发展稳定各项任务落下去，让惠及百姓的各项工作实起来。抓好落实，必须大兴调查研究之风，对真实情况了然于胸。面对新形势新挑战，要发扬斗争精神，既要敢于斗争，又要善于斗争，在事关中国特色社会主义前途命运的大是大非问题上坚定不移，在改革发展稳定工作中敢于碰硬，在全面从严治党上敢于动硬，在维护国家核心利益上敢于针锋相对，不在困难面前低头，不在挑战面前退缩，不拿原则做交易，不在任何压力下吞下损害中华民族根本利益的苦果。

中央政治局要在开展批评和自我批评方面为全党作表率，做勇于自我革命的战士。要坚持实事求是，勇于批评和自我批评，勇于听取不同意见，及时改正错误。批评和自我批评的武器，不仅对下级要敢用，对同级特别是对上级也要敢用。不能职务越高就越说不得、碰不得。批评和自我批评的武器要多用、常用、用够用好，使之成为一种习惯、一种自觉、一种责任。

党要赢得民心，党中央要有权威，必须廉洁。要强化宗旨意识，坚定理想信念和精神追求，端正思想品行，提升道德境界，带头推动党风建设。要求全党做到的，中央政治局的同志首先要做到。要提高廉洁自律意识，在依法用权、正确用权、干净用权中保持廉洁，在守纪律、讲规矩、重名节中做到自律。中央政治局的同志要抵制特权思想，不搞特殊化，加强对亲属子女和身边工作人员的教育管理。

用共产党员的标准严格要求自己*

（2017 年 8 月 13 日）

我们的支部生活，已形成了惯例。“三会一课”制度是一个很好的制度，我们党在武装斗争时期就强调支部建在连上，从三湾改编〔1〕，到古田会议〔2〕，就开始政治建军，强调党的基层组织建设。对于“三会一课”制度，我们支部是认真执行的，从中央、从我本人做起，以上率下，要认真地做好这个事情。我们在座的每个人，都是一名普通的共产党员，在党内生活中是平等的。在党内平等地过组织生活，这是遵守党章、做一名合格共产党员的基本要求。

当前，全党全国的重要任务就是确保党的十九大胜利召开，希望大家首先要搞好自身建设，在这个关键时期，要特别注意把自己的事情做好，用共产党员的标准严格要求自己，工作上不要有失误。大家都在重要的机要岗位上，各项工作务必做好、务必谨慎、务必成功，尽职守责，出色地完成好应该完成的任务。

---

* 这是习近平以普通党员身份参加所在党支部专题组织生活会时的即席讲话要点。

希望大家做一个脱离低级趣味的人、高尚的人。同志们现在从事的是一项崇高的事业，在这里工作，升官发财请走别路，贪生怕死莫入此门。榜样是谁呢？张思德〔3〕、白求恩〔4〕、焦裕禄〔5〕、麦贤得〔6〕，有历史的楷模，也有时代的楷模。这些人都是在普通的岗位上，但他们有一颗金子般发光的心，我希望同志们的参照系就是这些楷模。大家一定要不断反省自己，以殷为鉴，远离危险，严守纪律和规矩，谨小慎微。

希望大家要相信群众、相信党、相信组织。大家投身到伟大事业中来，在新时代“两个一百年”中无私奉献，在各自工作岗位上作出的贡献也一定不会比其他任何岗位上作出的贡献小，同样光荣、伟大。希望同志们跟着组织走，舍身忘我，组织上也一定会关心、爱护、信任大家。

注　　释

〔**1**〕三湾改编，指 1927 年 9 月 29 日，毛泽东率领的湘赣边界秋收起义部队在江西省永新县三湾村进行整顿和改编。将部队由一个师缩编为一个团，称中国工农革命军第一军第一师第一团；确立了中国共产党对部队的绝对领导原则，在部队中建立党的各级组织，支部建在连上，班、排设立党的小组，营、团建立党委，连以上设党代表；确定在部队中实行民主制度，实行官兵平等，建立士兵委员会。三湾改编为建立新型的人民军队奠定了基础。

〔**2**〕古田会议，指 1929 年 12 月在福建省上杭县古田村召开的中国共产党红军第四军第九次代表大会。这次会议确立了中国共产党思想建党、政治建军的原则。

〔**3**〕张思德（1915—1944），四川仪陇人，中共中央警备团的战士。1933 年参加红军，经历长征，负过伤，是一个忠实为人民服务的共产党员。1944 年 9 月 5 日在陕北安塞县山中烧炭，因炭窑崩塌而牺牲。1944 年 9 月 8 日，毛泽东在中央警备团追悼张思德的会上作了《为人民服务》的讲演。

〔**4**〕白求恩（1890—1939），加拿大共产党党员，外科医生。1937 年中国人民抗日战争全面爆发后，他率领加拿大、美国医疗队来到中国。在一次为伤员施行急救手术时受感染，1939 年 11 月 12 日在河北省唐县逝世。1939 年 12 月 21 日，毛泽东撰写《纪念白求恩》一文，赞扬他毫不利己专门利人的精神。

〔**5**〕参见本卷《做焦裕禄式的县委书记》。

〔**6**〕麦贤得，1945 年生，广东饶平人。18 岁入伍。1965 年“八六”海战中，身负重伤仍顽强战斗，成功排除机械故障保证正常运转和舰艇安全。1966 年被国防部授予“战斗英雄”荣誉称号。2017 年被中央军委授予“八一勋章”。

六、坚定不移贯彻新发展理念

以新的发展理念引领发展*

（2015 年 10 月 29 日）

理念是行动的先导，一定的发展实践都是由一定的发展理念来引领的。发展理念是否对头，从根本上决定着发展成效乃至成败。实践告诉我们，发展是一个不断变化的进程，发展环境不会一成不变，发展条件不会一成不变，发展理念自然也不会一成不变。

我在《中共中央关于制定国民经济和社会发展第十三个五年规划的建议》开始起草时就强调，首先要把应该树立什么样的发展理念搞清楚，发展理念是战略性、纲领性、引领性的东西，是发展思路、发展方向、发展着力点的集中体现。发展理念搞对了，目标任务就好定了，政策举措跟着也就好定了。《建议》提出要坚持创新、协调、绿色、开放、共享的发展理念。这五大发展理念不是凭空得来的，是我们在深刻总结国内外发展经验教训的基础上形成的，也是在深刻分析国内外发展大势的基础上形成的，集中反映了我们党对经济社会发展规律认识的深化，也是针对我国发展中的突出矛盾和问题提出来的。

---

* 这是习近平在中共十八届五中全会第二次全体会议上讲话的一部分。

创新发展注重的是解决发展动力问题。我国创新能力不强，科技发展水平总体不高，科技对经济社会发展的支撑能力不足，科技对经济增长的贡献率远低于发达国家水平，这是我国这个经济大个头的“阿喀琉斯之踵”。新一轮科技革命带来的是更加激烈的科技竞争，如果科技创新搞不上去，发展动力就不可能实现转换，我们在全球经济竞争中就会处于下风。为此，我们必须把创新作为引领发展的第一动力，把人才作为支撑发展的第一资源，把创新摆在国家发展全局的核心位置，不断推进理论创新、制度创新、科技创新、文化创新等各方面创新，让创新贯穿党和国家一切工作，让创新在全社会蔚然成风。

协调发展注重的是解决发展不平衡问题。我国发展不协调是一个长期存在的问题，突出表现在区域、城乡、经济和社会、物质文明和精神文明、经济建设和国防建设等关系上。在经济发展水平落后的情况下，一段时间的主要任务是要跑得快，但跑过一定路程后，就要注意调整关系，注重发展的整体效能，否则“木桶效应”就会愈加显现，一系列社会矛盾会不断加深。为此，我们必须牢牢把握中国特色社会主义事业总体布局，正确处理发展中的重大关系，不断增强发展整体性。

绿色发展注重的是解决人与自然和谐问题。绿色循环低碳发展，是当今时代科技革命和产业变革的方向，是最有前途的发展领域，我国在这方面的潜力相当大，可以形成很多新的经济增长点。我国资源约束趋紧、环境污染严重、生态系统退化的问题十分严峻，人民群众对清新空气、干净饮水、安全食品、优美环境的要求越来越强烈。为此，我们必须坚持节约资源和保护环境的基本国策，坚定走生产发展、生活富裕、生态良好的文明发展道路，加快建设资源节约型、环境友好型社会，推进美丽中国建设，为全球生态安全作出新贡献。

开放发展注重的是解决发展内外联动问题。国际经济合作和竞争局面正在发生深刻变化，全球经济治理体系和规则正在面临重大调整，引进来、走出去在深度、广度、节奏上都是过去所不可比拟的，应对外部经济风险、维护国家经济安全的压力也是过去所不能比拟的。现在的问题不是要不要对外开放，而是如何提高对外开放的质量和发展的内外联动性。我国对外开放水平总体上还不够高，用好国际国内两个市场、两种资源的能力还不够强，应对国际经贸摩擦、争取国际经济话语权的能力还比较弱，运用国际经贸规则的本领也不够强，需要加快弥补。为此，我们必须坚持对外开放的基本国策，奉行互利共赢的开放战略，深化人文交流，完善对外开放区域布局、对外贸易布局、投资布局，形成对外开放新体制，发展更高层次的开放型经济，以扩大开放带动创新、推动改革、促进发展。“一带一路”建设是扩大开放的重大战略举措和经济外交的顶层设计，要找准突破口，以点带面、串点成线，步步为营、久久为功。要推动全球经济治理体系改革完善，引导全球经济议程，维护多边贸易体制，加快实施自由贸易区战略，积极承担与我国能力和地位相适应的国际责任和义务。

共享发展注重的是解决社会公平正义问题。“治天下也，必先公，公则天下平矣。”[1]让广大人民群众共享改革发展成果，是社会主义的本质要求，是社会主义制度优越性的集中体现，是我们党坚持全心全意为人民服务根本宗旨的重要体现。这方面问题解决好了，全体人民推动发展的积极性、主动性、创造性就能充分调动起来，国家发展也才能具有最深厚的伟力。我国经济发展的“蛋糕”不断做大，但分配不公问题比较突出，收入差距、城乡区域公共服务水平差距较大。在共享改革发展成果上，无论是实际情况还是制度设计，都还有不完善的地方。为此，我们必须坚持发展为了人民、发展依靠人民、发展成果由人民共享，作出更有效的制度安排，使全体人民朝着共同富裕方向稳步前进，绝不能出现“富者累巨万，而贫者食糟糠”[2]的现象。

这次全会强调，坚持创新发展、协调发展、绿色发展、开放发展、共享发展，是关系我国发展全局的一场深刻变革。这五大发展理念相互贯通、相互促进，是具有内在联系的集合体，要统一贯彻，不能顾此失彼，也不能相互替代。哪一个发展理念贯彻不到位，发展进程都会受到影响。全党同志一定要提高统一贯彻五大发展理念的能力和水平，不断开拓发展新境界。

注　　释

〔1〕见《吕氏春秋·贵公》。

〔2〕见东汉班固《汉书·食货志》。

深入理解新发展理念*

（2016 年 1 月 18 日）

创新、协调、绿色、开放、共享的发展理念，我在党的十八届五中全会和其他场合已经讲了不少，今天不从抓工作的角度全面讲了，而是结合历史和现实，结合一些重大问题，从理论上、宏观上讲讲。

第一，着力实施创新驱动发展战略。把创新摆在第一位，是因为创新是引领发展的第一动力。发展动力决定发展速度、效能、可持续性。对我国这么大体量的经济体来讲，如果动力问题解决不好，要实现经济持续健康发展和“两个翻番”是难以做到的。当然，协调发展、绿色发展、开放发展、共享发展都有利于增强发展动力，但核心在创新。抓住了创新，就抓住了牵动经济社会发展全局的“牛鼻子”。

坚持创新发展，是我们分析近代以来世界发展历程特别是总结我国改革开放成功实践得出的结论，是我们应对发展环境变化、增强发展动力、把握发展主动权，更好引领新常态的根本之策。

---

* 这是习近平在省部级主要领导干部学习贯彻党的十八届五中全会精神专题研讨班上讲话的一部分。

回顾近代以来世界发展历程，可以清楚看到，一个国家和民族的创新能力，从根本上影响甚至决定国家和民族前途命运。

16 世纪以来，人类社会进入前所未有的创新活跃期，几百年里，人类在科学技术方面取得的创新成果超过过去几千年的总和。特别是 18 世纪以来，世界发生了几次重大科技革命，如近代物理学诞生、蒸汽机和机械、电力和运输、相对论和量子论、电子和信息技术发展等。在此带动下，世界经济发生多次产业革命，如机械化、电气化、自动化、信息化。每一次科技和产业革命都深刻改变了世界发展面貌和格局。一些国家抓住了机遇，经济社会发展驶入快车道，经济实力、科技实力、军事实力迅速增强，甚至一跃成为世界强国。发端于英国的第一次产业革命，使英国走上了世界霸主地位；美国抓住了第二次产业革命机遇，赶超英国成为世界第一。从第二次产业革命以来，美国就占据世界第一的位置，这是因为美国在科技和产业革命中都是领航者和最大获利者。

中华民族是勇于创新、善于创新的民族。前面说到我国历史上的发展和辉煌，同当时我国科技发明和创新密切相关。我国古代在天文历法、数学、农学、医学、地理学等众多科技领域取得举世瞩目的成就。这些发明创造同生产紧密结合，为农业和手工业发展提供了有力支撑。英国哲学家培根这样讲到：印刷术、火药、指南针，这 3 种发明曾改变了整个世界事物的面貌和状态，以致没有一个帝国、教派和人物能比这 3 种发明在人类事业中产生更大的力量和影响。一些资料显示，16 世纪以前世界上最重要的 300 项发明和发现中，我国占 173 项，远远超过同时代的欧洲。我国发展历史上长期处于世界领先地位，我国思想文化、社会制度、经济发展、科学技术以及其他许多方面对周边发挥了重要辐射和引领作用。近代以来，我国逐渐由领先变为落后，一个重要原因就是我们错失了多次科技和产业革命带来的巨大发展机遇。

当今世界，经济社会发展越来越依赖于理论、制度、科技、文化等领域的创新，国际竞争新优势也越来越体现在创新能力上。谁在创新上先行一步，谁就能拥有引领发展的主动权。当前，新一轮科技和产业革命蓄势待发，其主要特点是重大颠覆性技术不断涌现，科技成果转化速度加快，产业组织形式和产业链条更具垄断性。世界各主要国家纷纷出台新的创新战略，加大投入，加强人才、专利、标准等战略性创新资源的争夺。

虽然我国经济总量跃居世界第二，但大而不强、臃肿虚胖体弱问题相当突出，主要体现在创新能力不强，这是我国这个经济大块头的“阿喀琉斯之踵”。通过创新引领和驱动发展已经成为我国发展的迫切要求。所以，我反复强调，抓创新就是抓发展，谋创新就是谋未来。

经过多年努力，我国科技整体水平有了明显提高，正处在从量的增长向质的提升转变的重要时期，一些重要领域跻身世界先进行列。但是，总体上看，我国关键核心技术受制于人的局面尚未根本改变，创造新产业、引领未来发展的科技储备远远不够，产业还处于全球价值链中低端，军事、安全领域高技术方面同发达国家仍有较大差距。我们必须把发展基点放在创新上，通过创新培育发展新动力、塑造更多发挥先发优势的引领型发展。

创新是一个复杂的社会系统工程，涉及经济社会各个领域。坚持创新发展，既要坚持全面系统的观点，又要抓住关键，以重要领域和关键环节的突破带动全局。要超前谋划、超前部署，紧紧围绕经济竞争力的核心关键、社会发展的瓶颈制约、国家安全的重大挑战，强化事关发展全局的基础研究和共性关键技术研究，全面提高自主创新能力，在科技创新上取得重大突破，力争实现我国科技水平由跟跑并跑向并跑领跑转变。要以重大科技创新为引领，加快科技创新成果向现实生产力转化，加快构建产业新体系，做到人有我有、人有我强、人强我优，增强我国经济整体素质和国际竞争力。要深化科技体制改革，推进人才发展体制和政策创新，突出“高精尖缺”导向，实施更开放的创新人才引进政策，聚天下英才而用之。

第二，着力增强发展的整体性协调性。“有上则有下，有此则有彼。”[1]唯物辩证法认为，事物是普遍联系的，事物及事物各要素相互影响、相互制约，整个世界是相互联系的整体，也是相互作用的系统。坚持唯物辩证法，就要从客观事物的内在联系去把握事物，去认识问题、处理问题。马克思主义经典作家十分重视并善于运用唯物辩证法来认识和探索人类社会发展中的矛盾运动规律。比如，马克思提出，社会再生产分为生产资料生产和消费资料生产两大部类，两大部类必须保持一定比例关系才能保证社会再生产顺利实现。

我们党在带领人民建设社会主义的长期实践中，形成了许多关于协调发展的理念和战略。新中国成立前后，毛泽东同志就提出了统筹兼顾、“弹钢琴”等思想方法和工作方法。他说：“弹钢琴要十个指头都动作，不能有的动，有的不动。但是，十个指头同时都按下去，那也不成调子。要产生好的音乐，十个指头的动作要有节奏，要互相配合。党委要抓紧中心工作，又要围绕中心工作而同时开展其他方面的工作。我们现在管的方面很多，各地、各军、各部门的工作，都要照顾到，不能只注意一部分问题而把别的丢掉。凡是有问题的地方都要点一下，这个方法我们一定要学会。”〔2〕《论十大关系》是毛泽东同志运用普遍联系观点阐述社会主义建设规律的典范。在《关于正确处理人民内部矛盾的问题》一文中，毛泽东同志进一步提出了“统筹兼顾、适当安排”的方针。

改革开放后，邓小平同志针对新时期的新情况新问题，提出“现代化建设的任务是多方面的，各个方面需要综合平衡，不能单打一”〔3〕。在改革开放不同时期，邓小平同志提出了一系列“两手抓”的战略方针。江泽民同志提出了在推进社会主义现代化建设过程中必须处理好12个带有全局性的重大关系〔4〕。胡锦涛同志提出了全面协调可持续发展。党的十八大提出了中国特色社会主义事业五位一体总体布局，后来我们提出了“四个全面”战略布局，等等。这些都体现了我们对协调发展认识的不断深化，体现了唯物辩证法在解决我国发展问题上的方法论意义。

新形势下，协调发展具有一些新特点。比如，协调既是发展手段又是发展目标，同时还是评价发展的标准和尺度。

再比如，协调是发展两点论和重点论的统一，一个国家、一个地区乃至一个行业在其特定发展时期既有发展优势、也存在制约因素，在发展思路上既要着力破解难题、补齐短板，又要考虑巩固和厚植原有优势，两方面相辅相成、相得益彰，才能实现高水平发展。又比如，协调是发展平衡和不平衡的统一，由平衡到不平衡再到新的平衡是事物发展的基本规律。平衡是相对的，不平衡是绝对的。强调协调发展不是搞平均主义，而是更注重发展机会公平、更注重资源配置均衡。还比如，协调是发展短板和潜力的统一，我国正处于由中等收入国家向高收入国家迈进的阶段，国际经验表明，这个阶段是各种矛盾集中爆发的时期，发展不协调、存在诸多短板也是难免的。协调发展，就要找出短板，在补齐短板上多用力，通过补齐短板挖掘发展潜力、增强发展后劲。

下好“十三五”时期发展的全国一盘棋，协调发展是制胜要诀。我们要学会运用辩证法，善于“弹钢琴”，处理好局部和全局、当前和长远、重点和非重点的关系，在权衡利弊中趋利避害、作出最为有利的战略抉择。从当前我国发展中不平衡、不协调、不可持续的突出问题出发，我们要着力推动区域协调发展、城乡协调发展、物质文明和精神文明协调发展，推动经济建设和国防建设融合发展。这是五中全会在部署协调发展时强调的重点。

要发挥各地区比较优势，促进生产力布局优化，重点实施“一带一路”建设、京津冀协同发展、长江经济带发展三大战略，支持革命老区、民族地区、边疆地区、贫困地区加快发展，构建连接东中西、贯通南北方的多中心、网络化、开放式的区域开发格局，不断缩小地区发展差距。要坚持工业反哺农业、城市支持农村和多予少取放活方针，促进城乡公共资源均衡配置，加快形成以工促农、以城带乡、工农互惠、城乡一体的工农城乡关系，不断缩小城乡发展差距。要坚持社会主义先进文化前进方向，用社会主义核心价值观凝聚共识、汇聚力量，用优秀文化产品振奋人心、鼓舞士气，用中华优秀传统文化为人民提供丰润的道德滋养，提高精神文明建设水平。要统筹经济建设和国防建设，建立全要素、多领域、高效益的军民深度融合发展格局，推进国防和军队建设同全面建成小康社会进程相一致，使两者协调发展、平衡发展、兼容发展。

第三，着力推进人与自然和谐共生。绿色发展，就其要义来讲，是要解决好人与自然和谐共生问题。人类发展活动必须尊重自然、顺应自然、保护自然，否则就会遭到大自然的报复，这个规律谁也无法抗拒。

恩格斯在《自然辩证法》中写到：美索不达米亚、希腊、小亚细亚以及其他各地的居民，为了得到耕地，毁灭了森林，但是他们做梦也想不到，这些地方今天竟因此而成为不毛之地，因为他们使这些地方失去了森林，也就失去了水分的积聚中心和贮藏库。阿尔卑斯山的意大利人，当他们在山南坡把那些在山北坡得到精心保护的枞树林砍光用尽时，没有预料到，这样一来，他们把本地区的高山畜牧业的根基毁掉了；他们更没有预料到，他们这样做，竟使山泉在一年中的大部分时间内枯竭了，同时在雨季又使更加凶猛的洪水倾泻到平原上。

上个世纪，发生在西方国家的“世界八大公害事件”对生态环境和公众生活造成巨大影响。其中，洛杉矶光化学烟雾事件，先后导致近千人死亡、75%以上市民患上红眼病。伦敦烟雾事件，1952年12月首次暴发的短短几天内，致死人数高达4000，随后2个月内又有近8000人死于呼吸系统疾病，此后1956年、1957年、1962年又连续发生多达12次严重的烟雾事件。日本水俣病事件，因工厂把含有甲基汞的废水直接排放到水俣湾中，人食用受污染的鱼和贝类后患上极为痛苦的汞中毒病，患者近千人，受威胁者多达2万人。美国作家蕾切尔·卡逊的《寂静的春天》一书对这些状况作了详细描述。

据史料记载，现在植被稀少的黄土高原、渭河流域、太行山脉也曾是森林遍布、山清水秀，地宜耕植、水草便畜。由于毁林开荒、滥砍乱伐，这些地方生态环境遭到严重破坏。塔克拉玛干沙漠的蔓延，湮没了盛极一时的丝绸之路。河西走廊沙漠的扩展，毁坏了敦煌古城。科尔沁、毛乌素沙地和乌兰布和沙漠的蚕食，侵占了富饶美丽的蒙古草原。楼兰古城因屯垦开荒、盲目灌溉，导致孔雀河改道而衰落。河北北部的围场，早年树海茫茫、水草丰美，但从同治年间开围放垦，致使千里松林几乎荡然无存，出现了几十万亩的荒山秃岭。这些深刻教训，我们一定要认真吸取。

在对待自然问题上，恩格斯深刻指出：“我们不要过分陶醉于我们人类对自然界的胜利。对于每一次这样的胜利，自然界都对我们进行报复。每一次胜利，起初确实取得了我们预期的结果，但是往后和再往后却发生完全不同的、出乎预料的影响，常常把最初的结果又消除了。”[5]人因自然而生，人与自然是一种共生关系，对自然的伤害最终会伤及人类自身。只有尊重自然规律，才能有效防止在开发利用自然上走弯路。这个道理要铭记于心、落实于行。

改革开放以来，我国经济发展取得历史性成就，这是值得我们自豪和骄傲的，也是世界上很多国家羡慕我们的地方。同时必须看到，我们也积累了大量生态环境问题，成为明显的短板，成为人民群众反映强烈的突出问题。比如，各类环境污染呈高发态势，成为民生之患、民心之痛。这样的状况，必须下大气力扭转。

我们的先人们早就认识到了生态环境的重要性。《论语》[6]中说：“子钓而不纲，弋不射宿。”[7]意思是不用大网打鱼，不射夜宿之鸟。荀子[8]说：“草木荣华滋硕之时则斧斤不入山林，不夭其生，不绝其长也；鼋鼍、鱼鳖、鳅鳝孕别之时，罔罟、毒药不入泽，不夭其生，不绝其长也。”[9]《吕氏春秋》[10]中说：“竭泽而渔，岂不获得？而明年无鱼；焚薮而田，岂不获得？而明年无兽。”[11]这些关于对自然要取之以时、取之有度的思想，有十分重要的现实意义。

生态环境没有替代品，用之不觉，失之难存。我讲过，环境就是民生，青山就是美丽，蓝天也是幸福，绿水青山就是金山银山；保护环境就是保护生产力，改善环境就是发展生产力。在生态环境保护上，一定要树立大局观、长远观、整体观，不能因小失大、顾此失彼、寅吃卯粮、急功近利。我们要坚持节约资源和保护环境的基本国策，像保护眼睛一样保护生态环境，像对待生命一样对待生态环境，推动形成绿色发展方式和生活方式，协同推进人民富裕、国家强盛、中国美丽。前不久，在重庆召开的推动长江经济带发展座谈会上，我强调长江经济带发展必须坚持生态优先、绿色发展，把修复长江生态环境摆在压倒性位置，共抓大保护，不搞大开发，就是这个考虑。

各级领导干部对保护生态环境务必坚定信念，坚决摒弃损害甚至破坏生态环境的发展模式和做法，决不能再以牺牲生态环境为代价换取一时一地的经济增长。要坚定推进绿色发展，推动自然资本大量增值，让良好生态环境成为人民生活的增长点、成为展现我国良好形象的发力点，让老百姓呼吸上新鲜的空气、喝上干净的水、吃上放心的食物、生活在宜居的环境中、切实感受到经济发展带来的实实在在的环境效益，让中华大地天更蓝、山更绿、水更清、环境更优美，走向生态文明新时代。

第四，着力形成对外开放新体制。我国30多年来的发展成就得益于对外开放。一个国家能不能富强，一个民族能不能振兴，最重要的就是看这个国家、这个民族能不能顺应时代潮流，掌握历史前进的主动权。

经济全球化是我们谋划发展所要面对的时代潮流。“经济全球化”这一概念虽然是冷战结束以后才流行起来的，但这样的发展趋势并不是什么新东西。早在19世纪，马克思、恩格斯在《德意志意识形态》、《共产党宣言》、《1857—1858年经济学手稿》、《资本论》等著作中就详细论述了世界贸易、世界市场、世界历史等问题。《共产党宣言》指出：“资产阶级，由于开拓了世界市场，使一切国家的生产和消费都成为世界性的了。”马克思、恩格斯的这些洞见和论述，深刻揭示了经济全球化的本质、逻辑、过程，奠定了我们今天认识经济全球化的理论基础。

经济全球化大致经历了 3 个阶段。一是殖民扩张和世界市场形成阶段，西方国家靠巧取豪夺、强权占领、殖民扩张，到第一次世界大战前基本完成了对世界的瓜分，世界各地区各民族都被卷入资本主义世界体系之中。二是两个平行世界市场阶段，第二次世界大战结束后，一批社会主义国家诞生，殖民地半殖民地国家纷纷独立，世界形成社会主义和资本主义两大阵营，在经济上则形成了两个平行的市场。三是经济全球化阶段，随着冷战结束，两大阵营对立局面不复存在，两个平行的市场随之不复存在，各国相互依存大幅加强，经济全球化快速发展演化。

与之相对应，我国同世界的关系也经历了 3 个阶段。一是从闭关锁国到半殖民地半封建阶段，先是在鸦片战争之前隔绝于世界市场和工业化大潮，接着在鸦片战争及以后的数次列强侵略战争中屡战屡败，成为积贫积弱的国家。二是“一边倒”和封闭半封闭阶段，新中国成立后，我们在向苏联“一边倒”和相对封闭的环境中艰辛探索社会主义建设之路，“文革”中基本同世界隔绝。三是全方位对外开放阶段，改革开放以来，我们充分运用经济全球化带来的机遇，不断扩大对外开放，实现了我国同世界关系的历史性变革。

实践告诉我们，要发展壮大，必须主动顺应经济全球化潮流，坚持对外开放，充分运用人类社会创造的先进科学技术成果和有益管理经验。改革开放初期，在我们力量不强、经验不足的时候，不少同志也曾满怀疑问，面对占据优势地位的西方国家，我们能不能做到既利用对外开放机遇而又不被腐蚀或吃掉？当年，我们推动复关谈判、入世谈判，都承受着很大压力。今天看来，我们大胆开放、走向世界，无疑是选择了正确方向。

20 年前甚至 15 年前，经济全球化的主要推手是美国等西方国家，今天反而是我们被认为是世界上推动贸易和投资自由化便利化的最大旗手，积极主动同西方国家形形色色的保护主义作斗争。这说明，只要主动顺应世界发展潮流，不但能发展壮大自己，而且可以引领世界发展潮流。

我们现在搞开放发展，面临的国际国内形势同以往有很大不同，总体上有利因素更多，但风险挑战不容忽视，而且都是更深层次的风险挑战。这可以从 4 个方面来看。一是国际力量对比正在发生前所未有的积极变化，新兴市场国家和发展中国家群体性崛起正在改变全球政治经济版图，世界多极化和国际关系民主化大势难逆，以西方国家为主导的全球治理体系出现变革迹象，但争夺全球治理和国际规则制定主导权的较量十分激烈，西方发达国家在经济、科技、政治、军事上的优势地位尚未改变，更加公正合理的国际政治经济秩序的形成依然任重道远。二是世界经济逐渐走出国际金融危机阴影，西方国家通过再工业化总体保持复苏势头，国际产业分工格局发生新变化，但国际范围内保护主义严重，国际经贸规则制定出现政治化、碎片化苗头，不少新兴市场国家和发展中国家经济持续低迷，世界经济还没有找到全面复苏的新引擎。三是我国在世界经济和全球治理中的分量迅速上升，我国是世界第二经济大国、最大货物出口国、第二大货物进口国、第二大对外直接投资国、最大外汇储备国、最大旅游市场，成为影响世界政治经济版图变化的一个主要因素，但我国经济大而不强问题依然突出，人均收入和人民生活水平更是同发达国家不可同日而语，我国经济实力转化为国际制度性权力依然需要付出艰苦努力。四是我国对外开放进入引进来和走出去更加均衡的阶段，我国对外开放从早期引进来为主转为大进大出新格局，但与之相应的法律、咨询、金融、人才、风险管控、安全保障等都难以满足现实需要，支撑高水平开放和大规模走出去的体制和力量仍显薄弱。

这就是说，我们今天开放发展的大环境总体上比以往任何时候都更为有利，同时面临的矛盾、风险、博弈也前所未有，稍不留神就可能掉入别人精心设置的陷阱。关于下一步怎么开放发展，党的十八届五中全会已经作出部署，我在全会第二次全体会议上的讲话中也提出了要求。希望大家不断探索实践，提高把握国内国际两个大局的自觉性和能力，提高对外开放质量和水平。

第五，着力践行以人民为中心的发展思想。这是党的十八届五中全会首次提出来的，体现了我们党全心全意为人民服务的根本宗旨，体现了人民是推动发展的根本力量的唯物史观。

“治国有常，而利民为本。”〔12〕以人民为中心的发展思想，不是一个抽象的、玄奥的概念，不能只停留在口头上、止步于思想环节，而要体现在经济社会发展各个环节。要坚持人民主体地位，顺应人民群众对美好生活的向往，不断实现好、维护好、发展好最广大人民根本利益，做到发展为了人民、发展依靠人民、发展成果由人民共享。要通过深化改革、创新驱动，提高经济发展质量和效益，生产出更多更好的物质精神产品，不断满足人民日益增长的物质文化需要。要全面调动人的积极性、主动性、创造性，为各行业各方面的劳动者、企业家、创新人才、各级干部创造发挥作用的舞台和环境。要坚持社会主义基本经济制度和分配制度，调整收入分配格局，完善以税收、社会保障、转移支付等为主要手段的再分配调节机制，维护社会公平正义，解决好收入差距问题，使发展成果更多更公平惠及全体人民。

共享理念实质就是坚持以人民为中心的发展思想，体现的是逐步实现共同富裕的要求。共同富裕，是马克思主义的一个基本目标，也是自古以来我国人民的一个基本理想。孔子〔13〕说："不患寡而患不均，不患贫而患不安。"〔14〕孟子〔15〕说："老吾老以及人之老，幼吾幼以及人之幼。"〔16〕《礼记·礼运》〔17〕具体而生动地描绘了"小康"社会和"大同"社会的状态。按照马克思、恩格斯的构想，共产主义社会将彻底消除阶级之间、城乡之间、脑力劳动和体力劳动之间的对立和差别，实行各尽所能、按需分配，真正实现社会共享、实现每个人自由而全面的发展。

当然，实现这个目标需要一个漫长的历史过程。我国正处于并将长期处于社会主义初级阶段，我们不能做超越阶段的事情，但也不是说在逐步实现共同富裕方面就无所作为，而是要根据现有条件把能做的事情尽量做起来，积小胜为大胜，不断朝着全体人民共同富裕的目标前进。

新中国成立初期，毛泽东同志就指出："现在我们实行这么一种制度，这么一种计划，是可以一年一年走向更富更强的，一年一年可以看到更富更强些。而这个富，是共同的富，这个强，是共同的强，大家都有份"[18]。改革开放历史新时期，邓小平同志多次强调共同富裕。1990 年 12 月，他在同几位中央负责同志谈话时指出："共同致富，我们从改革一开始就讲，将来总有一天要成为中心课题。社会主义不是少数人富起来、大多数人穷，不是那个样子。社会主义最大的优越性就是共同富裕，这是体现社会主义本质的一个东西。"[19] 江泽民同志强调："实现共同富裕是社会主义的根本原则和本质特征，绝不能动摇。"[20] 胡锦涛同志也要求"使全体人民共享改革发展成果，使全体人民朝着共同富裕的方向稳步前进"[21]。经过长期艰苦奋斗，我国人民生活质量和社会共享水平显著提高，这是了不起的成就。

党的十八届五中全会提出的共享发展理念，其内涵主要有 4 个方面。一是共享是全民共享。这是就共享的覆盖面而言的。共享发展是人人享有、各得其所，不是少数人共享、一部分人共享。二是共享是全面共享。这是就共享的内容而言的。共享发展就要共享国家经济、政治、文化、社会、生态各方面建设成果，全面保障人民在各方面的合法权益。三是共享是共建共享。这是就共享的实现途径而言的。共建才能共享，共建的过程也是共享的过程。要充分发扬民主，广泛汇聚民智，最大激发民力，形成人人参与、人人尽力、人人都有成就感的生动局面。四是共享是渐进共享。这是就共享发展的推进进程而言的。一口吃不成胖子，共享发展必将有一个从低级到高级、从不均衡到均衡的过程，即使达到很高的水平也会有差别。我们要立足国情、立足经济社会发展水平来思考设计共享政策，既不裹足不前、铢施两较、该花的钱也不花，也不好高骛远、寅吃卯粮、口惠而实不至。这4个方面是相互贯通的，要整体理解和把握。

落实共享发展理念，“十三五”时期的任务和措施有很多，归结起来就是两个层面的事。一是充分调动人民群众的积极性、主动性、创造性，举全民之力推进中国特色社会主义事业，不断把“蛋糕”做大。二是把不断做大的“蛋糕”分好，让社会主义制度的优越性得到更充分体现，让人民群众有更多获得感。要扩大中等收入阶层，逐步形成橄榄型分配格局。特别要加大对困难群众的帮扶力度，坚决打赢农村贫困人口脱贫攻坚战。落实共享发展是一门大学问，要做好从顶层设计到“最后一公里”落地的工作，在实践中不断取得新成效。

注　　释

〔**1**〕见北宋程颐《周易程氏传·贲》。

〔**2**〕见毛泽东《党委会的工作方法》（《毛泽东选集》第4卷，人民出版社1991年版，第1442页）。

〔**3**〕见邓小平《目前的形势和任务》（《邓小平文选》第2卷，人民出版社1994年版，第250页）。

〔**4**〕指江泽民在《正确处理社会主义现代化建设中的若干重大关系》中提出的：改革、发展、稳定的关系，速度和效益的关系，经济建设和人口、资源、环境的关系，第一、第二、第三产业的关系，东部地区和中西部地区的关系，市场机制和宏观调控的关系，公有制经济和其他经济成分的关系，收入分配中国家、企业和个人的关系，扩大对外开放和坚持自力更生的关系，中央和地方的关系，国防建设和经济建设的关系，物质文明建设和精神文明建设的关系。

〔**5**〕见恩格斯《自然辩证法（节选）》(《马克思恩格斯文集》第9卷，人民出版社2009年版，第559—560页)。

〔**6**〕《论语》，中国儒家经典之一，是孔子的弟子记录孔子言行的著作，其中间有孔子弟子的对话。

〔**7**〕见《论语·述而》。

〔**8**〕荀子（约前325—前238)，名况，字卿，赵国人。战国时期哲学家、思想家、教育家。

〔**9**〕参见《荀子·王制》。原文是:“草木荣华滋硕之时则斧斤不入山林，不夭其生，不绝其长也；鼋鼍、鱼鳖、鳝鳣孕别之时，罔罟毒药不入泽，不夭其生，不绝其长也。”

〔**10**〕《吕氏春秋》，战国时期秦相吕不韦组织门客编写的著作。

〔**11**〕见《吕氏春秋·义赏》。

〔**12**〕见《淮南子·氾论训》。

〔**13**〕孔子（前551—前479)，名丘，字仲尼，鲁国陬邑（今山东曲阜）人。春秋时期思想家、教育家、政治家，儒家创始人。

〔**14**〕见《论语·季氏》。

〔**15**〕孟子（约前372—前289)，名轲，字子舆，邹（今山东邹城东南）人。战国时期哲学家、思想家、教育家。

〔**16**〕见《孟子·梁惠王上》。

〔**17**〕《礼记》，中国儒家经典之一，是研究中国古代社会情况、典章制度和儒家思想的重要著作。

〔**18**〕见毛泽东《在资本主义工商业社会主义改造问题座谈会上的讲话》(《毛泽东文集》第6卷，人民出版社1999年版，第495页)。

〔**19**〕见邓小平《善于利用时机解决发展问题》(《邓小平文选》第3卷，人民出版社1993年版，第364页)。

〔**20**〕见江泽民《正确处理社会主义现代化建设中的若干重大关系》(《江泽民文选》第1卷，人民出版社2006年版，第466页)。

〔**21**〕见胡锦涛《构建社会主义和谐社会》(《胡锦涛文选》第2卷，人民出版社2016年版，第291页)。

把新发展理念落到实处*

（2016 年 1 月 18 日）

新发展理念要落地生根、变成普遍实践，关键在各级领导干部的认识和行动。对此，我强调 4 点。

第一，深学笃用，通过示范引领让干部群众感受到新发展理念的真理力量。“知之愈明，则行之愈笃。”〔1〕理念在人们头脑中确立需要一个过程。确立新发展理念，需要不断学、深入学、持久学，从灵魂深处确立对新发展理念的自觉和自信。各级领导干部要加强对新发展理念的学习，结合历史学，多维比较学，联系实际学，深入把握新发展理念对发展经验教训的深刻总结，深入把握新发展理念对经济社会发展各项工作的指导意义，真正做到崇尚创新、注重协调、倡导绿色、厚植开放、推进共享。

我多次强调，领导工作要有专业思维、专业素养、专业方法。把握新发展理念，不仅是政治性要求，而且是知识性、专业性要求，因为新发展理念包含大量充满时代气息的新知识、新经验、新信息、新要求。“穷理者欲知事物之所以然与

---

* 这是习近平在省部级主要领导干部学习贯彻党的十八届五中全会精神专题研讨班上讲话的一部分。

其所当然者而已。”[2]如果只是泛泛知道其中一些概念和要求，而不注重构建与之相适应的知识体系，知其然不知其所以然，讲话做事就会缺乏专业水准。

我一直强调领导干部要成为经济社会管理的行家里手，是有针对性的。在市场、产业、科学技术特别是互联网技术快速发展的情况下，领导干部必须有较高的经济专业水平。资本投入、安全生产、股市调控、互联网金融管控等都是高风险、高技能的，如果判断失误、选择不慎、管控不力，就会发生问题甚至大问题，严重的会影响社会稳定。一段时间以来，在安全生产、股票市场、互联网金融等方面连续发生的重大事件，一再给我们敲响了警钟。现在，经济社会管理难度很大，各种复杂因素很多，出现一些失误是难免的，但学费不能白付，要吃一堑长一智，举一反三，避免同一种失误一犯再犯。对各种项目、投资、金融活动，要深入研判、评估风险，不能见钱眼开，有奶就是娘。简政放权、先照后证不是不要管理了，该管的还要管，上级部门放的权，下级要接住，不能出现真空地带，这也是守土有责。各级领导干部要自觉加强学习，增强领导能力，提高管理水平，不断增强作决策、做工作、抓管控的原则性、系统性、预见性、创造性。

古人说：“非知之难，行之惟难。”[3]知行合一，贵在行动。贯彻落实新发展理念，涉及发展观念转变和知识能力提升，也涉及利益关系调整和体制机制创新。要把新发展理念贯穿领导活动全过程，落实到决策、执行、检查各项工作中，努力提高统筹贯彻新发展理念能力和水平，不断开拓发展新境界。不能讲得头头是道，做起来轻轻飘飘。要增强大局意识、战略意识，善于算大账、总账、长远账，不能只算地方账、部门账、眼前账，更不能为了局部利益损害全局利益、为了暂时利益损害根本利益和长远利益。

第二，用好辩证法，对贯彻落实新发展理念进行科学设计和施工。新发展理念的提出，是对辩证法的运用；新发展理念的实施，离不开辩证法的指导。要坚持系统的观点，依照新发展理念的整体性和关联性进行系统设计，做到相互促进、齐头并进，不能单打独斗、顾此失彼，不能偏执一方、畸轻畸重。要坚持“两点论”和“重点论”的统一，善于厘清主要矛盾和次要矛盾、矛盾的主要方面和次要方面，区分轻重缓急，在兼顾一般的同时紧紧抓住主要矛盾和矛盾的主要方面，以重点突破带动整体推进，在整体推进中实现重点突破。要遵循对立统一规律、质量互变规律、否定之否定规律，善于把握发展的普遍性和特殊性、渐进性和飞跃性、前进性和曲折性，坚持继承和创新相统一，既求真务实、稳扎稳打，又与时俱进、敢闯敢拼。要坚持具体问题具体分析，“入山问樵、入水问渔”[4]，一切以时间、地点、条件为转移，善于进行交换比较反复，善于把握工作的时度效。

第三，创新手段，善于通过改革和法治推动贯彻落实新发展理念。贯彻落实新发展理念，必须发挥改革的推动作用、法治的保障作用。一个新理念的确立，总是同旧理念的破除相伴随的，正所谓不破不立。贯彻落实新发展理念，涉及一系列思维方式、行为方式、工作方式的变革，涉及一系列工作关系、社会关系、利益关系的调整，不改革就只能是坐而论道，最终到不了彼岸。中央关于全面深化改革的各项部署同贯彻落实新发展理念是贯通的，各级领导干部务必落实主体责任、抓好落实。在贯彻落实中，对中央改革方案中的原则性要求，可以结合实际，进一步具体化；遇到改革方案的空白点，可以积极探索、大胆试验；遇到思想阻力和工作阻力，要努力排除，不能退让和妥协，不能松懈斗志、半途而废。要深入分析新发展理念对法治建设提出的新要求，深入分析贯彻落实新发展理念在法治领域遇到的突出问题，有针对性地采取对策措施，运用法治思维和法治方式贯彻落实新发展理念。

第四，守住底线，在贯彻落实新发展理念中及时化解矛盾风险。发展中国特色社会主义是一项长期而艰巨的历史任务，必须准备进行具有许多新的历史特点的伟大斗争。当前和今后一个时期，我们在国际国内面临的矛盾风险挑战都不少，决不能掉以轻心。各种矛盾风险挑战源、各类矛盾风险挑战点是相互交织、相互作用的。如果防范不及、应对不力，就会传导、叠加、演变、升级，使小的矛盾风险挑战发展成大的矛盾风险挑战，局部的矛盾风险挑战发展成系统的矛盾风险挑战，国际上的矛盾风险挑战演变为国内的矛盾风险挑战，经济、社会、文化、生态领域的矛盾风险挑战转化为政治矛盾风险挑战，最终危及党的执政地位、危及国家安全。

推动创新发展、协调发展、绿色发展、开放发展、共享发展，前提都是国家安全、社会稳定。没有安全和稳定，一切都无从谈起。“明者防祸于未萌，智者图患于将来。”〔5〕我们必须积极主动、未雨绸缪，见微知著、防微杜渐，下好先手棋，打好主动仗，做好应对任何形式的矛盾风险挑战的准备，做好经济上、政治上、文化上、社会上、外交上、军事上各种斗争的准备，层层负责、人人担当。

1945 年，毛泽东同志在党的七大上作结论报告，在讲“准备吃亏”、准备困难时一口气列了 17 条困难：第一条，外国大骂；第二条，国内大骂；第三条，被国民党占去几大块根据地；第四条，被国民党消灭若干万军队；第五条，伪军欢迎蒋介石；第六条，爆发内战；第七条，出了斯科比〔6〕，中国变成希腊；第八条，“不承认波兰”，也就是共产党的地位得不到承认；第九条，跑掉、散掉若干万党员；第十条，党内出现悲观心理、疲劳情绪；第十一条，天灾流行，赤地千里；第十二条，经济困难；第十三条，敌人兵力集中华北；第十四条，国民党实行暗杀阴谋，暗杀我们的负责同志；第十五条，党的领导机关发生意见分歧；第十六条，国际无产阶级长期不援助我们；第十七条，其他意想不到的事。他说：“许多事情是意料不到的，但是一定要想到，尤其是我们的高级负责干部要有这种精神准备，准备对付非常的困难，对付非常的不利情况。这些，我们都要透彻地想好。”〔7〕邓小平同志反复强调：“我们要把工作的基点放在出现较大的风险上，准备好对策。这样，即使出现了大的风险，天也不会塌下来。”〔8〕这样的论述，毛泽东同志、邓小平同志、江泽民同志、胡锦涛同志讲得很多、也很深刻，是治党治国很重要的政治经验和政治智慧。

最后，我再强调一个问题，就是要更广泛更有效地调动干部队伍积极性。这个问题极为重要，现在看来也十分紧迫。党的干部是党的事业的骨干。总的看，我们的干部队伍素质不断提高、结构明显改善，总体上适应事业发展需要，特别是大批优秀年轻干部正在成长起来。同时，受成长经历、社会环境、政治生态等多方面因素影响，当前干部队伍也存在种种复杂情况，一个突出问题是部分干部思想困惑增多、积极性不高，存在一定程度的“为官不为”。对这个问题，我们要高度重视，认真研究，把情况搞清楚，把症结分析透，把对策想明白，有针对性地加以解决。

综合各方面反映，当前“为官不为”主要有3种情况：一是能力不足而“不能为”，二是动力不足而“不想为”，三是担当不足而“不敢为”。这些情况，过去也有，为什么当前表现得比较突出？除了一些干部自身素质不适应新形势新任务要求外，也有我们工作上的原因，还有社会上种种复杂因素的影响。从我们工作来看，主要是一些地方和单位贯彻党中央决策部署的实施细则和配套措施不够完善，政策尺度把握不够准确，方式方法有些简单生硬，对干部教育引导不够及时到位，在思想、理念、作风、经济社会发展的具体操作上，一些地方和单位还没有按照党的十八大以来的新要求进行调整，或者还没有调整到位，出现了不适应的状态。从社会因素来看，主要是负面舆论和恶意炒作使一些干部模糊了视线、增加了困惑。

大家都认为，一些干部“为官不为”已成了一个突出问题，各级党委就要不等不拖、辩证施策，争取尽快扭转。要加强对干部的教育培训，针对干部的知识空白、经验盲区、能力弱项，开展精准化的理论培训、政策培训、科技培训、管理培训、法规培训，突出针对性和实效性，从而增加兴奋点、消除困惑点，增强工作责任感和使命感，增强适应新形势新任务的信心和能力。要把严格管理干部和热情关心干部结合起来，既要求干部自觉履行组织赋予的各项职责，严格按照党的原则、纪律、规矩办事，不滥用权力、违纪违法，又对干部政治上激励、工作上支持、待遇上保障、心理上关怀，让广大干部安心、安身、安业，推动广大干部心情舒畅、充满信心，积极作为、敢于担当。要把干部在推进改革中因缺乏经验、先行先试出现的失误和错误，同明知故犯的违纪违法行为区分开来；把上级尚无明确限制的探索性试验中的失误和错误，同上级明令禁止后依然我行我素的违纪违法行为区分开来；把为推动发展的无意过失，同为谋取私利的违纪违法行为区分开来，保护那些作风正派又敢作敢为、锐意进取的干部，最大限度调动广大干部的积极性、主动性、创造性，激励他们更好带领群众干事创业，确保如期全面建成小康社会，不断开创社会主义现代化建设新局面。

注　释

〔1〕见《朱子语类·大学一·经上》。

〔2〕见《晦庵先生朱文公文集·答或人》。

〔3〕见唐代吴兢《贞观政要·慎终》。

〔4〕见明代庄元臣《叔苴子·内编卷一》。

〔5〕见西晋陈寿《三国志·吴书·吕蒙传》裴松之注引《吴书》。

〔**6**〕斯科比，英国人，第二次世界大战后期任英国派驻希腊的英军司令。1944 年 10 月，德国侵略军在希腊败退，斯科比率领英军，带着在伦敦的希腊流亡政府，进入希腊。同年 12 月，斯科比指挥英军并协助希腊政府进攻长期英勇抵抗德军的希腊人民解放军，屠杀希腊爱国人民。

〔**7**〕见毛泽东《在中国共产党第七次全国代表大会上的结论》(《毛泽东文集》第 3 卷，人民出版社 1996 年版，第 392 页)。

〔**8**〕见邓小平《要吸收国际的经验》(《邓小平文选》第 3 卷，人民出版社 1993 年版，第 267 页)。

七、适应、把握、引领经济发展新常态

经济工作要适应经济发展新常态[*]

（2014 年 12 月 9 日）

科学认识当前形势，准确研判未来走势，是做好经济工作的基本前提。最近，国内外都有一些议论，说中国经济增速持续下降，是不是出了什么问题？也有一些人认为，中国经济增速已经降至 7.5％以下，为什么不采取强刺激措施？等等。我想，分析和看待这个问题，必须历史地、辩证地认识我国经济发展的阶段性特征。

去年，中央作出一个判断，即我国经济发展正处于增长速度换挡期、结构调整阵痛期、前期刺激政策消化期“三期叠加”阶段。今年年中，在中央政治局会议上，我对“三期叠加”进一步作了分析，强调经济工作要适应经济发展新常态。不久前，在北京亚太经合组织工商领导人峰会上，我概要分析了我国经济发展新常态下速度变化、结构优化、动力转换三大特点。这里，我想用对比的方法，谈谈我国经济发展新常态带来的几个趋势性变化。

---

* 这是习近平在中央经济工作会议上讲话的一部分。

第一，从消费需求看，过去，我国消费具有明显的模仿型排浪式特征，你有我有全都有，消费是一浪接一浪地增长。现在，“羊群效应”没有了，模仿型排浪式消费阶段基本结束，消费拉开档次，个性化、多样化消费渐成主流，保证产品质量安全、通过创新供给激活需求的重要性显著上升。随着我国收入水平提高和消费结构变化，供给体系进行一些调整是必然的，但我国有13亿多人，总体消费水平还不高、余地还很大。我们必须采取正确的消费政策，释放消费潜力，使消费继续在推动经济发展中发挥基础作用。

第二，从投资需求看，过去，投资需求空间巨大，只要有钱敢干，投资都有回报，投资在经济发展中扮演着重要角色。现在，经历了30多年高强度大规模开发建设后，传统产业、房地产投资相对饱和，但基础设施互联互通和一些新技术、新产品、新业态、新商业模式的投资机会大量涌现，对创新投融资方式提出了新要求。我国总储蓄率仍然较高。我们必须善于把握投资方向，消除投资障碍，使投资继续对经济发展发挥关键作用。

第三，从出口和国际收支看，国际金融危机发生前，国际市场空间扩张很快，只要有成本优势，出口就能扩大，出口成为拉动我国经济快速发展的重要动能。现在，全球总需求不振，我国低成本比较优势也发生了转化。同时，我国出口竞争优势依然存在，多少年打拼出来的国际市场也是重要资源。高水平引进来、大规模走出去正在同步发生，人民币国际化程度明显提高，国际收支双顺差局面正在向收支基本平衡方向发展。我们必须加紧培育新的比较优势，积极影响国际贸易投资规则重构，使出口继续对经济发展发挥支撑作用。

第四，从生产能力和产业组织方式看，过去，供给不足是长期困扰我们的一个主要矛盾，现在传统产业供给能力大幅超出需求，钢铁、水泥、玻璃等产业的产能已近峰值，房地产出现结构性、区域性过剩，各类开发区、工业园区、新城新区的规划建设总面积超出实际需要。在产能过剩的条件下，产业结构必须优化升级，企业兼并重组、生产相对集中不可避免。互联网技术加快发展，创新方式层出不穷，新兴产业、服务业、小微企业作用更加凸显，生产小型化、智能化、专业化将成为产业组织新特征。

第五，从生产要素相对优势看，过去，我们有源源不断的新生劳动力和农业富余劳动力，劳动力成本低是最大优势，引进技术和管理就能迅速变成生产力。现在，人口老龄化日趋发展，劳动年龄人口总量下降，农业富余劳动力减少，在许多领域我国科技创新与国际先进水平相比还有较大差距，能够拉动经济上水平的关键技术人家不给了，这就使要素的规模驱动力减弱。随着要素质量不断提高，经济增长将更多依靠人力资本质量和技术进步，必须让创新成为驱动发展新引擎。

第六，从市场竞争特点看，过去，主要是数量扩张和价格竞争。现在，竞争正逐步转向质量型、差异化为主的竞争，消费者更加注重品质和个性化，竞争必须把握市场潜在需求，通过供给创新满足需求。企业依赖税收和土地等优惠政策形成竞争优势、外资超国民待遇的方式已经难以为继，统一全国市场、提高资源配置效率是经济发展的内生性要求。我们必须深化改革开放，加快形成统一透明、有序规范的市场环境，为市场充分竞争创造良好条件。

第七，从资源环境约束看，过去，能源资源和生态环境空间相对较大，可以放开手脚大开发、快发展。现在，环境承载能力已经达到或接近上限，难以承载高消耗、粗放型的发展了。人民群众对清新空气、清澈水质、清洁环境等生态产品的需求越来越迫切，生态环境越来越珍贵。我们必须顺应人民群众对良好生态环境的期待，推动形成绿色低碳循环发展新方式，并从中创造新的增长点。

第八，从经济风险积累和化解看，过去，经济高速发展掩盖了一些矛盾和风险。现在，伴随着经济增速下调，各类隐性风险逐步显性化，地方政府性债务、影子银行、房地产等领域风险正在显露，就业也存在结构性风险。这些风险，有的来自经济结构调整中政府行为越位，有的来自市场主体在经济繁荣时的盲目投资，有的来自缺乏长远考虑而过度承诺，有的则与国际金融危机冲击有直接关系。综合判断，我们面临的风险总体可控，但化解以高杠杆和泡沫化为主要特征的各类风险将持续一段时间。我们必须标本兼治、对症下药，建立健全化解各类风险的体制机制，通过延长处理时间减少一次性风险冲击力度，如果有发生系统性风险的威胁，就要果断采取外科手术式的方法进行处理。

第九，从资源配置模式和宏观调控方式看，过去，总需求增长潜在空间大，实行凯恩斯主义的办法就能有效刺激经济发展；经济发展中的短板很清楚，产业政策只要按照“雁行理论”效仿先行国家就能形成产业比较优势。现在，从需求方面看，全面刺激政策的边际效果明显递减；从供给方面看，既要全面化解产能过剩，也要通过发挥市场机制作用探索未来产业发展方向。我们必须全面把握总供求关系新变化，科学进行宏观调控，适度干预但不盲目，必要时在把握好度的前提下坚定出手，平衡好增强活力和创造环境的关系，真正形成市场和政府合理分工、推动发展新模式。

以上这些趋势性变化说明，在“三期叠加”这个阶段，经济发展速度必然会下降，但也不会无限下滑；经济结构调整是痛苦的，却是不得不过的关口；前期政策消化是必需的，但可以通过有效引导减缓消化过程中各类风险的影响。这也说明，我国经济正在向形态更高级、分工更复杂、结构更合理的阶段演化。这些趋势性变化，既是新常态的外在特征，又是新常态的内在动因，有的可能进一步强化，有的则可能发生变化。

总起来说，我国经济发展进入新常态后，增长速度正从10%左右的高速增长转向7%左右的中高速增长，经济发展方式正从规模速度型粗放增长转向质量效率型集约增长，经济结构正从增量扩能为主转向调整存量、做优增量并举的深度调整，经济发展动力正从传统增长点转向新的增长点。我国经济发展进入新常态，是我国经济发展阶段性特征的必然反映，是不以人的意志为转移的。认识新常态，适应新常态，引领新常态，是当前和今后一个时期我国经济发展的大逻辑。

“穷则变，变则通，通则久。”[1]面对我国经济发展新常态，我们观念上要适应，认识上要到位，方法上要对路，工作上要得力，否则很难与时俱进抓好经济工作。

对我国经济发展新常态，要深化理解、统一认识。把经济发展仅仅理解为数量增减、简单重复，是形而上学的发展观。大家要把思想和行动统一到中央认识和判断上来，增强加快转变经济发展方式的自觉性和主动性。如果看不到甚至不愿承认新变化、新情况、新问题，仍然想着过去的粗放型高速发展，习惯于铺摊子、上项目，就跟不上形势了。用老的办法，即使暂时把速度抬上去了也不会持久，相反会使发展中的矛盾和问题进一步积累、激化，最后是总爆发。

对我国经济发展新常态，要坚持发展、主动作为。我多次强调，以经济建设为中心是兴国之要，发展是党执政兴国的第一要务，是解决我国一切问题的基础和关键。同时，我也反复强调，我们要的是有质量、有效益、可持续的发展，要的是以比较充分就业和提高劳动生产率、投资回报率、资源配置效率为支撑的发展。我说不能简单以生产总值论英雄，既包括对正确开展经济工作的要求，也包括正确判断经济形势的要求。不是经济发展速度高一点，形势就“好得很”，也不是经济发展速度下来一点，形势就“糟得很”。经济发展速度有升有降是正常的，经济不波动不符合经济发展规律。只要波动在合理范围内，就要持平常心，不要大惊小怪，更何况我们具有宏观调控的主动性。我们要增强忧患意识，但也不能过了头，不要杞人忧天。

必须明确，说我国经济发展进入新常态，没有改变我国发展仍处于可以大有作为的重要战略机遇期的判断，改变的是重要战略机遇期的内涵和条件；没有改变我国经济发展总体向好的基本面，改变的是经济发展方式和经济结构。对发展条件的变化，我们必须准确认识、深入认识、全面认识，顺势而为、乘势而上，更加自觉地坚持以提高经济发展质量和效益为中心，大力推进经济结构战略性调整。要更加注重满足人民群众需要，更加注重市场和消费心理分析，更加注重引导社会预期，更加注重加强产权和知识产权保护，更加注重发挥企业家才能，更加注重加强教育和提升人力资本素质，更加注重建设生态文明，更加注重科技进步和全面创新。做到这些，关键在于全面深化改革、实施创新驱动发展战略、破解发展难题的力度，因此必须勇于推进改革创新，加快转变经济发展方式，切实转换经济发展动力，在新的历史起点上努力开创经济社会发展新局面。

注　释

〔**1**〕见《周易·系辞下》。

实施三大战略，促进区域协调发展[*]

（2014 年 12 月 9 日—2017 年 2 月 23 日）

一

中央决定，要重点实施“一带一路”、京津冀协同发展、长江经济带三大战略。这三大战略的共同特点，是跨越行政区划、促进区域协调发展。希望大家统一思想、贯彻落实，争取明年有个良好开局。实施“一带一路”战略，东中西部地区都有很好的发展机遇，特别是西部一些地区，过去是边缘地区，而一旦同周边国家实现了互联互通，就会成为辐射中心，发展机遇很大。今后，区域政策的一个要点是统一国内大市场，这既是区域政策要解决的问题，也是财税体制改革的重要任务。要通过改革创新打破地区封锁和利益藩篱，全面提高资源配置效率。

（2014 年 12 月 9 日在中央经济工作会议上的讲话）

---

* 这是习近平 2014 年 12 月 9 日至 2017 年 2 月 23 日期间讲话中有关促进区域协调发展内容的节录。

二

推动长江经济带发展必须建立统筹协调、规划引领、市场运作的领导体制和工作机制。推动长江经济带发展领导小组要更好发挥统领作用。发展规划要着眼战略全局、切合实际，发挥引领约束功能。保护生态环境、建立统一市场、加快转方式调结构，这是已经明确的方向和重点，要用“快思维”、做加法。而科学利用水资源、优化产业布局、统筹港口岸线资源和安排一些重大投资项目，如果一时看不透，或者认识不统一，则要用“慢思维”，有时就要做减法。对一些二选一甚至多选一的“两难”、“多难”问题，要科学论证，比较选优。对那些不能做的事情，要列出负面清单。市场、开放是推动长江经济带发展的重要动力。推动长江经济带发展，要使市场在资源配置中起决定性作用，更好发挥政府作用。沿江省市要加快政府职能转变，提高公共服务水平，创造良好市场环境。沿江省市和国家相关部门要在思想认识上形成一条心，在实际行动中形成一盘棋，共同努力把长江经济带建成生态更优美、交通更顺畅、经济更协调、市场更统一、机制更科学的黄金经济带。

（2016年1月5日在推动长江经济带发展座谈会上的讲话要点）

三

规划建设雄安新区，要在党中央领导下，坚持稳中求进工作总基调，牢固树立和贯彻落实新发展理念，适应把握引领经济发展新常态，以推进供给侧结构性改革为主线，坚持世界眼光、国际标准、中国特色、高点定位，坚持生态优先、绿色发展，坚持以人民为中心、注重保障和改善民生，坚持保护弘扬中华优秀传统文化、延续历史文脉，建设绿色生态宜居新城区、创新驱动发展引领区、协调发展示范区、开放发展先行区，努力打造贯彻落实新发展理念的创新发展示范区。

规划建设雄安新区要突出七个方面的重点任务：一是建设绿色智慧新城，建成国际一流、绿色、现代、智慧城市。二是打造优美生态环境，构建蓝绿交织、清新明亮、水城共融的生态城市。三是发展高端高新产业，积极吸纳和集聚创新要素资源，培育新动能。四是提供优质公共服务，建设优质公共设施，创建城市管理新样板。五是构建快捷高效交通网，打造绿色交通体系。六是推进体制机制改革，发挥市场在资源配置中的决定性作用和更好发挥政府作用，激发市场活力。七是扩大全方位对外开放，打造扩大开放新高地和对外合作新平台。

（2017 年 2 月 23 日在河北省安新县进行实地考察、主持召开河北雄安新区规划建设工作座谈会时的讲话要点）

对新常态怎么看，新常态怎么干*

（2015 年 12 月 18 日）

一

对新常态怎么看？明确我国经济发展进入新常态，是我们综合分析世界经济长周期和我国发展阶段性特征及其相互作用作出的重大判断。各国普遍认同我们提出的新常态，国际货币基金组织明确提出，随着中国经济发展进入新常态，全球经济发展都已进入新常态。我们一定要顺势而为。在“三期叠加”背景下，看新常态要把握好以下几点。

第一，必须统一思想、深化认识。“物之所在，道则在焉。”〔1〕我国经济正从粗放向集约、从简单分工向复杂分工的高级形态演进，这是客观要求。我们不论主观上怎么想，但不能违背客观规律。粗放型经济发展方式曾经在我国发挥了很大作用，大兵团作战加快了我国经济发展步伐，但现在再按照过去那种粗放型发展方式来做，不仅国内条件不支持，

* 这是习近平在中央经济工作会议上讲话的节录。

国际条件也不支持，是不可持续的，不抓紧转变，总有一天会走进死胡同。这一点，一定要认识到位。要发挥我国经济巨大潜能和强大优势，必须加快转变经济发展方式，加快调整经济结构，加快培育形成新的增长动力。通过转变经济发展方式实现持续发展、更高水平发展，是中等收入国家跨越“中等收入陷阱”必经的阶段。我多次讲，我们要注意跨越“修昔底德陷阱”、“中等收入陷阱”。前一个是政治层面的，就是要处理好同美国等大国的关系。后一个是经济层面的，就是要提高我国经济发展质量和效益。提高经济发展质量和效益，是这次五中全会突出强调的一点，针对的就是要加快转变经济发展方式、调整经济结构。大家要加深对“三期叠加”和经济发展新常态的认识和理解，彻底抛弃用旧的思维逻辑和方式方法再现高增长的想法，切实把思想和行动统一到党中央重大判断和决策部署上来。

第二，必须克服困难、闯过关口。我们看问题，要坚持辩证法，一分为二。一方面，我国经济发展基本面是好的，潜力大，韧性强，回旋余地大，新动力正在强化，新业态不断出现，很多地区很多产业都在发生可喜变革，前景是光明的。另一方面，我们也面临着很多困难和挑战，特别是结构性产能过剩比较严重。新中国成立后，我们党就大力推进工业化，虽然困难重重，但我国早就形成了一定的工业化基础。改革开放以来，我国各方面产能井喷式增长，其中相当多产能是在世界经济增长黄金期面向国外需求以及国内高速增长阶段形成的，为了应对国际金融危机冲击，一些产能又有所扩大。现在，技术变革加快、消费结构升级、国际市场增长放缓同时发生，相当部分生产能力达到峰值，许多生产能力无法在市场实现，加上社会生产成本上升，导致实体经济边际利润率和平均利润率下滑。这种情况，不仅我们遇到了，其他国家也遇到了。正是由于这个原因，大量资金流向虚拟经济，使资产泡沫膨胀，金融风险逐步显现，社会再生产中的生产、流通、分配、消费整体循环不畅。这是一个绕不过去的历史关口。如果我们加快改革创新，抓紧做好工作，就能顺利过关。如果我们不能抓住时机进行战略性调整，不能破旧立新，就很难渡过这个关口，问题积重难返，就会影响整个战略目标的实现。

第三，必须锐意改革、大胆创新。我们面临的困难和问题，确实同国际金融危机这一外因的影响有直接关系，但内因是起决定性作用的，内因就是我们正面对着深刻的供给侧、结构性、体制性矛盾。我们要解放思想、实事求是、与时俱进，按照创新、协调、绿色、开放、共享的发展理念，在理论上作出创新性概括，在政策上作出前瞻性安排，加大结构性改革力度，矫正要素配置扭曲，扩大有效供给，提高供给结构适应性和灵活性，提高全要素生产率。由于目前的问题主要不是周期性的，不可能通过短期刺激实现 V 型反弹，我国经济可能会经历一个 L 型增长阶段。我们要做打持久战的准备，敢于经历痛苦的磨难，适当提高换挡降速容忍度，先筑底、后回升。要正视困难、明确方向、坚定信心、共同努力，强化体制动力和内生活力，把我国经济增长巨大潜力转变为现实，引领我国经济迈上新台阶。

二

新常态怎么干？具体来说，要努力实现多方面工作重点转变。

第一，推动经济发展，要更加注重提高发展质量和效益。衡量发展质量和效益，就是投资有回报、产品有市场、企业有利润、员工有收入、政府有税收、环境有改善，这才是我们要的发展。合理的经济增长速度是要的，但抓经济工作、检验经济工作成效，要从过去主要看增长速度有多快转变为主要看质量和效益有多好。

第二，稳定经济增长，要更加注重供给侧结构性改革。目前，在“三期叠加”的大背景下，影响经济增长的突出问题有总量问题，但结构性问题更为突出。在有效供给不能适应需求总量和结构变化的情况下，稳增长必须在适度扩大总需求和调整需求结构的同时，着力加强供给侧结构性改革，实现由低水平供需平衡向高水平供需平衡的跃升。

第三，实施宏观调控，要更加注重引导市场行为和社会心理预期。宏观调控要注重引导社会心理，实现反周期目标。要善于把握消费和投资行为背后的市场预期和社会心理，考虑市场主体行为特点，增强政策透明度和可预期性，加强同市场行为主体的沟通融合，加强宏观政策国际交流，在提高宏观调控科学性的同时，提高宏观调控艺术性。

第四，调整产业结构，要更加注重加减乘除并举。在不少行业产能已达到峰值的条件下，产能不减、价格疲软，长此以往，优质企业也会被拖垮。要引导增量，培育新的增长动力；要主动减量，下大决心化解产能过剩，实现优胜劣汰；要发挥创新引领发展第一动力作用，实施一批重大科技项目，加快突破核心关键技术，全面提升经济发展科技含量，提高劳动生产率和资本回报率；要抓好职业培训，提高人力资本质量，优化人力资本结构。

第五，推进城镇化，要更加注重以人为核心。推进城镇化要回归到推动更多人口融入城镇这个本源上来，促进有能力在城镇稳定就业和生活的农业转移人口举家进城落户，这既可以增加和稳定劳动供给、减轻人工成本上涨压力，又可以扩大房地产等消费。这也是缩小城乡差距、改变城乡二元结构、推进农业现代化的根本之策。

第六，促进区域发展，要更加注重人口经济和资源环境空间均衡。既要促进地区间经济和人口均衡，缩小地区间人均国内生产总值差距，也要促进地区间人口经济和资源环境承载能力相适应，缩小人口经济和资源环境间的差距。要根据主体功能区定位，着力塑造要素有序自由流动、主体功能约束有效、基本公共服务均等、资源环境可承载的区域协调发展新格局。

第七，保护生态环境，要更加注重促进形成绿色生产方式和消费方式。保住绿水青山要抓源头，形成内生动力机制。要坚定不移走绿色低碳循环发展之路，构建绿色产业体系和空间格局，引导形成绿色生产方式和生活方式，促进人与自然和谐共生。

第八，保障改善民生，要更加注重对特定人群特殊困难的精准帮扶。要在经济发展基础上持续改善民生，特别是要提高教育、医疗等基本公共服务数量和质量，推进教育公平。要实施精准帮扶，把钱花在对特定人群特殊困难的针对性帮扶上，使他们有现实获得感，使他们及其后代发展能力得到有效提升。

第九，进行资源配置，要更加注重使市场在资源配置中起决定性作用。要重视和善于激发微观主体活力，政府要集中力量办好市场办不了的事，履行好宏观调控、市场监管、公共服务、社会管理、保护环境等基本职责。

第十，扩大对外开放，要更加注重推进高水平双向开放。要奉行互利共赢的开放战略，坚持内外需协调、进出口平衡、引进来走出去并重、引资引技引智并举，积极参与全球经济治理和公共产品供给，提高我国在全球治理中的制度性话语权。

总之，推进供给侧结构性改革，是适应和引领经济发展新常态的重大创新，是适应国际金融危机发生后综合国力竞争新形势的主动选择，是适应我国经济发展新常态的必然要求，希望同志们共同努力，把这件大事抓好。

注　释

〔**1**〕见南宋叶适《习学记言序目·皇朝文鉴一·四言诗》。

深入认识经济发展新常态*

（2016 年 1 月 18 日）

关于我国经济发展进入新常态，我讲了多次，今天换个角度，从历史和现实的角度讲讲。

“十三五”时期，我国经济发展的显著特征就是进入新常态。新常态下，我国经济发展的主要特点是：增长速度要从高速转向中高速，发展方式要从规模速度型转向质量效率型，经济结构调整要从增量扩能为主转向调整存量、做优增量并举，发展动力要从主要依靠资源和低成本劳动力等要素投入转向创新驱动。这些变化，是我国经济向形态更高级、分工更优化、结构更合理的阶段演进的必经过程。实现这样广泛而深刻的变化并不容易，对我们是一个新的巨大挑战。

“明者因时而变，知者随世而制。”〔1〕谋划和推动“十三五”时期我国经济社会发展，就要把适应新常态、把握新常态、引领新常态作为贯穿发展全局和全过程的大逻辑。

从历史长过程看，我国经济发展历程中新状态、新格局、新阶段总是在不断形成，经济发展新常态是这个长过程的一

* 这是习近平在省部级主要领导干部学习贯彻党的十八届五中全会精神专题研讨班上讲话的一部分。

个阶段。这完全符合事物发展螺旋式上升的运动规律。全面认识和把握新常态，需要从时间和空间大角度审视我国发展。

从时间上看，我国发展经历了由盛到衰再到盛的几个大时期，今天的新常态是这种大时期更替变化的结果。

我国古代以农业立国，农耕文明长期居于世界领先水平。汉代时，我国人口就超过6000万，垦地超过8亿亩。唐代长安城面积超过80平方公里，人口超过100万，宫殿金碧辉煌，佛寺宝塔高耸，东西两市十分繁荣。诗人岑参就有“长安城中百万家”[2]的诗句。北宋时，国家税收峰值达到1.6亿贯，是当时世界上最富裕的国家。那个时候，伦敦、巴黎、威尼斯、佛罗伦萨的人口都不足10万，而我国拥有10万人口以上的城市近50座。

工业革命发生后，我们就开始落伍了，西方国家则发展起来了。鸦片战争后，我国自给自足的自然经济逐渐解体，工业革命机遇没有抓住，尽管民族工业也有一些发展、外国资本也有一些进入，如上海的“十里洋场”、天津的工业、武汉的军工生产也曾名震一时，但总体上国家是贫穷落后、战乱不已的，在时代前进潮流中掉队了。这一状态持续了百余年。

新中国成立后，我们党领导人民开始大规模工业化建设。毛泽东同志提出，我们的任务“就是要安下心来，使我们可以建设我们国家现代化的工业、现代化的农业、现代化的科学文化和现代化的国防”[3]。上世纪50年代，国家建设取得显著成效。后来，由于在指导思想上出现了“左”的错误，还发生了“文革”那样的十年浩劫，加上我们对社会主义建设规律认识不够深入，大规模工业化建设未能顺利持续下去。

党的十一届三中全会开启了改革开放历史新时期。30 多年来，尽管遇到各种困难，但我们创造了第二次世界大战结束后一个国家经济高速增长持续时间最长的奇迹。我国经济总量在世界上的排名，改革开放之初是第十一；2005 年超过法国，居第五；2006 年超过英国，居第四；2007 年超过德国，居第三；2009 年超过日本，居第二。2010 年，我国制造业规模超过美国，居世界第一。我们用几十年时间走完了发达国家几百年走过的发展历程，创造了世界发展的奇迹。

随着经济总量不断增大，我们在发展中遇到了一系列新情况新问题。经济发展面临速度换挡节点，如同一个人，10 岁至 18 岁期间个子猛长，18 岁之后长个子的速度就慢下来了。经济发展面临结构调整节点，低端产业产能过剩要集中消化，中高端产业要加快发展，过去生产什么都赚钱、生产多少都能卖出去的情况不存在了。经济发展面临动力转换节点，低成本资源和要素投入形成的驱动力明显减弱，经济增长需要更多驱动力创新。

从空间上看，我国出口优势和参与国际产业分工模式面临新挑战，经济发展新常态是这种变化的体现。

改革开放以来，我们大踏步发展的一个重要特点就是对国际市场的充分有效利用。建立在劳动力成本低廉优势和发达国家劳动密集型产业向外转移机会基础上的大规模出口和外向型发展，成为我国经济高速增长的重要推动力。1979 年至 2012 年，我国货物出口保持 20% 左右的年均增长率，快速成长为世界贸易大国。

我国出口快速发展，也得益于西方国家黄金增长期释放出来的大量有效需求。2008年国际金融危机爆发，西方国家结束黄金增长期，经济进入深度调整期，有效需求下降，再工业化、产业回流本土的进口替代效应增强，直接导致我国出口需求增速放缓。西方国家等强化贸易保护主义，除反倾销、反补贴等传统手段之外，在市场准入环节对技术性贸易壁垒、劳工标准、绿色壁垒等方面的要求越来越苛刻，由征收出口税、设置出口配额等出口管制手段引发的贸易摩擦越来越多。我国近9年来连续成为世界上受到反倾销反补贴调查最多的国家。与此同时，我国劳动力等生产要素成本上升较快，东盟等新兴经济体和其他发展中国家凭借劳动力成本和自然资源比较优势积极参与国际分工，产业和订单向我国周边国家转移趋势明显，导致我国出口竞争加剧。

全球贸易发展进入低迷期，是当前和今后一个时期世界经济发展的一个基本态势。据统计，过去几十年，全球贸易增速一直保持快于经济增速的态势。近年来，贸易增速明显下滑，连续4年低于世界经济增速。第二次世界大战结束后，德国、日本都经历了出口快速增长期，成为世界贸易大国。从他们的实践看，当货物出口占世界总额的比重达到10%左右，就会出现拐点，增速要降下来。我国货物出口占世界总额的比重，改革开放之初不足1%，2002年超过5%，2010年超过10%，2014年达到12.3%。这意味着我国出口增速拐点已经到来，今后再要维持出口高增长、出口占国内生产总值的高比例是不大可能了。这就要求我们必须把经济增长动力更多放在创新驱动和扩大内需特别是消费需求上。

在认识新常态上，要准确把握内涵，注意克服几种倾向。其一，新常态不是一个事件，不要用好或坏来判断。有人问，新常态是一个好状态还是一个坏状态？这种问法是不科学的。新常态是一个客观状态，是我国经济发展到今天这个阶段必然会出现的一种状态，是一种内在必然性，并没有好坏之分，我们要因势而谋、因势而动、因势而进。其二，新常态不是一个筐子，不要什么都往里面装。新常态主要表现在经济领域，不要滥用新常态概念，搞出一大堆“新常态”，什么文化新常态、旅游新常态、城市管理新常态等，甚至把一些不好的现象都归入新常态。其三，新常态不是一个避风港，不要把不好做或难做好的工作都归结于新常态，似乎推给新常态就有不去解决的理由了。新常态不是不干事，不是不要发展，不是不要国内生产总值增长，而是要更好发挥主观能动性、更有创造精神地推动发展。这个道理，我讲过多次了。

新常态下，尽管我国经济面临较大下行压力，但“十三五”及今后一个时期，我国仍处于发展的重要战略机遇期，经济发展长期向好的基本面没有变，经济韧性好、潜力足、回旋空间大的基本特质没有变，经济持续增长的良好支撑基础和条件没有变，经济结构调整优化的前进态势没有变。我们要把握这些大势，坚持以经济建设为中心，坚持发展是硬道理的战略思想，变中求新、新中求进、进中突破，推动我国发展不断迈上新台阶。

注　　释

〔**1**〕见西汉桓宽《盐铁论·忧边》。

〔**2**〕见唐代岑参《秋夜闻笛》。

〔**3**〕见毛泽东《中尼边界要永远和平友好》(《毛泽东文集》第 8 卷，人民出版社 1999 年版，第 162 页)。

推进供给侧结构性改革*

（2016 年 1 月 18 日）

在去年的中央经济工作会议上，我突出强调了供给侧结构性改革问题，引起了热烈讨论，国际社会和国内各方面比较认同。但也有些同志向我反映说，对供给侧改革弄得还不是很明白，社会上很多讨论看了也不是很清楚。这里，我再讲讲这个问题。

首先，我要讲清楚，我们讲的供给侧结构性改革，同西方经济学的供给学派不是一回事，不能把供给侧结构性改革看成是西方供给学派的翻版，更要防止有些人用他们的解释来宣扬“新自由主义”，借机制造负面舆论。

西方供给学派兴起于上世纪 70 年代。当时凯恩斯主义的需求管理政策失效，西方国家陷入经济“滞胀”局面。供给学派强调供给会自动创造需求，应该从供给着手推动经济发展；增加生产和供给首先要减税，以提高人们储蓄、投资的能力和积极性。这就是供给学派代表人物拉弗提出的“拉弗曲线”，亦即“减税曲线”。此外，供给学派还认为，减税

* 这是习近平在省部级主要领导干部学习贯彻党的十八届五中全会精神专题研讨班上讲话的一部分。

需要有两个条件加以配合：一是削减政府开支，以平衡预算；二是限制货币发行量，稳定物价。供给学派强调的重点是减税，过分突出税率的作用，并且思想方法比较绝对，只注重供给而忽视需求、只注重市场功能而忽视政府作用。

我们提的供给侧改革，完整地说是“供给侧结构性改革”，我在中央经济工作会议上就是这样说的。“结构性”3个字十分重要，简称“供给侧改革”也可以，但不能忘了“结构性”3个字。供给侧结构性改革，重点是解放和发展社会生产力，用改革的办法推进结构调整，减少无效和低端供给，扩大有效和中高端供给，增强供给结构对需求变化的适应性和灵活性，提高全要素生产率。这不只是一个税收和税率问题，而是要通过一系列政策举措，特别是推动科技创新、发展实体经济、保障和改善人民生活的政策措施，来解决我国经济供给侧存在的问题。我们讲的供给侧结构性改革，既强调供给又关注需求，既突出发展社会生产力又注重完善生产关系，既发挥市场在资源配置中的决定性作用又更好发挥政府作用，既着眼当前又立足长远。从政治经济学的角度看，供给侧结构性改革的根本，是使我国供给能力更好满足广大人民日益增长、不断升级和个性化的物质文化和生态环境需要，从而实现社会主义生产目的。

供给和需求是市场经济内在关系的两个基本方面，是既对立又统一的辩证关系，二者你离不开我、我离不开你，相互依存、互为条件。没有需求，供给就无从实现，新的需求可以催生新的供给；没有供给，需求就无法满足，新的供给可以创造新的需求。

供给侧和需求侧是管理和调控宏观经济的两个基本手段。需求侧管理，重在解决总量性问题，注重短期调控，主要是通过调节税收、财政支出、货币信贷等来刺激或抑制需求，进而推动经济增长。供给侧管理，重在解决结构性问题，注重激发经济增长动力，主要通过优化要素配置和调整生产结构来提高供给体系质量和效率，进而推动经济增长。

纵观世界经济发展史，经济政策是以供给侧为重点还是以需求侧为重点，要依据一国宏观经济形势作出抉择。放弃需求侧谈供给侧或放弃供给侧谈需求侧都是片面的，二者不是非此即彼、一去一存的替代关系，而是要相互配合、协调推进。

当前和今后一个时期，我国经济发展面临的问题，供给和需求两侧都有，但矛盾的主要方面在供给侧。比如，我国一些行业和产业产能严重过剩，同时大量关键装备、核心技术、高端产品还依赖进口，国内庞大的市场没有掌握在我们自己手中。再比如，我国农业发展形势很好，但一些供给没有很好适应需求变化，牛奶就难以满足消费者对质量、信誉保障的要求，大豆生产缺口很大而玉米增产则超过了需求增长，农产品库存也过大了。还比如，我国一些有大量购买力支撑的消费需求在国内得不到有效供给，消费者将大把钞票花费在出境购物、“海淘”购物上，购买的商品已从珠宝首饰、名包名表、名牌服饰、化妆品等奢侈品向电饭煲、马桶盖、奶粉、奶瓶等普通日用品延伸。据测算，2014 年我国居民出境旅行支出超过 1 万亿元人民币。

事实证明，我国不是需求不足，或没有需求，而是需求变了，供给的产品却没有变，质量、服务跟不上。有效供给能力不足带来大量“需求外溢”，消费能力严重外流。解决这些结构性问题，必须推进供给侧改革。

从国际上看，当前世界经济结构正在发生深刻调整。国际金融危机打破了欧美发达经济体借贷消费，东亚地区提供高储蓄、廉价劳动力和产品，俄罗斯、中东、拉美等提供能源资源的全球经济大循环，国际市场有效需求急剧萎缩，经济增长远低于潜在产出水平。主要国家人口老龄化水平不断提高，劳动人口增长率持续下降，社会成本和生产成本上升较快，传统产业和增长动力不断衰减，新兴产业体量和增长动能尚未积聚。在这个大背景下，我们需要从供给侧发力，找准在世界供给市场上的定位。

从国内看，经济发展面临“四降一升”，即经济增速下降、工业品价格下降、实体企业盈利下降、财政收入下降、经济风险发生概率上升。这些问题的主要矛盾不是周期性的，而是结构性的，供给结构错配问题严重。需求管理边际效益不断递减，单纯依靠刺激内需难以解决产能过剩等结构性矛盾。因此，必须把改善供给结构作为主攻方向，实现由低水平供需平衡向高水平供需平衡跃升。

推进供给侧结构性改革，要从生产端入手，重点是促进产能过剩有效化解，促进产业优化重组，降低企业成本，发展战略性新兴产业和现代服务业，增加公共产品和服务供给，提高供给结构对需求变化的适应性和灵活性。简言之，就是去产能、去库存、去杠杆、降成本、补短板。

近年来，我国一些企业在推进供给侧结构性改革方面进行了成功探索。比如，前些年我国市场上各类手机争奇斗艳，既有摩托罗拉、诺基亚等国外品牌，也有国内厂商生产的手机，竞争十分激烈，一些企业破产倒闭。在这种情况下，我国一些企业从生产端入手，坚持自主创新，瞄准高端市场，推出高端智能手机，满足了人们对更多样的功能、更快捷的速度、更清晰的图像、更时尚的外观的要求，在国内外市场的占有率不断上升。世界手机市场竞争也十分激烈，名噪一时的摩托罗拉、诺基亚、爱立信手机如今已风光不再，甚至成了过眼烟云。元旦过后，我到重庆看了一家公司，他们生产的薄膜晶体管液晶显示器就是供给侧改革的成功案例。这几年，重庆笔记本电脑等智能终端产品和自主品牌汽车产业成长也很快，形成了全球最大电子信息产业集群和国内最大汽车产业集群，全球每 3 台笔记本电脑就有 1 台来自重庆制造。这说明，只要瞄准市场推进供给侧改革，产业优化升级的路子是完全可以闯出来的。

从国际经验看，一个国家发展从根本上要靠供给侧推动。一次次科技和产业革命，带来一次次生产力提升，创造着难以想象的供给能力。当今时代，社会化大生产的突出特点，就是供给侧一旦实现了成功的颠覆性创新，市场就会以波澜壮阔的交易生成进行回应。我看了一份材料，说在 2015 年世界经济论坛新兴技术跨界理事会上，18 位科学家选出 2015 年十大新兴技术榜单，包括燃料电池汽车、新一代机器人、可循环利用的热固性塑料、精准基因工程技术、积材制造、自然人工智能、分布式制造、能够感知和避让的无人机、神经形态技术、数字基因组。我去年访问英国时，在曼彻斯特大学国家石墨烯研究院，诺贝尔物理学奖获得者康斯坦丁·诺沃肖洛夫教授和安德烈·海姆教授给我介绍了石墨烯研发情况和开发利用前景。石墨烯是一种新材料，发展前景十分广阔，所以英国政府和欧洲研究与发展基金会都给予了大力支持。这些科技创新带来了科技的飞跃，也将为经济发展提供强劲动力。因此，推进供给侧改革，必须牢固树立创新发展理念，推动新技术、新产业、新业态蓬勃发展，为经济持续健康发展提供源源不断的内生动力。

毫不动摇坚持我国基本经济制度，推动各种所有制经济健康发展*

（2016年3月4日）

大家好！今天，我和俞正声[1]同志来看望全国政协民建、工商联界委员，同大家一起讨论交流，感到非常高兴。首先，我代表中共中央，向在座各位委员，并通过你们向广大民建、工商联成员和非公有制经济人士，向广大政协委员，致以诚挚的问候！

刚才，大家就保持经济持续健康发展、推进供给侧结构性改革、促进非公有制经济健康发展等问题作了很好的发言，提出了有价值、有分量的意见和建议，有关部门要认真研究吸收。

过去的一年，面对错综复杂的国际形势和艰巨繁重的国内改革发展稳定任务，我们按照协调推进“四个全面”战略布局的要求，坚持稳中求进工作总基调，牢牢把握经济社会发展主动权，主动适应经济发展新常态，妥善应对重大风险挑战，经济增长继续居于世界前列，改革全面发力、纵深

---

* 这是习近平在参加全国政协十二届四次会议民建、工商联界委员联组会时的讲话。

推进，经济建设、政治建设、文化建设、社会建设、生态文明建设取得新的重大进展，全年主要目标任务顺利完成，“十二五”规划圆满收官。

这些成绩来之不易，是中共中央坚强领导的结果，是全国各族人民团结奋斗的结果，也凝结着各民主党派、全国工商联和在座各位委员的心血和智慧。去年，民建中央、全国工商联发挥自身优势，围绕推动长江经济带发展、落实精准扶贫、加快科技成果转化、营造良好创新环境、民营企业参与“一带一路”建设、支持小微企业发展等课题，深入调查研究，提出了不少好的意见和建议，对我们的工作给予很大促进。我向大家表示衷心的感谢！

下面，结合大家发言和关心的问题，我讲几点意见。

一、坚持和完善社会主义基本经济制度。

实行公有制为主体、多种所有制经济共同发展的基本经济制度，是中国共产党确立的一项大政方针，是中国特色社会主义制度的重要组成部分，也是完善社会主义市场经济体制的必然要求。

我国非公有制经济，是改革开放以来在中国共产党的方针政策指引下发展起来的，是在中国共产党领导下开辟出来的一条道路。中共十五大把“公有制为主体、多种所有制经济共同发展”确立为我国的基本经济制度，明确提出“非公有制经济是我国社会主义市场经济的重要组成部分”。中共十六大提出“毫不动摇地巩固和发展公有制经济”，“毫不动摇地鼓励、支持和引导非公有制经济发展”。中共十八大进一步提出“毫不动摇鼓励、支持、引导非公有制经济发展，保证各种所有制经济依法平等使用生产要素、公平参与市场竞争、同等受到法律保护”。中共十八届三中全会提出，公有制经济和非公有制经济都是社会主义市场经济的重要组成部分，都是我国经济社会发展的重要基础；公有制经济财产权不可侵犯，非公有制经济财产权同样不可侵犯；国家保护各种所有制经济产权和合法利益，坚持权利平等、机会平等、规则平等，废除对非公有制经济各种形式的不合理规定，消除各种隐性壁垒，激发非公有制经济活力和创造力。中共十八届四中全会提出要“健全以公平为核心原则的产权保护制度，加强对各种所有制经济组织和自然人财产权的保护，清理有违公平的法律法规条款”。中共十八届五中全会强调要“鼓励民营企业依法进入更多领域，引入非国有资本参与国有企业改革，更好激发非公有制经济活力和创造力”。

我之所以在这里点一点这些重要政策原则，是要说明，我们党在坚持基本经济制度上的观点是明确的、一贯的，而且是不断深化的，从来没有动摇。中国共产党党章都写明了这一点，这是不会变的，也是不能变的。

我在这里重申，非公有制经济在我国经济社会发展中的地位和作用没有变，我们毫不动摇鼓励、支持、引导非公有制经济发展的方针政策没有变，我们致力于为非公有制经济发展营造良好环境和提供更多机会的方针政策没有变。

我国是中国共产党领导的社会主义国家，公有制经济是长期以来在国家发展历程中形成的，为国家建设、国防安全、人民生活改善作出了突出贡献，是全体人民的宝贵财富，当然要让它发展好，继续为改革开放和现代化建设作出贡献。

我们强调把公有制经济巩固好、发展好，同鼓励、支持、引导非公有制经济发展不是对立的，而是有机统一的。我们国家这么大、人口这么多，又处于并将长期处于社会主义初级阶段，要把经济社会发展搞上去，就要各方面齐心协力来干，众人拾柴火焰高。公有制经济、非公有制经济应该相辅相成、相得益彰，而不是相互排斥、相互抵消。

我国非公有制经济从小到大、由弱变强，是在我们党和国家方针政策指引下实现的。长期以来，我国非公有制经济快速发展，在稳定增长、促进创新、增加就业、改善民生等方面发挥了重要作用。非公有制经济是稳定经济的重要基础，是国家税收的重要来源，是技术创新的重要主体，是金融发展的重要依托，是经济持续健康发展的重要力量。

当然，公有制经济也好，非公有制经济也好，在发展过程中都有一些矛盾和问题，也面临着一些困难和挑战，需要我们一起来想办法解决。但是，不能一叶障目、不见泰山，攻其一点、不及其余。任何想把公有制经济否定掉或者想把非公有制经济否定掉的观点，都是不符合最广大人民根本利益的，都是不符合我国改革发展要求的，因此也都是错误的。

二、贯彻落实促进非公有制经济健康发展的政策措施。

改革开放以来，党和国家出台了一系列关于非公有制经济发展的政策措施。特别是中共十八大以来，随着全面深化改革不断推进，关于非公有制经济发展的政策措施更加完善。

中共十八届三中、四中、五中全会推出了一系列扩大非公有制企业市场准入、平等发展的改革举措。主要有：鼓励非公有制企业参与国有企业改革，鼓励发展非公有资本控股的混合所有制企业，各类市场主体可依法平等进入负面清单之外领域，允许更多国有经济和其他所有制经济发展成为混合所有制经济，国有资本投资项目允许非国有资本参股，允许具备条件的民间资本依法发起设立中小型银行等金融机构，允许社会资本通过特许经营等方式参与城市基础设施投资和运营，鼓励社会资本投向农村建设，允许企业和社会组织在农村兴办各类事业，等等。

为贯彻落实中共十八大和十八届三中、四中、五中全会精神，我们接续出台了一大批相关政策措施，可以说，已经形成了鼓励、支持、引导非公有制经济发展的政策体系，非公有制经济发展面临前所未有的良好政策环境和社会氛围。

由于一些原因，这些政策的配套措施还不是很实，政策落地效果还不是很好，主要问题是：市场准入限制仍然较多；政策执行中“玻璃门”、“弹簧门”、“旋转门”现象大量存在；一些政府部门为民营企业办事效率仍然不高；民营企业特别是中小企业、小微企业融资渠道狭窄，民营企业资金链紧张，等等。对目前遇到的困难，有的民营企业家形容为遇到了“三座大山”：市场的冰山、融资的高山、转型的火山。

尽管这些问题大多处在政策执行层面，是政策执行落实不到位形成的，但影响了政策的有效性，必须下决心解决。一方面要完善政策，增强政策含金量和可操作性；另一方面要加大政策落地力度，确保各项政策百分之百落到实处。政策不落实或落实不到位、落实走样等问题，主要是“最后一公里”问题。我还是那句话，一分部署，九分落实。各地区各部门要从实际出发，细化、量化政策措施，制定相关配套举措，推动各项政策落地、落细、落实，让民营企业真正从政策中增强获得感。

当前，重点要解决好以下问题。一是要着力解决中小企业融资难问题，健全完善金融体系，为中小企业融资提供可靠、高效、便捷的服务。二是要着力放开市场准入，凡是法律法规未明确禁入的行业和领域都应该鼓励民间资本进入，凡是我国政府已向外资开放或承诺开放的领域都应该向国内民间资本开放。三是要着力加快公共服务体系建设，支持建立面向民营企业的共性技术服务平台，积极发展技术市场，为民营企业自主创新提供技术支持和专业化服务。四是要着力引导民营企业利用产权市场组合民间资本，开展跨地区、跨行业兼并重组，培育一批特色突出、市场竞争力强的大企业集团。五是要进一步清理、精简涉及民间投资管理的行政审批事项和涉企收费，规范中间环节、中介组织行为，减轻企业负担，降低企业成本。

“十三五”时期，我国经济发展的显著特征就是进入新常态。新常态既是挑战，也是机遇，关键看怎样认识和把握，认识到位、把握得好、工作得力，就能把挑战变成机遇。民营企业应该发挥主观能动性和创新创造精神，正确认识、积极适应新常态，争取新常态下的新作为、新提升、新发展。比如，实施“一带一路”建设、京津冀协同发展、长江经济带发展三大战略，带来了许多难得的重大机遇，民营企业完全可以深度参与其中，推动装备、技术、标准、服务的联合重组，实现产业优化升级。还比如，“十三五”规划建议提出了50项重大举措和300多项具体措施，这些也都为非公有制经济发展提供了重大机遇。

我国经济发展韧性强、潜力足、回旋余地大的优势凸显，我国仍然是全球投资机会最好的国家，非公有制经济发展、非公有制经济人士施展才华面临的空间更加广阔、机遇更加充分、前景更加美好，完全可以有更大作为。信心很重要。我国发展一时一事会有波动，但长远看还是东风浩荡。广大非公有制经济人士要准确把握我国经济发展大势，提振发展信心，提升自身综合素质，完善企业经营管理制度，激发企业家精神，发挥企业家才能，增强企业内在活力和创造力，推动企业不断取得更新更好发展。

三、推动广大非公有制经济人士做合格的中国特色社会主义事业建设者。

我在去年的中央统战工作会议上强调，非公有制经济要健康发展，前提是非公有制经济人士要健康成长。广大非公有制经济人士也要认识到这一点，加强自我学习、自我教育、自我提升。不要听到这个要求就感到不舒服，我们共产党内对领导干部也是这样要求的，而且要求得更严，正所谓“金无足赤，人无完人”。我们都要“自强不息，止于至善”。

许多民营企业家都是创业成功人士，是社会公众人物。用一句土话讲，大家都是有头有脸的人物。你们的举手投足、一言一行，对社会有很强的示范效应，要十分珍视和维护好自身社会形象。要深入开展以“守法诚信、坚定信心”为重点的理想信念教育实践活动，始终热爱祖国、热爱人民、热爱中国共产党，积极践行社会主义核心价值观，做爱国敬业、守法经营、创业创新、回报社会的典范，在推动实现中华民族伟大复兴中国梦的实践中谱写人生事业的华彩篇章。要注重对年轻一代非公有制经济人士的教育培养，引导他们继承发扬老一代企业家的创业精神和听党话、跟党走的光荣传统。广大民营企业要积极投身光彩事业和公益慈善事业，致富思源，义利兼顾，自觉履行社会责任。工商联开展的“万企帮万村”精准扶贫行动很好，要抓好落实、抓出成效。

我们要求领导干部同民营企业家打交道要守住底线、把好分寸，并不意味着领导干部可以对民营企业家不理不睬，对他们的正当要求置若罔闻，对他们的合法权益不予保护。为了推动经济社会发展，领导干部同非公有制经济人士的交往是经常的、必然的，也是必须的。这种交往应该为君子之交，要亲商、安商、富商，但不能搞成封建官僚和“红顶商人”之间的那种关系，也不能搞成西方国家大财团和政界之间的那种关系，更不能搞成吃吃喝喝、酒肉朋友的那种关系。

我常在想，新型政商关系应该是什么样的？概括起来说，我看就是“亲”、“清”两个字。

对领导干部而言，所谓“亲”，就是要坦荡真诚同民营企业接触交往，特别是在民营企业遇到困难和问题情况下更要积极作为、靠前服务，对非公有制经济人士多关注、多谈心、多引导，帮助解决实际困难，真心实意支持民营经济发展。所谓“清”，就是同民营企业家的关系要清白、纯洁，不能有贪心私心，不能以权谋私，不能搞权钱交易。

对民营企业家而言，所谓“亲”，就是积极主动同各级党委和政府及部门多沟通多交流，讲真话，说实情，建诤言，满腔热情支持地方发展。所谓“清”，就是要洁身自好、走正道，做到遵纪守法办企业、光明正大搞经营。企业经营遇到困难和问题时，要通过正常渠道反映和解决，如果遇到政府工作人员故意刁难和不作为，可以向有关部门举报，运用法律武器维护自身合法权益。靠旁门左道、歪门邪道搞企业是不可能成功的，不仅败坏了社会风气，做这种事心里也不踏实。

守法经营，这是任何企业都必须遵守的一个大原则。公有制企业也好，非公有制企业也好，各类企业都要把守法诚信作为安身立命之本，依法经营、依法治企、依法维权。法律底线不能破，偷税漏税、走私贩私、制假贩假等违法的事情坚决不做，偷工减料、缺斤短两、质次价高的亏心事坚决不做。

中共十八大以来，我们党加大反腐败斗争力度，坚持“老虎”、“苍蝇”一起打，坚持无禁区、全覆盖、零容忍，查处了一大批违纪违法案件。反腐败斗争有利于净化政治生态，也有利于净化经济生态，有利于理顺市场秩序、还市场以本来的面目，把被扭曲了的东西扭回来。如果很多有大大小小权力的人都在吃拿卡要，为个人利益人为制造障碍，或者搞利益输送、暗箱操作，怎么会对经济发展有利呢？这一点，相信广大正直的民营企业家都有切身感受。同时，我也要说，查处的有些腐败案件涉及民营企业，有些是涉案领导干部主动索贿，有些是企业经营者主动行贿。如果是主动索贿，那是我们没有管教好，要加大管教力度。如果是企业经营者主动行贿，那就要引以为戒，千万不能干这种事！

今明两年，民主党派、工商联将陆续换届，地方人大、政协也面临换届，对有贡献的非公有制经济人士做适当政治安排是一项重要工作。要坚持标准、严格程序、认真考察，做好综合评价，真正把那些思想政治强、行业代表性强、参政议政能力强、社会信誉好的非公有制经济代表人士推荐出来。要积极支持包括中国民主建国会在内的各民主党派加强思想、组织、制度特别是领导班子建设，提高政治把握能力、参政议政能力、组织领导能力、合作共事能力、解决自身问题能力。对民主党派反映的履行职能等方面遇到的一些问题，要积极创造条件，帮助研究解决。工商联要加强自身建设，增强工商联组织的凝聚力、影响力、执行力，推动工商联所属商会改革，切实担负起指导、引导、服务职责。

注　　释

〔**1**〕俞正声，1945 年生，浙江绍兴人。中共十八届中央政治局常委，十二届全国政协主席。

建设世界科技强国*

（2016 年 5 月 30 日）

纵观人类发展历史，创新始终是一个国家、一个民族发展的重要力量，也始终是推动人类社会进步的重要力量。不创新不行，创新慢了也不行。如果我们不识变、不应变、不求变，就可能陷入战略被动，错失发展机遇，甚至错过整整一个时代。实施创新驱动发展战略，是应对发展环境变化、把握发展自主权、提高核心竞争力的必然选择，是加快转变经济发展方式、破解经济发展深层次矛盾和问题的必然选择，是更好引领我国经济发展新常态、保持我国经济持续健康发展的必然选择。

科技是国之利器，国家赖之以强，企业赖之以赢，人民生活赖之以好。中国要强，中国人民生活要好，必须有强大科技。新时期、新形势、新任务，要求我们在科技创新方面有新理念、新设计、新战略。我们要深入贯彻新发展理念，深入实施科教兴国战略和人才强国战略，深入实施创新驱动发展战略，统筹谋划，加强组织，优化我国科技事业发展总体布局。

---

* 这是习近平在全国科技创新大会、中国科学院第十八次院士大会和中国工程院第十三次院士大会、中国科学技术协会第九次全国代表大会上讲话的一部分。

第一，夯实科技基础，在重要科技领域跻身世界领先行列。推动科技发展，必须准确判断科技突破方向。判断准了就能抓住先机。“虽有智慧，不如乘势。”[1]历史经验表明，那些抓住科技革命机遇走向现代化的国家，都是科学基础雄厚的国家；那些抓住科技革命机遇成为世界强国的国家，都是在重要科技领域处于领先行列的国家。

综合判断，我国已经成为具有重要影响力的科技大国，科技创新对经济社会发展的支撑和引领作用日益增强。同时，必须认识到，同建设世界科技强国的目标相比，我国发展还面临重大科技瓶颈，关键领域核心技术受制于人的格局没有从根本上改变，科技基础仍然薄弱，科技创新能力特别是原创能力还有很大差距。

科学技术是世界性、时代性的，发展科学技术必须具有全球视野、把握时代脉搏。当今世界，新一轮科技革命蓄势待发，物质结构、宇宙演化、生命起源、意识本质等一些重大科学问题的原创性突破正在开辟新前沿新方向，一些重大颠覆性技术创新正在创造新产业新业态，信息技术、生物技术、制造技术、新材料技术、新能源技术广泛渗透到几乎所有领域，带动了以绿色、智能、泛在为特征的群体性重大技术变革，大数据、云计算、移动互联网等新一代信息技术同机器人和智能制造技术相互融合步伐加快，科技创新链条更加灵巧，技术更新和成果转化更加快捷，产业更新换代不断加快，使社会生产和消费从工业化向自动化、智能化转变，社会生产力将再次大提高，劳动生产率将再次大飞跃。

抓科技创新，不能等待观望，不可亦步亦趋，当有只争朝夕的劲头。时不我待，我们必须增强紧迫感，及时确立发展战略，全面增强自主创新能力。我国科技界要坚定创新自信，坚定敢为天下先的志向，在独创独有上下功夫，勇于挑战最前沿的科学问题，提出更多原创理论，作出更多原创发现，力争在重要科技领域实现跨越发展，跟上甚至引领世界科技发展新方向，掌握新一轮全球科技竞争的战略主动。

第二，强化战略导向，破解创新发展科技难题。科技创新的战略导向十分紧要，必须抓准，以此带动科技难题的突破。当前，国家对战略科技支撑的需求比以往任何时期都更加迫切。这里，我举几个例子。从理论上讲，地球内部可利用的成矿空间分布在从地表到地下 1 万米，目前世界先进水平勘探开采深度已达 2500 米至 4000 米，而我国大多小于 500 米，向地球深部进军是我们必须解决的战略科技问题。材料是制造业的基础，目前我国在先进高端材料研发和生产方面差距甚大，关键高端材料远未实现自主供给。我国很多重要专利药物市场绝大多数被国外公司占据，高端医疗装备主要依赖进口，成为看病贵的主要原因之一，而创新药物研发集中体现了生命科学和生物技术领域前沿新成就和新突破，先进医疗设备研发体现了多学科交叉融合与系统集成。脑连接图谱研究是认知脑功能并进而探讨意识本质的科学前沿，这方面探索不仅有重要科学意义，而且对脑疾病防治、智能技术发展也具有引导作用。深海蕴藏着地球上远未认知和开发的宝藏，但要得到这些宝藏，就必须在深海进入、深海探测、深海开发方面掌握关键技术。空间技术深刻改变了人类对宇宙的认知，为人类社会进步提供了重要动力，同时浩瀚的空天还有许多未知的奥秘有待探索，必须推动空间科学、空间技术、空间应用全面发展。这样的领域还有很多。党中央已经确定了我国科技面向 2030 年的长远战略，决定实施一批重大科技项目和工程，要加快推进，围绕国家重大战略需求，着力攻破关键核心技术，抢占事关长远和全局的科技战略制高点。

成为世界科技强国，成为世界主要科学中心和创新高地，必须拥有一批世界一流科研机构、研究型大学、创新型企业，能够持续涌现一批重大原创性科学成果。党的十八届五中全会提出，要在重大创新领域组建一批国家实验室。这是一项对我国科技创新具有战略意义的举措。要以国家实验室建设为抓手，强化国家战略科技力量，在明确国家目标和紧迫战略需求的重大领域，在有望引领未来发展的战略制高点，以重大科技任务攻关和国家大型科技基础设施为主线，依托最有优势的创新单元，整合全国创新资源，建立目标导向、绩效管理、协同攻关、开放共享的新型运行机制，建设突破型、引领型、平台型一体的国家实验室。这样的国家实验室，应该成为攻坚克难、引领发展的战略科技力量，同其他各类科研机构、大学、企业研发机构形成功能互补、良性互动的协同创新新格局。

第三，加强科技供给，服务经济社会发展主战场。“穷理以致其知，反躬以践其实。”〔2〕科学研究既要追求知识和真理，也要服务于经济社会发展和广大人民群众。广大科技工作者要把论文写在祖国的大地上，把科技成果应用在实现现代化的伟大事业中。

经过改革开放30多年努力，我国经济总量已经居世界第二。同时，我国经济发展不少领域大而不强、大而不优。新形势下，长期以来主要依靠资源、资本、劳动力等要素投入支撑经济增长和规模扩张的方式已不可持续，我国发展正面临着动力转换、方式转变、结构调整的繁重任务。现在，我国低成本资源和要素投入形成的驱动力明显减弱，需要依靠更多更好的科技创新为经济发展注入新动力；社会发展面临人口老龄化、消除贫困、保障人民健康等多方面挑战，需要依靠更多更好的科技创新实现经济社会协调发展；生态文明发展面临日益严峻的环境污染，需要依靠更多更好的科技创新建设天蓝、地绿、水清的美丽中国；能源安全、粮食安全、网络安全、生态安全、生物安全、国防安全等风险压力不断增加，需要依靠更多更好的科技创新保障国家安全。所以说，科技创新是核心，抓住了科技创新就抓住了牵动我国发展全局的“牛鼻子”。

推动我国经济社会持续健康发展，推进供给侧结构性改革，落实好“三去一降一补”[3]任务，必须在推动发展的内生动力和活力上来一个根本性转变，塑造更多依靠创新驱动、更多发挥先发优势的引领性发展。要深入研究和解决经济和产业发展亟需的科技问题，围绕促进转方式调结构、建设现代产业体系、培育战略性新兴产业、发展现代服务业等方面需求，推动科技成果转移转化，推动产业和产品向价值链中高端跃升。

发展不协调是我国长期存在的突出问题，集中表现在区域、城乡、经济和社会、物质文明和精神文明、经济建设和国防建设等关系上。我们要立足于科技创新，释放创新驱动的原动力，让创新成为发展基点，拓展发展新空间，创造发展新机遇，打造发展新引擎，促进新型工业化、信息化、城镇化、农业现代化同步发展，提升发展整体效能，在新的发展水平上实现协调发展。

绿色发展是生态文明建设的必然要求，代表了当今科技和产业变革方向，是最有前途的发展领域。人类发展活动必须尊重自然、顺应自然、保护自然，否则就会受到大自然的报复。这个规律谁也无法抗拒。要加深对自然规律的认识，自觉以对规律的认识指导行动。不仅要研究生态恢复治理防护的措施，而且要加深对生物多样性等科学规律的认识；不仅要从政策上加强管理和保护，而且要从全球变化、碳循环机理等方面加深认识，依靠科技创新破解绿色发展难题，形成人与自然和谐发展新格局。

国际经济合作和竞争局面正在发生深刻变化，全球经济治理体系和规则正在面临重大调整。经济全球化表面上看是商品、资本、信息等在全球广泛流动，但本质上主导这种流动的力量是人才、是科技创新能力。要增强我们引领商品、资本、信息等全球流动的能力，推动形成对外开放新格局，增强参与全球经济、金融、贸易规则制订的实力和能力，在更高水平上开展国际经济和科技创新合作，在更广泛的利益共同体范围内参与全球治理，实现共同发展。

人民的需要和呼唤，是科技进步和创新的时代声音。随着经济社会不断发展，我国 13 亿多人民过上美好生活的新期待日益上升，提高社会发展水平、改善人民生活、增强人民健康素质对科技创新提出了更高要求。要想人民之所想、急人民之所急，聚焦重大疾病防控、食品药品安全、人口老龄化等重大民生问题，大幅增加公共科技供给，让人民享有更宜居的生活环境、更好的医疗卫生服务、更放心的食品药品。要依靠科技创新建设低成本、广覆盖、高质量的公共服务体系。要加强普惠和公共科技供给，发展低成本疾病防控和远程医疗技术，实现优质医疗卫生资源普惠共享。要发展信息网络技术，消除不同收入人群、不同地区间的数字鸿沟，努力实现优质文化教育资源均等化。

第四，深化改革创新，形成充满活力的科技管理和运行机制。创新是一个系统工程，创新链、产业链、资金链、政策链相互交织、相互支撑，改革只在一个环节或几个环节搞是不够的，必须全面部署，并坚定不移推进。科技创新、制度创新要协同发挥作用，两个轮子一起转。

我们最大的优势是我国社会主义制度能够集中力量办大事。这是我们成就事业的重要法宝。过去我们取得重大科技突破依靠这一法宝，今天我们推进科技创新跨越也要依靠这一法宝，形成社会主义市场经济条件下集中力量办大事的新机制。

要以推动科技创新为核心，引领科技体制及其相关体制深刻变革。要加快建立科技咨询支撑行政决策的科技决策机制，加强科技决策咨询系统，建设高水平科技智库。要加快推进重大科技决策制度化，解决好实际存在的部门领导拍脑袋、科技专家看眼色行事等问题。要完善符合科技创新规律的资源配置方式，解决简单套用行政预算和财务管理方法管理科技资源等问题，优化基础研究、战略高技术研究、社会公益类研究的支持方式，力求科技创新活动效率最大化。要着力改革和创新科研经费使用和管理方式，让经费为人的创造性活动服务，而不能让人的创造性活动为经费服务。要改革科技评价制度，建立以科技创新质量、贡献、绩效为导向的分类评价体系，正确评价科技创新成果的科学价值、技术价值、经济价值、社会价值、文化价值。

企业是科技和经济紧密结合的重要力量，应该成为技术创新决策、研发投入、科研组织、成果转化的主体。要制定和落实鼓励企业技术创新各项政策，强化企业创新倒逼机制，加强对中小企业技术创新支持力度，推动流通环节改革和反垄断反不正当竞争，引导企业加快发展研发力量。要加快完善科技成果使用、处置、收益管理制度，发挥市场在资源配置中的决定性作用，让机构、人才、装置、资金、项目都充分活跃起来，形成推动科技创新强大合力。要调整现有行业和地方的科研机构，充实企业研发力量，支持依托企业建设国家技术创新中心，培育有国际影响力的行业领军企业。

科研院所和研究型大学是我国科技发展的主要基础所在，也是科技创新人才的摇篮。要优化科研院所和研究型大学科研布局。科研院所要根据世界科技发展态势，优化自身科技布局，厚实学科基础，培育新兴交叉学科生长点，重点加强共性、公益、可持续发展相关研究，增加公共科技供给。研究型大学要加强学科建设，重点开展自由探索的基础研究。要加强科研院所和高校合作，使目标导向研究和自由探索相互衔接、优势互补，形成教研相长、协同育人新模式，打牢我国科技创新的科学和人才基础。

发挥各地在创新发展中的积极性和主动性，对形成国家科技创新合力十分重要。要围绕“一带一路”建设、长江经济带发展、京津冀协同发展等重大规划，尊重科技创新的区域集聚规律，因地制宜探索差异化的创新发展路径，加快打造具有全球影响力的科技创新中心，建设若干具有强大带动力的创新型城市和区域创新中心。

第五，弘扬创新精神，培育符合创新发展要求的人才队伍。“功以才成，业由才广。”[4]科学技术是人类的伟大创造性活动。一切科技创新活动都是人做出来的。我国要建设世界科技强国，关键是要建设一支规模宏大、结构合理、素质优良的创新人才队伍，激发各类人才创新活力和潜力。要极大调动和充分尊重广大科技人员的创造精神，激励他们争当创新的推动者和实践者，使谋划创新、推动创新、落实创新成为自觉行动。

我国科技队伍规模是世界上最大的，这是产生世界级科技大师、领军人才、尖子人才的重要基础。科技人才培育和成长有其规律，要大兴识才爱才敬才用才之风，为科技人才发展提供良好环境，在创新实践中发现人才、在创新活动中培育人才、在创新事业中凝聚人才，聚天下英才而用之，让更多千里马竞相奔腾。要改革人才培养、引进、使用等机制，努力造就一大批能够把握世界科技大势、研判科技发展方向的战略科技人才，培养一大批善于凝聚力量、统筹协调的科技领军人才，培养一大批勇于创新、善于创新的企业家和高技能人才。要完善创新人才培养模式，强化科学精神和创造性思维培养，加强科教融合、校企联合等模式，培养造就一大批熟悉市场运作、具备科技背景的创新创业人才，培养造就一大批青年科技人才。要营造良好学术环境，弘扬学术道德和科研伦理，在全社会营造鼓励创新、宽容失败的氛围。要加强知识产权保护，积极实行以增加知识价值为导向的分配政策，包括提高科研人员成果转化收益分享比例，探索对创新人才实行股权、期权、分红等激励措施，让他们各得其所。

在基础研究领域，包括一些应用科技领域，要尊重科学研究灵感瞬间性、方式随意性、路径不确定性的特点，允许科学家自由畅想、大胆假设、认真求证。不要以出成果的名义干涉科学家的研究，不要用死板的制度约束科学家的研究活动。很多科学研究要着眼长远，不能急功近利，欲速则不达。要让领衔科技专家有职有权，有更大的技术路线决策权、更大的经费支配权、更大的资源调动权，防止瞎指挥、乱指挥。要建立相应责任制和问责制度，切实解决不同程度存在的一哄而起、搞大拼盘等问题。政府科技管理部门要抓战略、抓规划、抓政策、抓服务，发挥国家战略科技力量建制化优势。

科技创新、科学普及是实现创新发展的两翼，要把科学普及放在与科技创新同等重要的位置。没有全民科学素质普遍提高，就难以建立起宏大的高素质创新大军，难以实现科技成果快速转化。希望广大科技工作者以提高全民科学素质为己任，把普及科学知识、弘扬科学精神、传播科学思想、倡导科学方法作为义不容辞的责任，在全社会推动形成讲科学、爱科学、学科学、用科学的良好氛围，使蕴藏在亿万人民中间的创新智慧充分释放、创新力量充分涌流。

注　　释

〔**1**〕见《孟子·公孙丑上》。

〔**2**〕见元代脱脱等《宋史·朱熹传》。

〔**3**〕“三去一降一补”，指去产能、去库存、去杠杆、降成本、补短板。

〔**4**〕见本卷《不忘初心，继续前进》注〔11〕。

促进经济和金融良性循环、健康发展*

（2017 年 7 月 14 日）

金融是国家重要的核心竞争力，金融安全是国家安全的重要组成部分，金融制度是经济社会发展中重要的基础性制度。必须加强党对金融工作的领导，坚持稳中求进工作总基调，遵循金融发展规律，紧紧围绕服务实体经济、防控金融风险、深化金融改革三项任务，创新和完善金融调控，健全现代金融企业制度，完善金融市场体系，推进构建现代金融监管框架，加快转变金融发展方式，健全金融法治，保障国家金融安全，促进经济和金融良性循环、健康发展。

党的十八大以来，我国金融改革发展取得新的重大成就，金融业保持快速发展，金融产品日益丰富，金融服务普惠性增强，金融改革有序推进，金融体系不断完善，人民币国际化和金融双向开放取得新进展，金融监管得到改进，守住不发生系统性金融风险底线的能力增强。

做好金融工作要把握好以下重要原则：第一，回归本源，

---

* 这是习近平在全国金融工作会议上的讲话要点。

服从服务于经济社会发展。金融要把为实体经济服务作为出发点和落脚点，全面提升服务效率和水平，把更多金融资源配置到经济社会发展的重点领域和薄弱环节，更好满足人民群众和实体经济多样化的金融需求。第二，优化结构，完善金融市场、金融机构、金融产品体系。要坚持质量优先，引导金融业发展同经济社会发展相协调，促进融资便利化、降低实体经济成本、提高资源配置效率、保障风险可控。第三，强化监管，提高防范化解金融风险能力。要以强化金融监管为重点，以防范系统性金融风险为底线，加快相关法律法规建设，完善金融机构法人治理结构，加强宏观审慎管理制度建设，加强功能监管，更加重视行为监管。第四，市场导向，发挥市场在金融资源配置中的决定性作用。坚持社会主义市场经济改革方向，处理好政府和市场关系，完善市场约束机制，提高金融资源配置效率。加强和改善政府宏观调控，健全市场规则，强化纪律性。

金融是实体经济的血脉，为实体经济服务是金融的天职，是金融的宗旨，也是防范金融风险的根本举措。要贯彻新发展理念，树立质量优先、效率至上的理念，更加注重供给侧的存量重组、增量优化、动能转换。要把发展直接融资放在重要位置，形成融资功能完备、基础制度扎实、市场监管有效、投资者合法权益得到有效保护的多层次资本市场体系。要改善间接融资结构，推动国有大银行战略转型，发展中小银行和民营金融机构。要促进保险业发挥长期稳健风险管理和保障的功能。要建设普惠金融体系，加强对小微企业、“三农”和偏远地区的金融服务，推进金融精准扶贫，鼓励发展绿色金融。要促进金融机构降低经营成本，清理规范中间业务环节，避免变相抬高实体经济融资成本。

防止发生系统性金融风险是金融工作的永恒主题。要把主动防范化解系统性金融风险放在更加重要的位置，科学防范，早识别、早预警、早发现、早处置，着力防范化解重点领域风险，着力完善金融安全防线和风险应急处置机制。要推动经济去杠杆，坚定执行稳健的货币政策，处理好稳增长、调结构、控总量的关系。要把国有企业降杠杆作为重中之重，抓好处置“僵尸企业”工作。各级地方党委和政府要树立正确政绩观，严控地方政府债务增量，终身问责，倒查责任。要坚决整治严重干扰金融市场秩序的行为，严格规范金融市场交易行为，规范金融综合经营和产融结合，加强互联网金融监管，强化金融机构防范风险主体责任。要加强社会信用体系建设，健全符合我国国情的金融法治体系。

要坚定深化金融改革。要优化金融机构体系，完善国有金融资本管理，完善外汇市场体制机制。要完善现代金融企业制度，完善公司法人治理结构，优化股权结构，建立有效的激励约束机制，强化风险内控机制建设，加强外部市场约束。要加强金融监管协调、补齐监管短板。设立国务院金融稳定发展委员会，强化人民银行宏观审慎管理和系统性风险防范职责。地方政府要在坚持金融管理主要是中央事权的前提下，按照中央统一规则，强化属地风险处置责任。金融管理部门要努力培育恪尽职守、敢于监管、精于监管、严格问责的监管精神，形成有风险没有及时发现就是失职、发现风险没有及时提示和处置就是渎职的严肃监管氛围。要健全风险监测预警和早期干预机制，加强金融基础设施的统筹监管和互联互通，推进金融业综合统计和监管信息共享。

要扩大金融对外开放。要深化人民币汇率形成机制改革，稳步推进人民币国际化，稳步实现资本项目可兑换。要积极稳妥推动金融业对外开放，合理安排开放顺序，加快建立完善有利于保护金融消费者权益、有利于增强金融有序竞争、有利于防范金融风险的机制。要推进“一带一路”建设金融创新，搞好相关制度设计。

做好新形势下金融工作，要坚持党中央对金融工作集中统一领导，确保金融改革发展正确方向，确保国家金融安全。要落实全面从严治党要求，建好金融系统领导班子，强化对关键岗位、重要人员特别是一把手的监督。要扎扎实实抓好企业党的建设，加强理想信念教育，加强党性教育，加强纪律教育，加强党风廉政建设。要大力培养、选拔、使用政治过硬、作风优良、业务精通的金融人才，特别是要注意培养金融高端人才，努力建设一支宏大的德才兼备的高素质金融人才队伍。

八、发展社会主义民主政治

坚定对中国特色社会主义政治制度的自信*

（2014年9月5日）

人民民主是中国共产党始终高举的旗帜。在前进道路上，我们要坚定不移走中国特色社会主义政治发展道路，继续推进社会主义民主政治建设、发展社会主义政治文明。

以什么样的思路来谋划和推进中国社会主义民主政治建设，在国家政治生活中具有管根本、管全局、管长远的作用。古今中外，由于政治发展道路选择错误而导致社会动荡、国家分裂、人亡政息的例子比比皆是。中国是一个发展中大国，坚持正确的政治发展道路更是关系根本、关系全局的重大问题。

设计和发展国家政治制度，必须注重历史和现实、理论和实践、形式和内容有机统一。要坚持从国情出发、从实际出发，既要把握长期形成的历史传承，又要把握走过的发展道路、积累的政治经验、形成的政治原则，还要把握现实要求、着眼解决现实问题，不能割断历史，不能想象突然就搬

* 这是习近平在庆祝全国人民代表大会成立60周年大会上讲话的一部分。

来一座政治制度上的“飞来峰”。政治制度是用来调节政治关系、建立政治秩序、推动国家发展、维护国家稳定的，不可能脱离特定社会政治条件来抽象评判，不可能千篇一律、归于一尊。在政治制度上，看到别的国家有而我们没有就简单认为有欠缺，要搬过来；或者，看到我们有而别的国家没有就简单认为是多余的，要去除掉。这两种观点都是简单化的、片面的，因而都是不正确的。

“橘生淮南则为橘，生于淮北则为枳”[1]。我们需要借鉴国外政治文明有益成果，但绝不能放弃中国政治制度的根本。中国有 960 多万平方公里土地、56 个民族，我们能照谁的模式办？谁又能指手画脚告诉我们该怎么办？对丰富多彩的世界，我们应该秉持兼容并蓄的态度，虚心学习他人的好东西，在独立自主的立场上把他人的好东西加以消化吸收，化成我们自己的好东西，但决不能囫囵吞枣、决不能邯郸学步。照抄照搬他国的政治制度行不通，会水土不服，会画虎不成反类犬，甚至会把国家前途命运葬送掉。只有扎根本国土壤、汲取充沛养分的制度，才最可靠、也最管用。

世界上不存在完全相同的政治制度，也不存在适用于一切国家的政治制度模式。“物之不齐，物之情也。”[2]各国国情不同，每个国家的政治制度都是独特的，都是由这个国家的人民决定的，都是在这个国家历史传承、文化传统、经济社会发展的基础上长期发展、渐进改进、内生性演化的结果。中国特色社会主义政治制度之所以行得通、有生命力、有效率，就是因为它是从中国的社会土壤中生长起来的。中国特色社会主义政治制度过去和现在一直生长在中国的社会土壤之中，未来要继续茁壮成长，也必须深深扎根于中国的社会土壤。

评价一个国家政治制度是不是民主的、有效的，主要看国家领导层能否依法有序更替，全体人民能否依法管理国家事务和社会事务、管理经济和文化事业，人民群众能否畅通表达利益要求，社会各方面能否有效参与国家政治生活，国家决策能否实现科学化、民主化，各方面人才能否通过公平竞争进入国家领导和管理体系，执政党能否依照宪法法律规定实现对国家事务的领导，权力运用能否得到有效制约和监督。

经过长期努力，我们在解决这些重点问题上都取得了决定性进展。我们废除了实际上存在的领导干部职务终身制，普遍实行领导干部任期制度，实现了国家机关和领导层的有序更替。我们不断扩大人民有序政治参与，人民实现了内容广泛、层次丰富的当家作主。我们坚持发展最广泛的爱国统一战线，发展独具特色的社会主义协商民主，有效凝聚了各党派、各团体、各民族、各阶层、各界人士的智慧和力量。我们努力建设了解民情、反映民意、集中民智、珍惜民力的决策机制，增强决策透明度和公众参与度，保证了决策符合人民利益和愿望。我们积极发展广纳群贤、充满活力的选人用人机制，广泛把各方面优秀人才集聚到党和国家各项事业中来。我们坚持依法治国、依法执政、依法行政共同推进，坚持法治国家、法治政府、法治社会一体建设，全社会法治水平不断提高。我们建立健全多层次监督体系，完善各类公开办事制度，保证党和国家领导机关和人员按照法定权限和程序行使权力。

中国实行工人阶级领导的、以工农联盟为基础的人民民主专政的国体，实行人民代表大会制度的政体，实行中国共产党领导的多党合作和政治协商制度，实行民族区域自治制度，实行基层群众自治制度，具有鲜明的中国特色。这样一套制度安排，能够有效保证人民享有更加广泛、更加充实的权利和自由，保证人民广泛参加国家治理和社会治理；能够有效调节国家政治关系，发展充满活力的政党关系、民族关系、宗教关系、阶层关系、海内外同胞关系，增强民族凝聚力，形成安定团结的政治局面；能够集中力量办大事，有效促进社会生产力解放和发展，促进现代化建设各项事业，促进人民生活质量和水平不断提高；能够有效维护国家独立自主，有力维护国家主权、安全、发展利益，维护中国人民和中华民族的福祉。

改革开放30多年来，中国经济实力、综合国力、人民生活水平不断跨上新台阶，我们不断战胜前进道路上各种世所罕见的艰难险阻，中国各民族长期共同团结奋斗、共同繁荣发展，中国社会长期保持和谐稳定。这些事实充分证明，中国社会主义民主政治具有强大生命力，中国特色社会主义政治发展道路是符合中国国情、保证人民当家作主的正确道路。

一个国家的政治制度决定于这个国家的经济社会基础，同时又反作用于这个国家的经济社会基础，乃至于起到决定性作用。在一个国家的各种制度中，政治制度处于关键环节。所以，坚定中国特色社会主义制度自信，首先要坚定对中国特色社会主义政治制度的自信，增强走中国特色社会主义政治发展道路的信心和决心。

中国特色社会主义民主是个新事物，也是个好事物。当然，这并不是说，中国政治制度就完美无缺了，就不需要完善和发展了。制度自信不是自视清高、自我满足，更不是裹足不前、固步自封，而是要把坚定制度自信和不断改革创新统一起来，在坚持根本政治制度、基本政治制度的基础上，不断推进制度体系完善和发展。我们一直认为，我们的民主法治建设同扩大人民民主和经济社会发展的要求还不完全适应，社会主义民主政治的体制、机制、程序、规范以及具体运行上还存在不完善的地方，在保障人民民主权利、发挥人民创造精神方面也还存在一些不足，必须继续加以完善。在全面深化改革进程中，我们要积极稳妥推进政治体制改革，以保证人民当家作主为根本，以增强党和国家活力、调动人民积极性为目标，不断建设社会主义政治文明。

发展社会主义民主政治，是推进国家治理体系和治理能力现代化的题中应有之义。党的十八届三中全会提出的全面深化改革总目标，是两句话组成的一个整体，即完善和发展中国特色社会主义制度、推进国家治理体系和治理能力现代化。前一句规定了根本方向，我们的方向就是中国特色社会主义道路，而不是其他什么道路。后一句规定了在根本方向指引下完善和发展中国特色社会主义制度的鲜明指向。两句话都讲，才是完整的。

发展社会主义民主政治，关键是要增加和扩大我们的优势和特点，而不是要削弱和缩小我们的优势和特点。我们要坚持发挥党总揽全局、协调各方的领导核心作用，提高党科学执政、民主执政、依法执政水平，保证党领导人民有效治理国家，切实防止出现群龙无首、一盘散沙的现象。我们要坚持国家一切权力属于人民，既保证人民依法实行民主选举，也保证人民依法实行民主决策、民主管理、民主监督，切实防止出现选举时漫天许诺、选举后无人过问的现象。我们要坚持和完善中国共产党领导的多党合作和政治协商制度，加强社会各种力量的合作协调，切实防止出现党争纷沓、相互倾轧的现象。我们要坚持和完善民族区域自治制度，巩固平等团结互助和谐的社会主义民族关系，促进各民族和睦相处、和衷共济、和谐发展，切实防止出现民族隔阂、民族冲突的现象。我们要坚持和完善基层群众自治制度，发展基层民主，保障人民依法直接行使民主权利，切实防止出现人民形式上有权、实际上无权的现象。我们要坚持和完善民主集中制的制度和原则，促使各类国家机关提高能力和效率、增进协调和配合，形成治国理政的强大合力，切实防止出现相互掣肘、内耗严重的现象。

总之，我们要不断推进社会主义民主政治制度化、规范化、程序化，更好发挥中国特色社会主义政治制度的优越性，为党和国家兴旺发达、长治久安提供更加完善的制度保障。

注　　释

〔**1**〕见《晏子春秋·内篇杂下》。

〔**2**〕见《孟子·滕文公上》。

推进协商民主广泛多层制度化发展*

（2014年9月21日）

社会主义协商民主，是中国社会主义民主政治的特有形式和独特优势，是中国共产党的群众路线在政治领域的重要体现。中共十八大提出，在发展我国社会主义民主政治的进程中，要完善协商民主制度和工作机制，推进协商民主广泛多层制度化发展。中共十八届三中全会强调，在党的领导下，以经济社会发展重大问题和涉及群众切身利益的实际问题为内容，在全社会开展广泛协商，坚持协商于决策之前和决策实施之中。这些重要论述和部署，为中国社会主义协商民主发展指明了方向。

——我们要全面认识社会主义协商民主是中国社会主义民主政治的特有形式和独特优势这一重大判断。中国共产党领导人民实行人民民主，就是保证和支持人民当家作主。保证和支持人民当家作主不是一句口号、不是一句空话，必须落实到国家政治生活和社会生活之中，保证人民依法有效行

---

* 这是习近平在庆祝中国人民政治协商会议成立65周年大会上讲话的一部分。

使管理国家事务、管理经济和文化事业、管理社会事务的权力。

“名非天造，必从其实。”〔1〕实现民主的形式是丰富多样的，不能拘泥于刻板的模式，更不能说只有一种放之四海而皆准的评判标准。人民是否享有民主权利，要看人民是否在选举时有投票的权利，也要看人民在日常政治生活中是否有持续参与的权利；要看人民有没有进行民主选举的权利，也要看人民有没有进行民主决策、民主管理、民主监督的权利。社会主义民主不仅需要完整的制度程序，而且需要完整的参与实践。人民当家作主必须具体地、现实地体现到中国共产党执政和国家治理上来，具体地、现实地体现到中国共产党和国家机关各个方面、各个层级的工作上来，具体地、现实地体现到人民对自身利益的实现和发展上来。

实行人民民主，保证人民当家作主，要求我们在治国理政时在人民内部各方面进行广泛商量。毛泽东同志说过：“国家各方面的关系都要协商。”〔2〕“我们政府的性格，你们也都摸熟了，是跟人民商量办事的”，“可以叫它是个商量政府”。〔3〕周恩来同志说过：“新民主主义的议事精神不在于最后的表决，主要是在于事前的协商和反复的讨论。”〔4〕

在中国社会主义制度下，有事好商量，众人的事情由众人商量，找到全社会意愿和要求的最大公约数，是人民民主的真谛。涉及人民利益的事情，要在人民内部商量好怎么办，不商量或者商量不够，要想把事情办成办好是很难的。我们要坚持有事多商量，遇事多商量，做事多商量，商量得越多越深入越好。涉及全国各族人民利益的事情，要在全体人民和全社会中广泛商量；涉及一个地方人民群众利益的事情，要在这个地方的人民群众中广泛商量；涉及一部分群众利益、特定群众利益的事情，要在这部分群众中广泛商量；涉及基层群众利益的事情，要在基层群众中广泛商量。在人民内部各方面广泛商量的过程，就是发扬民主、集思广益的过程，就是统一思想、凝聚共识的过程，就是科学决策、民主决策的过程，就是实现人民当家作主的过程。这样做起来，国家治理和社会治理才能具有深厚基础，也才能凝聚起强大力量。

古今中外的实践都表明，保证和支持人民当家作主，通过依法选举、让人民的代表来参与国家生活和社会生活的管理是十分重要的，通过选举以外的制度和方式让人民参与国家生活和社会生活的管理也是十分重要的。人民只有投票的权利而没有广泛参与的权利，人民只有在投票时被唤醒、投票后就进入休眠期，这样的民主是形式主义的。

在总结新中国人民民主实践的基础上，我们明确提出，在我们这个人口众多、幅员辽阔的社会主义国家里，关系国计民生的重大问题，在中国共产党领导下进行广泛协商，体现了民主和集中的统一；人民通过选举、投票行使权利和人民内部各方面在重大决策之前进行充分协商，尽可能就共同性问题取得一致意见，是中国社会主义民主的两种重要形式。在中国，这两种民主形式不是相互替代、相互否定的，而是相互补充、相得益彰的，共同构成了中国社会主义民主政治的制度特点和优势。

协商民主是中国社会主义民主政治中独特的、独有的、独到的民主形式，它源自中华民族长期形成的天下为公、兼容并蓄、求同存异等优秀政治文化，源自近代以后中国政治发展的现实进程，源自中国共产党领导人民进行革命、建设、改革的长期实践，源自新中国成立后各党派、各团体、各民族、各阶层、各界人士在政治制度上共同实现的伟大创造，源自改革开放以来中国在政治体制上的不断创新，具有深厚的文化基础、理论基础、实践基础、制度基础。

协商民主深深嵌入了中国社会主义民主政治全过程。中国社会主义协商民主，既坚持了中国共产党的领导，又发挥了各方面的积极作用；既坚持了人民主体地位，又贯彻了民主集中制的领导制度和组织原则；既坚持了人民民主的原则，又贯彻了团结和谐的要求。所以说，中国社会主义协商民主丰富了民主的形式、拓展了民主的渠道、加深了民主的内涵。

——我们要深刻把握社会主义协商民主是中国共产党的群众路线在政治领域的重要体现这一基本定性。中国共产党来自人民、服务人民，这就决定了中国共产党领导人民建立的中华人民共和国必须紧紧依靠人民治国理政、管理社会。中国共产党在自己的工作中实行群众路线，坚持一切为了群众，一切依靠群众，从群众中来，到群众中去，把自己的正确主张变为群众的自觉行动。中华人民共和国宪法规定，国家的一切权力属于人民，一切国家机关和国家工作人员必须依靠人民的支持，经常保持同人民的密切联系，倾听人民的意见和建议，接受人民的监督，努力为人民服务。无论是中国共产党执政，还是国家机关施政，都必须坚持贯彻群众路线，紧紧依靠人民。

“政之所兴在顺民心，政之所废在逆民心。”[5]一个政党，一个政权，其前途命运最终取决于人心向背。中国共产党、中华人民共和国的全部发展历程都告诉我们，中国共产党、中华人民共和国之所以能够取得事业的成功，靠的是始终保持同人民群众的血肉联系、代表最广大人民根本利益。如果脱离群众、失去人民拥护和支持，最终也会走向失败。我们必须把人民利益放在第一位，任何时候任何情况下，与人民群众同呼吸共命运的立场不能变，全心全意为人民服务的宗旨不能忘，坚信群众是真正英雄的历史唯物主义观点不能丢。

全心全意为人民服务，始终代表最广大人民根本利益，是我们能够实行和发展协商民主的重要前提和基础。中国共产党党章规定：中国共产党除了工人阶级和最广大人民群众的利益，没有自己特殊的利益。中国共产党及其领导的国家是代表最广大人民根本利益的，其一切理论和路线方针政策，其一切工作部署和工作安排，都应该来自人民，都应该为人民利益而制定和实施。在这个大政治前提下，我们应该也能够广泛听取人民内部各方面的意见和建议。在中国共产党统一领导下，通过多种形式的协商，广泛听取意见和建议，广泛接受批评和监督，可以广泛达成决策和工作的最大共识，有效克服党派和利益集团为自己的利益相互竞争甚至相互倾轧的弊端；可以广泛畅通各种利益要求和诉求进入决策程序的渠道，有效克服不同政治力量为了维护和争取自己的利益固执己见、排斥异己的弊端；可以广泛形成发现和改正失误和错误的机制，有效克服决策中情况不明、自以为是的弊端；可以广泛形成人民群众参与各层次管理和治理的机制，有效克服人民群众在国家政治生活和社会治理中无法表达、难以参与的弊端；可以广泛凝聚全社会推进改革发展的智慧和力量，有效克服各项政策和工作共识不高、无以落实的弊端。这就是中国社会主义协商民主的独特优势所在。

民主不是装饰品，不是用来做摆设的，而是要用来解决人民要解决的问题的。中国共产党的一切执政活动，中华人民共和国的一切治理活动，都要尊重人民主体地位，尊重人民首创精神，拜人民为师，把政治智慧的增长、治国理政本领的增强深深扎根于人民的创造性实践之中，使各方面提出的真知灼见都能运用于治国理政。

“天视自我民视，天听自我民听。”〔6〕要坚持把实现好、维护好、发展好最广大人民根本利益作为一切工作的出发点和落脚点，我们的重大工作和重大决策必须识民情、接地气。要以人民群众利益为重、以人民群众期盼为念，真诚倾听群众呼声，真实反映群众愿望，真情关心群众疾苦。要坚持工作重心下移，深入实际、深入基层、深入群众，做到知民情、解民忧、纾民怨、暖民心，多干让人民满意的好事实事，充分调动人民群众的积极性、主动性、创造性。

——我们要切实落实推进协商民主广泛多层制度化发展这一战略任务。面向未来，发展好各项事业，巩固国家安定团结的政治局面，促进政党关系、民族关系、宗教关系、阶层关系、海内外同胞关系和谐发展，一个很重要的条件就是必须通过民主集中制的办法，广开言路，博采众谋，动员大家一起来想、一起来干。正所谓“以天下之目视，则无不见也；以天下之耳听，则无不闻也；以天下之心虑，则无不知也”〔7〕。

社会主义协商民主，应该是实实在在的、而不是做样子的，应该是全方位的、而不是局限在某个方面的，应该是全国上上下下都要做的、而不是局限在某一级的。因此，必须构建程序合理、环节完整的社会主义协商民主体系，确保协商民主有制可依、有规可守、有章可循、有序可遵。

协商就要真协商，真协商就要协商于决策之前和决策之中，根据各方面的意见和建议来决定和调整我们的决策和工作，从制度上保障协商成果落地，使我们的决策和工作更好顺乎民意、合乎实际。要通过各种途径、各种渠道、各种方式就改革发展稳定重大问题特别是事关人民群众切身利益的问题进行广泛协商，既尊重多数人的意愿，又照顾少数人的合理要求，广纳群言、广集民智，增进共识、增强合力。要拓宽中国共产党、人民代表大会、人民政府、人民政协、民主党派、人民团体、基层组织、企事业单位、社会组织、各类智库等的协商渠道，深入开展政治协商、立法协商、行政协商、民主协商、社会协商、基层协商等多种协商，建立健全提案、会议、座谈、论证、听证、公示、评估、咨询、网络等多种协商方式，不断提高协商民主的科学性和实效性。

人民群众是社会主义协商民主的重点。涉及人民群众利益的大量决策和工作，主要发生在基层。要按照协商于民、协商为民的要求，大力发展基层协商民主，重点在基层群众中开展协商。凡是涉及群众切身利益的决策都要充分听取群众意见，通过各种方式、在各个层级、各个方面同群众进行协商。要完善基层组织联系群众制度，加强议事协商，做好上情下达、下情上传工作，保证人民依法管理好自己的事务。

要推进权力运行公开化、规范化，完善党务公开、政务公开、司法公开和各领域办事公开制度，让人民监督权力，让权力在阳光下运行。

注　　释

〔**1**〕见明末清初王夫之《思问录·外篇》。

〔**2**〕见毛泽东《关于政协的性质和任务》(《毛泽东文集》第 6 卷，人民出版社 1999 年版，第 386 页)。

〔**3**〕见毛泽东《同工商界人士的谈话》(《毛泽东文集》第 7 卷，人民出版社 1999 年版，第 178 页)。

〔**4**〕见周恩来《关于人民政协的几个问题》(《周恩来统一战线文选》，人民出版社 1984 年版，第 134 页)。

〔**5**〕见《管子·牧民》。

〔**6**〕见《尚书·泰誓中》。

〔**7**〕见《管子·九守》。

全面贯彻党的民族政策和宗教政策*

（2014 年 9 月 28 日、2016 年 4 月 22 日）

一

多民族是我国的一大特色，也是我国发展的一大有利因素。在我国 5000 多年文明发展史上，曾经有许多民族登上过历史舞台。这些民族经过诞育、分化、交融，最终形成了今天的 56 个民族。各民族共同开发了祖国的锦绣河山、广袤疆域，共同创造了悠久的中国历史、灿烂的中华文化。秦汉雄风、盛唐气象、康乾盛世，是各民族共同铸就的辉煌。可以说，多民族的大一统，各民族多元一体，是老祖宗留给我们的一笔重要财富，也是我们国家的一个重要优势。

（2014 年 9 月 28 日在中央民族工作会议上的讲话）

---

* 这是习近平两次讲话中有关党的民族政策和宗教政策内容的节录。

二

中国特色解决民族问题的正确道路，就是坚持在中国共产党领导下，坚持中国特色社会主义道路，坚持维护祖国统一，坚持各民族一律平等，坚持和完善民族区域自治制度，坚持各民族共同团结奋斗、共同繁荣发展，坚持打牢中华民族共同体的思想基础，坚持依法治国，加强各民族交往交流交融，促进各民族和睦相处、和衷共济、和谐发展，巩固和发展平等团结互助和谐的社会主义民族关系，共同实现中华民族伟大复兴。

（2014 年 9 月 28 日在中央民族工作会议上的讲话）

三

坚持和完善民族区域自治制度，要做到“两个结合”。一是坚持统一和自治相结合。团结统一是国家最高利益，是各族人民共同利益，是实行民族区域自治的前提和基础。没有国家团结统一，就谈不上民族区域自治。同时，要在确保国家法律和政令实施的基础上，依法保障自治地方行使自治权，给予自治地方特殊支持，解决好自治地方特殊问题。二是坚持民族因素和区域因素相结合。民族区域自治，既包含了民族因素，又包含了区域因素。民族区域自治不是某个民族独享的自治，民族自治地方更不是某个民族独有的地方。这一点必须搞清楚，否则就会走到错误的方向上去。

（2014 年 9 月 28 日在中央民族工作会议上的讲话）

四

宗教问题始终是我们党治国理政必须处理好的重大问题，宗教工作在党和国家工作全局中具有特殊重要性，关系中国特色社会主义事业发展，关系党同人民群众的血肉联系，关系社会和谐、民族团结，关系国家安全和祖国统一。我国宗教工作形势总体是好的，党的宗教工作基本方针得到贯彻，党同宗教界的爱国统一战线不断巩固，宗教工作法治化明显加强，宗教活动总体平稳有序。实践证明，我们党关于宗教问题的理论和方针政策是正确的。

做好宗教工作，必须坚持党的宗教工作基本方针，要全面贯彻党的宗教信仰自由政策，依法管理宗教事务，坚持独立自主自办原则，积极引导宗教与社会主义社会相适应。党的宗教工作基本方针是我们党坚持马克思主义宗教观，从我国国情和宗教具体实际出发，汲取正反两方面经验制定出来的。实行宗教信仰自由政策，出发点和落脚点是要最大限度把广大信教和不信教群众团结起来。积极引导宗教与社会主义社会相适应，是要引导信教群众热爱祖国、热爱人民，维护祖国统一，维护中华民族大团结，服从服务于国家最高利益和中华民族整体利益；拥护中国共产党领导、拥护社会主义制度，坚持走中国特色社会主义道路；积极践行社会主义核心价值观，弘扬中华文化，努力把宗教教义同中华文化相融合；遵守国家法律法规，自觉接受国家依法管理；投身改革开放和社会主义现代化建设，为实现中华民族伟大复兴的中国梦贡献力量。

做好党的宗教工作，把党的宗教工作基本方针坚持好，关键是要在"导"上想得深、看得透、把得准，做到"导"之有方、"导"之有力、"导"之有效，牢牢掌握宗教工作主动权。

（2016 年 4 月 22 日在全国宗教工作会议上的讲话要点）

做好新形势下统战工作*

（2015 年 5 月 18 日）

做好新形势下统战工作，必须掌握规律、坚持原则、讲究方法，最根本的是要坚持党的领导。统一战线是党领导的统一战线。在统战工作中，实行的政策、采取的措施都要有利于坚持和巩固党的领导地位和执政地位。同时，必须明确，党对统一战线的领导主要是政治领导，即政治原则、政治方向、重大方针政策的领导，主要体现为党委领导而不是部门领导、集体领导而不是个人领导。坚持党的领导要坚定不移，但在这个过程中也要尊重、维护、照顾同盟者的利益，帮助党外人士排忧解难。这是我们党的职责，也是实现党对统一战线领导的重要条件。

做好新形势下统战工作，必须正确处理一致性和多样性关系。统一战线是一致性和多样性的统一体，只有一致性、没有多样性，或者只有多样性、没有一致性，都不能建立和发展统一战线，正所谓“非一则不能成两，非两则不能致一”〔1〕。一致性和多样性不是一成不变的，而是历史的、具体的、发展的。有的同志要么过于追求一致性，要么过于放任

* 这是习近平在中央统战工作会议上讲话的一部分。

多样性，结果都会动摇统一战线的基础。正确处理一致性和多样性关系，关键是要坚持求同存异。一方面，要不断巩固共同思想政治基础，包括巩固已有共识、推动形成新的共识，这是基础和前提。另一方面，要充分发扬民主、尊重包容差异。对危害中国共产党领导、危害我国社会主义政权、危害国家制度和法治、损害最广大人民根本利益的问题，必须旗帜鲜明反对，不能让其以多样性的名义大行其道。这是政治底线，不能动摇。除此之外，对其他各种多样性，要尽可能通过耐心细致的工作找到最大公约数。只要我们把政治底线这个圆心固守住，包容的多样性半径越长，画出的同心圆就越大。

做好新形势下统战工作，必须善于联谊交友。联谊交友是统战工作的重要内容，也是统战工作的重要方式。党政领导干部、统战干部要掌握这个方式。我们搞统一战线，从来不是为了好看、为了好听，而是因为有用、有大用、有不可或缺的作用。说到底，统一战线是做人的工作，搞统一战线是为了壮大共同奋斗的力量。民主党派、无党派、民族、宗教、新的社会阶层、港澳台海外等各方面统一战线成员达数亿之多。可以肯定地说，只要把这么多人团结起来，我们就能为实现“两个一百年”奋斗目标、实现中华民族伟大复兴的中国梦增添强大力量。从某种意义上说，统一战线工作做得好不好，要看交到的朋友多不多、合格不合格、够不够铁。多不多是数量问题，合格不合格、够不够铁是质量问题。俗话说：“一人为仇嫌太多，百人为友嫌太少。”交朋友的面要广，朋友越多越好，特别是要交一些能说心里话的挚友诤友。

想交到这样的朋友，不能做快餐，而是要做佛跳墙这样的功夫菜。对党外人士，要多接触、多谈心、多帮助，讲尊重、讲平等、讲诚恳，不随意伤害对方自尊心，不以势压人。同党外人士交朋友当然会有私谊，但私谊要服从公谊。要讲原则、讲纪律、讲规矩，不能把党外人士当成个人资源，而要出于公心为党交一大批肝胆相照的党外朋友。

注　释

〔1〕见南宋蔡沈《洪范皇极·内篇》。

保持和增强党的群团工作和群团组织的政治性先进性群众性*

（2015 年 7 月 6 日）

中国特色社会主义事业是亿万人民的事业，党的群团工作肩负着庄严使命。工会、共青团、妇联等群团组织一定要坚持解放思想、改革创新、锐意进取、扎实苦干，切实保持和增强党的群团工作和群团组织的政治性、先进性、群众性，组织动员广大人民群众更加紧密地团结在党的周围，把广大人民群众对美好生活的追求汇聚成强大动力，共同谱写实现“两个一百年”奋斗目标、实现中华民族伟大复兴中国梦的新篇章。

由党中央召开党的群团工作会议，在党的历史上还是第一次。这次会议的主要任务是分析研究新形势下党的群团工作面临的新情况新问题，贯彻落实《关于加强和改进党的群团工作的意见》，总结成功经验，解决突出问题，推动改革创新，努力开创党的群团工作新局面。

群团事业是党的事业的重要组成部分。党的群团工作是党通过群团组织开展的群众工作，是党组织动员广大人民群

---

* 这是习近平在中央党的群团工作会议上的讲话要点。

众为完成党的中心任务而奋斗的重要工作。这是我们党的一大创举，也是我们党的一大优势。在革命、建设、改革各个历史时期，在党的领导下，工会、共青团、妇联等群团组织积极发挥作用，组织动员广大人民群众坚定不移跟党走，为党和人民事业发展作出了重大贡献。事实充分说明，新形势下，党的群团工作只能加强、不能削弱，只能改进提高、不能停滞不前。我们必须根据形势和任务发展变化，加强和改进党的群团工作，把工人阶级主力军、青年生力军、妇女半边天作用和人才第一资源作用充分发挥出来，把13亿多人民的积极性充分调动起来。我们必须从巩固党执政的阶级基础和群众基础的政治高度，抓好党的群团工作，保证党始终同广大人民群众同呼吸、共命运、心连心。我们必须把群团组织建设得更加充满活力、更加坚强有力，使之成为推进国家治理体系和治理能力现代化的重要力量。

对党的群团工作取得的显著成绩，必须充分肯定，同时必须注重解决存在的问题，特别是要重点解决脱离群众的问题。工会、共青团、妇联等群团组织要增强自我革新的勇气，抓住巩固和拓展党的群众路线教育实践活动成果、开展“三严三实”专题教育的时机，在群团组织中深入推动思想教育、问题整改、体制创新，转变思想观念，强化群众意识，改进工作作风，提高工作水平。

要切实保持和增强党的群团工作的政治性。政治性是群团组织的灵魂，是第一位的。群团组织要始终把自己置于党的领导之下，在思想上政治上行动上始终同党中央保持高度一致，自觉维护党中央权威，坚决贯彻党的意志和主张，严守政治纪律和政治规矩，经得住各种风浪考验，承担起引导群众听党话、跟党走的政治任务，把自己联系的群众最广泛最紧密地团结在党的周围。

中国特色社会主义群团发展道路，是中国特色社会主义道路在群团工作领域的具体展开。这条道路是在党探索中国特色社会主义工会发展道路、中国特色社会主义青年运动方向、中国特色社会主义妇女发展道路的长期实践中形成和发展起来的，符合我国国情和历史发展趋势。要坚持党对群团工作的统一领导，坚持发挥桥梁和纽带作用，坚持围绕中心、服务大局，坚持服务群众的工作生命线，坚持与时俱进、改革创新，坚持依法依章程独立自主开展工作。党组织要鼓励和引导群团组织充分发挥作用，群团组织要积极作为、敢于作为。

要切实保持和增强群团组织的先进性。我们的工会、共青团、妇联等群团组织是党直接领导的群众组织，承担着组织动员广大人民群众为完成党的中心任务而共同奋斗的重大责任，必须把保持和增强先进性作为重要着力点。要牢牢把握为实现中华民族伟大复兴中国梦而奋斗的时代主题，紧紧围绕党和国家工作大局，组织动员广大人民群众走在时代前列，在改革发展稳定第一线建功立业。要以先进引领后进，以文明进步代替蒙昧落后，以真善美抑制假恶丑，教育引导广大人民群众不断提高思想觉悟和道德水平，坚定走中国特色社会主义道路，自觉践行社会主义核心价值观，真正成为党执政的坚实依靠力量、强大支持力量、深厚社会基础。

群团组织必须始终站在党和人民的立场上，坚持为党分忧、为民谋利，把思想政治工作贯穿所开展的各种活动，多做组织群众、宣传群众、教育群众、引导群众的工作，多做统一思想、凝聚人心、化解矛盾、增进感情、激发动力的工作。

要切实保持和增强群团组织的群众性。群众性是群团组织的根本特点。群团组织开展工作和活动要以群众为中心，让群众当主角，而不能让群众当配角、当观众。要更多关注、关心、关爱普通群众，进万家门、访万家情、结万家亲，经常同群众进行面对面、手拉手、心贴心的零距离接触，增进对群众的真挚感情。要大力健全组织特别是基层组织，加快新领域新阶层组织建设。群团组织和群团干部特别是领导机关干部要深入基层、深入群众，争当全心全意为人民服务宗旨的忠实践行者、党的群众路线的坚定执行者、党的群众工作的行家里手。

要坚持眼睛向下、面向基层，改革和改进机关机构设置、管理模式、运行机制，坚持力量配备、服务资源向基层倾斜。要积极联系和引导相关社会组织。要高度注意群众的广泛性和代表性问题，更多把普通群众中的优秀人物纳入组织，明显提高基层一线人员比例。

群团组织要着眼党和国家工作大局，在大局下思考，在大局下行动，同时立足职责定位、立足所联系的群众，寻找工作结合点和着力点，推动群团组织职能与时俱进。群团组织要强化服务意识，提升服务能力，挖掘服务资源，坚持从群众需要出发开展工作，更多把注意力放在困难群众身上，努力为群众排忧解难，成为群众信得过、靠得住、离不开的知心人、贴心人。

各级党委要坚持德才兼备、五湖四海，加强群团干部培养管理，选好配强群团领导班子，提高群团干部队伍整体素质。广大群团干部要加强思想道德修养，坚定理想信念，严格要求自己，自觉践行“三严三实”，自觉抵制和纠正“四风”问题。

各级党委必须从党和国家工作大局出发，切实加强和改进对党的群团工作的领导。要坚持党委统一领导、党政齐抓共管、部门各负其责、党员干部带头示范、群团履职尽责的工作格局。各级党委和政府要为群团组织开展工作创造有利条件。要深入把握党的群团工作规律，完善党委领导群团组织的制度，提高党的群团工作科学化水平。

九、坚定文化自信

努力实现传统文化创造性转化、创新性发展*

（2014 年 9 月 24 日）

不忘历史才能开辟未来，善于继承才能善于创新。优秀传统文化是一个国家、一个民族传承和发展的根本，如果丢掉了，就割断了精神命脉。我们要善于把弘扬优秀传统文化和发展现实文化有机统一起来，紧密结合起来，在继承中发展，在发展中继承。

传统文化在其形成和发展过程中，不可避免会受到当时人们的认识水平、时代条件、社会制度的局限性的制约和影响，因而也不可避免会存在陈旧过时或已成为糟粕性的东西。这就要求人们在学习、研究、应用传统文化时坚持古为今用、推陈出新，结合新的实践和时代要求进行正确取舍，而不能一股脑儿都拿到今天来照套照用。要坚持古为今用、以古鉴今，坚持有鉴别的对待、有扬弃的继承，而不能搞厚古薄今、以古非今，努力实现传统文化的创造性转化、创新性发展，使之与现实文化相融相通，共同服务以文化人的时代任务。

---

* 这是习近平在纪念孔子诞辰 2565 周年国际学术研讨会暨国际儒学联合会第五届会员大会开幕会上讲话的一部分。

坚持以人民为中心的创作导向*

（2014 年 10 月 15 日）

社会主义文艺，从本质上讲，就是人民的文艺。毛泽东同志在延安文艺座谈会上指出："为什么人的问题，是一个根本的问题，原则的问题。"〔1〕邓小平同志说："我们的文艺属于人民"，"人民是文艺工作者的母亲"。〔2〕江泽民同志要求广大文艺工作者"在人民的历史创造中进行艺术的创造，在人民的进步中造就艺术的进步"〔3〕。胡锦涛同志强调："只有把人民放在心中最高位置，永远同人民在一起，坚持以人民为中心的创作导向，艺术之树才能常青。"〔4〕

人民既是历史的创造者、也是历史的见证者，既是历史的"剧中人"、也是历史的"剧作者"。文艺要反映好人民心声，就要坚持为人民服务、为社会主义服务这个根本方向。这是党对文艺战线提出的一项基本要求，也是决定我国文艺事业前途命运的关键。只有牢固树立马克思主义文艺观，真正做到了以人民为中心，文艺才能发挥最大正能量。以人民为中心，就是要把满足人民精神文化需求作为文艺和文艺工作的出发点和落脚点，把人民作为文艺表现的主体，把人民

---

* 这是习近平在文艺工作座谈会上讲话的一部分。

作为文艺审美的鉴赏家和评判者，把为人民服务作为文艺工作者的天职。

第一，人民需要文艺。人民的需求是多方面的。满足人民日益增长的物质需求，必须抓好经济社会建设，增加社会的物质财富。满足人民日益增长的精神文化需求，必须抓好文化建设，增加社会的精神文化财富。物质需求是第一位的，吃上饭是最主要的，所以说“民以食为天”[5]。但是，这并不是说人民对精神文化生活的需求就是可有可无的，人类社会与动物界的最大区别就是人是有精神需求的，人民对精神文化生活的需求时时刻刻都存在。

随着人民生活水平不断提高，人民对包括文艺作品在内的文化产品的质量、品位、风格等的要求也更高了。文学、戏剧、电影、电视、音乐、舞蹈、美术、摄影、书法、曲艺、杂技以及民间文艺、群众文艺等各领域都要跟上时代发展、把握人民需求，以充沛的激情、生动的笔触、优美的旋律、感人的形象创作生产出人民喜闻乐见的优秀作品，让人民精神文化生活不断迈上新台阶。

还有，国际社会对中国的关注度越来越高，他们想了解中国，想知道中国人的世界观、人生观、价值观，想知道中国人对自然、对世界、对历史、对未来的看法，想知道中国人的喜怒哀乐，想知道中国历史传承、风俗习惯、民族特性，等等。这些光靠正规的新闻发布、官方介绍是远远不够的，靠外国民众来中国亲自了解、亲身感受是很有限的。而文艺是最好的交流方式，在这方面可以发挥不可替代的作用，一部小说，一篇散文，一首诗，一幅画，一张照片，一部电影，一部电视剧，一曲音乐，都能给外国人了解中国提供一个独特的视角，都能以各自的魅力去吸引人、感染人、打动人。京剧、民乐、书法、国画等都是我国文化瑰宝，都是外国人了解中国的重要途径。文艺工作者要讲好中国故事、传播好中国声音、阐发中国精神、展现中国风貌，让外国民众通过欣赏中国作家艺术家的作品来深化对中国的认识、增进对中国的了解。要向世界宣传推介我国优秀文化艺术，让国外民众在审美过程中感受魅力，加深对中华文化的认识和理解。

第二，文艺需要人民。人民是文艺创作的源头活水，一旦离开人民，文艺就会变成无根的浮萍、无病的呻吟、无魂的躯壳。列宁说："艺术是属于人民的。它必须在广大劳动群众的底层有其最深厚的根基。它必须为这些群众所了解和爱好。它必须结合这些群众的感情、思想和意志，并提高他们。它必须在群众中间唤起艺术家，并使他们得到发展。"〔6〕人民生活中本来就存在着文学艺术原料的矿藏，人民生活是一切文学艺术取之不尽、用之不竭的创作源泉。

人民的需要是文艺存在的根本价值所在。能不能搞出优秀作品，最根本的决定于是否能为人民抒写、为人民抒情、为人民抒怀。一切轰动当时、传之后世的文艺作品，反映的都是时代要求和人民心声。我国久传不息的名篇佳作都充满着对人民命运的悲悯、对人民悲欢的关切，以精湛的艺术彰显了深厚的人民情怀。《古诗源》〔7〕收集的反映远古狩猎活动的《弹歌》，《诗经》〔8〕中反映农夫艰辛劳作的《七月》、反映士兵征战生活的《采薇》、反映青年爱情生活的《关雎》，探索宇宙奥秘的《天问》〔9〕，反映游牧生活的《敕勒歌》〔10〕，歌颂女性英姿的《木兰诗》[11]等，都是从人民生活中产生的。屈原[12]的“长太息以掩涕兮，哀民生之多艰”[13]，杜甫[14]的“安得广厦千万间，大庇天下寒士俱欢颜”[15]、“朱门酒肉臭，路有冻死骨”[16]，李绅[17]的“谁知盘中餐，粒粒皆辛苦”[18]，郑板桥[19]的“些小吾曹州县吏，一枝一叶总关情”[20]，等等，也都是深刻反映人民心声的作品和佳句。世界上最早的文学作品《吉尔伽美什》史诗，反映了两河流域上古人民探求自然规律和生死奥秘的心境和情感。《荷马史诗》[21]赞美了人民勇敢、正义、无私、勤劳等品质。《神曲》[22]、《十日谈》[23]、《巨人传》[24]等作品的主要内容是反对中世纪的禁欲主义、蒙昧主义，反映人民对精神解放的热切期待。因此，文艺只有植根现实生活、紧跟时代潮流，才能发展繁荣；只有顺应人民意愿、反映人民关切，才能充满活力。

人民不是抽象的符号，而是一个一个具体的人，有血有肉，有情感，有爱恨，有梦想，也有内心的冲突和挣扎。不能以自己的个人感受代替人民的感受，而是要虚心向人民学习、向生活学习，从人民的伟大实践和丰富多彩的生活中汲取营养，不断进行生活和艺术的积累，不断进行美的发现和美的创造。要始终把人民的冷暖、人民的幸福放在心中，把人民的喜怒哀乐倾注在自己的笔端，讴歌奋斗人生，刻画最美人物，坚定人们对美好生活的憧憬和信心。

说到这里，我就想起了一件事情。1982 年，我到河北正定县去工作前夕，一些熟人来为我送行，其中就有八一厂的作家、编剧王愿坚。他对我说，你到农村去，要像柳青那样，深入到农民群众中去，同农民群众打成一片。柳青为了深入农民生活，1952 年曾经任陕西长安县县委副书记，后来辞去了县委副书记职务、保留常委职务，并定居在那儿的皇甫村，蹲点 14 年，集中精力创作《创业史》。因为他对陕西关中农民生活有深入了解，所以笔下的人物才那样栩栩如生。柳青熟知乡亲们的喜怒哀乐，中央出台一项涉及农村农民的政策，他脑子里立即就能想象出农民群众是高兴还是不高兴。

第三，文艺要热爱人民。有没有感情，对谁有感情，决定着文艺创作的命运。如果不爱人民，那就谈不上为人民创作。鲁迅〔25〕就对人民充满了热爱，表露他这一心迹最有名的诗句就是“横眉冷对千夫指，俯首甘为孺子牛”〔26〕。我在河北正定工作时结识的作家贾大山，也是一位热爱人民的作家。他去世后，我写了一篇文章悼念他。他给我印象最深的就是忧国忧民情怀，“处江湖之远则忧其君”〔27〕。文艺工作者要想有成就，就必须自觉与人民同呼吸、共命运、心连心，欢乐着人民的欢乐，忧患着人民的忧患，做人民的孺子牛。这是唯一正确的道路，也是作家艺术家最大的幸福。

热爱人民不是一句口号，要有深刻的理性认识和具体的实践行动。对人民，要爱得真挚、爱得彻底、爱得持久，就要深深懂得人民是历史创造者的道理，深入群众、深入生活，诚心诚意做人民的小学生。我讲要深入生活，有些同志人是下去了，但只是走马观花、蜻蜓点水，并没有带着心，并没有动真情。要解决好“为了谁、依靠谁、我是谁”这个问题，拆除“心”的围墙，不仅要“身入”，更要“心入”、“情入”。

文艺的一切创新，归根到底都直接或间接来源于人民。“世事洞明皆学问，人情练达即文章。”[28]艺术可以放飞想象的翅膀，但一定要脚踩坚实的大地。文艺创作方法有一百条、一千条，但最根本、最关键、最牢靠的办法是扎根人民、扎根生活。曹雪芹[29]如果没对当时的社会生活做过全景式的观察和显微镜式的剖析，就不可能完成《红楼梦》这种百科全书式巨著的写作。鲁迅如果不熟悉辛亥革命前后底层民众的处境和心情，就不可能塑造出祥林嫂、闰土、阿Q、孔乙己等那些栩栩如生的人物。

关在象牙塔里不会有持久的文艺灵感和创作激情。有一位苏联诗人形容作家坐在屋里挖空心思写不出东西的窘态是“把手指甲都绞出了水来”。我们要走进生活深处，在人民中体悟生活本质、吃透生活底蕴。只有把生活咀嚼透了，完全消化了，才能变成深刻的情节和动人的形象，创作出来的作品才能激荡人心。正所谓“闭门觅句非诗法，只是征行自有诗”[30]。一切创作技巧和手段最终都是为内容服务的，都是为了更鲜明、更独特、更透彻地说人说事说理。背离了这个原则，技巧和手段就毫无价值了，甚至还会产生负面效应。

当然，生活中并非到处都是莺歌燕舞、花团锦簇，社会上还有许多不如人意之处、还存在一些丑恶现象。对这些现象不是不要反映，而是要解决好如何反映的问题。古人云，“乐而不淫，哀而不伤”[31]，“发乎情，止乎礼义”[32]。文艺创作如果只是单纯记述现状、原始展示丑恶，而没有对光明的歌颂、对理想的抒发、对道德的引导，就不能鼓舞人民前进。应该用现实主义精神和浪漫主义情怀观照现实生活，用光明驱散黑暗，用美善战胜丑恶，让人们看到美好、看到希望、看到梦想就在前方。

一部好的作品，应该是经得起人民评价、专家评价、市场检验的作品，应该是把社会效益放在首位，同时也应该是社会效益和经济效益相统一的作品。在发展社会主义市场经济的条件下，许多文化产品要通过市场实现价值，当然不能完全不考虑经济效益。然而，同社会效益相比，经济效益是第二位的，当两个效益、两种价值发生矛盾时，经济效益要服从社会效益，市场价值要服从社会价值。文艺不能当市场的奴隶，不要沾满了铜臭气。优秀的文艺作品，最好是既能在思想上、艺术上取得成功，又能在市场上受到欢迎。要坚守文艺的审美理想、保持文艺的独立价值，合理设置反映市场接受程度的发行量、收视率、点击率、票房收入等量化指标，既不能忽视和否定这些指标，又不能把这些指标绝对化，被市场牵着鼻子走。

有的同志说，天是世界的天，地是中国的地，只有眼睛向着人类最先进的方面注目，同时真诚直面当下中国人的生存现实，我们才能为人类提供中国经验，我们的文艺才能为世界贡献特殊的声响和色彩。说的是有道理的。中华民族5000多年的文明进步，近代以来中国人民争取民族独立、人民解放的浴血斗争，中国共产党领导人民进行的革命、建设、改革的伟大历程，古老中国的深刻变化和13亿中国人民极为丰富的生产生活，为文艺创作提供了极为肥沃的土壤，值得写的东西太多了。只要我们与人民同在，就一定能从祖国大地母亲那里获得无穷的力量。

注　　释

〔**1**〕见毛泽东《在延安文艺座谈会上的讲话》(《毛泽东选集》第3卷，人民出版社1991年版，第857页)。

〔**2**〕见邓小平《在中国文学艺术工作者第四次代表大会上的祝词》(《邓小平文选》第2卷，人民出版社1994年版，第209、211页)。

〔**3**〕见江泽民《发展和繁荣社会主义文艺》(《十四大以来重要文献选编》下册，中央文献出版社2011年版，第224页)。

〔**4**〕见胡锦涛《在中国文联第九次全国代表大会、中国作协第八次全国代表大会上的讲话》(《十七大以来重要文献选编》下册，中央文献出版社2013年版，第618页)。

〔**5**〕见东汉班固《汉书·郦食其传》。

〔**6**〕见蔡特金《回忆列宁》(《列宁论文学与艺术》，人民文学出版社1960年版，第912页)。

〔**7**〕《古诗源》，先秦至隋代的古诗选集，清代沈德潜选编。

〔**8**〕《诗经》，中国第一部诗歌总集。收录了西周初期至春秋中叶约500年间的诗歌305篇，分为《国风》、《雅》、《颂》三部分。

〔**9**〕《天问》，《楚辞》篇名，战国时期屈原作。

〔**10**〕《敕勒歌》，北朝民歌。

〔**11**〕《木兰诗》，北朝长篇叙事民歌。

〔**12**〕屈原（约前339—约前278），战国时期楚国诗人、政治家。

〔**13**〕见战国时期屈原《离骚》。

〔**14**〕杜甫（712—770），生于河南巩县（今巩义市）。唐代诗人。

〔**15**〕见唐代杜甫《茅屋为秋风所破歌》。

〔**16**〕见唐代杜甫《自京赴奉先县咏怀五百字》。

〔**17**〕李绅（772—846），祖籍亳州谯县（今安徽亳州市），后迁无锡（今属江苏）。唐代诗人。

〔**18**〕见唐代李绅《悯农二首》。

〔**19**〕郑板桥（1693—1765），江苏兴化人。清代书画家、文学家。

〔**20**〕见本卷《做焦裕禄式的县委书记》注〔2〕。

〔**21**〕《荷马史诗》，指《伊利亚特》和《奥德赛》两部古希腊史诗，相传由荷马所作。

〔**22**〕《神曲》，意大利诗人但丁所作的叙事长诗。

〔**23**〕《十日谈》，意大利作家薄伽丘所作的短篇小说集。

〔**24**〕《巨人传》，法国作家拉伯雷所作的长篇小说。

〔**25**〕鲁迅（1881—1936），浙江绍兴人。中国文学家、思想家、革命家，中国现代文学的奠基人。

〔**26**〕见鲁迅《自嘲》（《鲁迅全集》第7卷，人民文学出版社2005年版，第151页）。

〔**27**〕见北宋范仲淹《岳阳楼记》。

〔**28**〕见清代曹雪芹《红楼梦》。

〔**29**〕曹雪芹（1715—1763），祖籍辽阳。清代小说家。

〔**30**〕见南宋杨万里《下横山滩头望金华山》。

〔**31**〕见《论语·八佾》。

〔**32**〕见《毛诗序》。

人民有信仰，民族有希望，国家有力量*

（2015 年 2 月 28 日）

人民有信仰，民族有希望，国家有力量。实现中华民族伟大复兴的中国梦，物质财富要极大丰富，精神财富也要极大丰富。我们要继续锲而不舍、一以贯之抓好社会主义精神文明建设，为全国各族人民不断前进提供坚强的思想保证、强大的精神力量、丰润的道德滋养。

改革开放之初，我们党就创造性地提出了建设社会主义精神文明的战略任务，确立了“两手抓、两手都要硬”的战略方针。30 多年来，我国亿万人民不仅创造了物质文明发展的世界奇迹，也创造了精神文明发展的丰硕成果，涌现出一大批精神文明建设的优秀人物和先进典型，你们就是其中的代表。

一个国家，一个民族，要同心同德迈向前进，必须有共同的理想信念作支撑。我们要在全党全社会持续深入开展建

---

* 这是习近平在会见第四届全国文明城市、文明村镇、文明单位和未成年人思想道德建设工作先进代表时的讲话要点。

设中国特色社会主义宣传教育，高扬主旋律，唱响正气歌，不断增强道路自信、理论自信、制度自信，让理想信念的明灯永远在全国各族人民心中闪亮。

要坚持“两手抓、两手都要硬”，以辩证的、全面的、平衡的观点正确处理物质文明和精神文明的关系，把精神文明建设贯穿改革开放和现代化全过程、渗透社会生活各方面，紧密结合培育和践行社会主义核心价值观，大力倡导共产党人的世界观、人生观、价值观，坚守共产党人的精神家园；大力加强社会公德、职业道德、家庭美德、个人品德建设，营造全社会崇德向善的浓厚氛围；大力弘扬中华民族优秀传统文化，大力加强党风政风、社风家风建设，特别是要让中华民族文化基因在广大青少年心中生根发芽。要充分发挥榜样的作用，领导干部、公众人物、先进模范都要为全社会做好表率、起好示范作用，引导和推动全体人民树立文明观念、争当文明公民、展示文明形象。

只有站在时代前沿，引领风气之先，精神文明建设才能发挥更大威力。当前，社会上思想活跃、观念碰撞，互联网等新技术新媒介日新月异，我们要审时度势、因势利导，创新内容和载体，改进方式和方法，使精神文明建设始终充满生机活力。抓精神文明建设要办实事、讲实效，紧紧围绕促进人民福祉来进行，坚决反对形式主义、官僚主义，努力满足人民群众不断增长的精神文化需求。各级党委要担负好自己的责任，切实抓好精神文明建设各项工作。

坚持和巩固党对意识形态工作的领导*

（2015 年 5 月 18 日—2016 年 5 月 17 日）

一

随着互联网快速发展，包括新媒体从业人员和网络“意见领袖”在内的网络人士大量涌现。在这两个群体中，有些经营网络、是“搭台”的，有些网上发声、是“唱戏”的，往往能左右互联网的议题，能量不可小觑。我说过，互联网是当前宣传思想工作的主阵地。这个阵地我们不去占领，人家就会去占领；这部分人我们不去团结，人家就会去拉拢。要把这些人中的代表性人士纳入统战工作视野，建立经常性联系渠道，加强线上互动、线下沟通，引导其政治观点，增进其政治认同。

（2015 年 5 月 18 日在中央统战工作会议上的讲话）

---

* 这是习近平 2015 年 5 月 18 日至 2016 年 5 月 17 日期间讲话中有关加强党对意识形态工作的领导内容的节录。

二

党校姓党，首先要把党的旗帜亮出来，而且要让党的旗帜在各级党校上空高高飘扬。坚持党校姓党，首先要坚持姓“马”姓“共”。马克思主义是我们党的指导思想，共产主义是我们党的远大理想。没有马克思主义信仰、共产主义理想，就没有中国共产党，就没有中国特色社会主义。我主持起草党的十八大报告时，专门要求写了这样一段话：“对马克思主义的信仰，对社会主义和共产主义的信念，是共产党人的政治灵魂，是共产党人经受住任何考验的精神支柱。”

我们干事业不能忘本忘祖、忘记初心。我们共产党人的本，就是对马克思主义的信仰，对中国特色社会主义和共产主义的信念，对党和人民的忠诚。我们要固的本，就是坚定这份信仰、坚定这份信念、坚定这份忠诚。世界社会主义实践的曲折历程告诉我们，马克思主义政党一旦放弃马克思主义信仰、社会主义和共产主义信念，就会土崩瓦解。共产党人如果没有信仰、没有理想，或信仰、理想不坚定，精神上就会“缺钙”，就会得“软骨病”，就必然导致政治上变质、经济上贪婪、道德上堕落、生活上腐化。

在举什么旗、走什么路的问题上，全党一定要保持清醒头脑。“凡观物有疑，中心不定，则外物不清；吾虑不清，则未可定然否也。”[1]党校要旗帜鲜明、大张旗鼓讲马克思主义、讲中国特色社会主义、讲共产主义，旗帜鲜明、大张旗鼓讲党的性质、讲党的宗旨、讲党的传统、讲党的作风。中央批准中央党校成立马克思主义学院，就是坚持党校姓“马”姓“共”之举。

国内外各种敌对势力，总是企图让我们党改旗易帜、改名换姓，其要害就是企图让我们丢掉对马克思主义的信仰，丢掉对社会主义、共产主义的信念。而我们有些人甚至党内有的同志却没有看清这里面暗藏的玄机，认为西方“普世价值”经过了几百年，为什么不能认同？西方一些政治话语为什么不能借用？接受了我们也不会有什么大的损失，为什么非要拧着来？有的人奉西方理论、西方话语为金科玉律，不知不觉成了西方资本主义意识形态的吹鼓手。

“是非疑，则度之以远事，验之以近物。”[2]冷战结束以来，在西方价值观念鼓捣下，一些国家被折腾得不成样子了，有的四分五裂，有的战火纷飞，有的整天乱哄哄的。如果我们用西方资本主义价值体系来剪裁我们的实践，用西方资本主义评价体系来衡量我国发展，符合西方标准就行，不符合西方标准就是落后的陈旧的，就要批判、攻击，那后果不堪设想！最后要么就是跟在人家后面亦步亦趋，要么就是只有挨骂的份。

党校不是世外桃源，党校学员来自四面八方，听到的、看到的问题很多，意识形态领域的许多重大问题都会在党校汇聚。这就给党校提出了加强思想理论研究的重要任务。党校要加强对各种社会思潮的辨析和引导，不当旁观者，敢于发声亮剑，善于解疑释惑，守护这一马克思主义、中国特色社会主义的坚强前沿阵地。

（2015 年 12 月 11 日在全国党校工作会议上的讲话）

三

党校姓党，决定了党校科研要紧紧围绕党的中心工作展开，在党的思想理论研究方面有所作为，为坚持和巩固党对意识形态工作的领导、巩固马克思主义在意识形态领域的指导地位作出积极贡献。同时，只有把一些重大问题从思想理论上搞清楚、弄明白了，党校教育培训才能真正做好。正所谓“视而使之明，听而使之聪，思而使之正”〔3〕。

当今时代，社会思想观念和价值取向日趋活跃，主流的和非主流的同时并存，先进的和落后的相互交织，社会思潮纷纭激荡。我说过，思想舆论领域大致有红色、黑色、灰色“三个地带”。红色地带是我们的主阵地，一定要守住；黑色地带主要是负面的东西，要敢于亮剑，大大压缩其地盘；灰色地带要大张旗鼓争取，使其转化为红色地带。

（2015 年 12 月 11 日在全国党校工作会议上的讲话）

四

在对待坚持以马克思主义为指导问题上，绝大部分同志认识是清醒的、态度是坚定的。同时，也有一些同志对马克思主义理解不深、理解不透，在运用马克思主义立场、观点、方法上功力不足、高水平成果不多，在建设以马克思主义为指导的学科体系、学术体系、话语体系上功力不足、高水平成果不多。社会上也存在一些模糊甚至错误的认识。有的认为马克思主义已经过时，中国现在搞的不是马克思主义；有的说马克思主义只是一种意识形态说教，没有学术上的学理性和系统性。实际工作中，在有的领域中马克思主义被边缘化、空泛化、标签化，在一些学科中“失语”、教材中“失踪”、论坛上“失声”。这种状况必须引起我们高度重视。

即使在当今西方社会，马克思主义仍然具有重要影响力。在本世纪来临的时候，马克思被西方思想界评为“千年第一思想家”。美国学者海尔布隆纳在他的著作《马克思主义：赞成与反对》中表示，要探索人类社会发展前景，必须向马克思求教，人类社会至今仍然生活在马克思所阐明的发展规律之中。实践也证明，无论时代如何变迁、科学如何进步，马克思主义依然显示出科学思想的伟力，依然占据着真理和道义的制高点。邓小平同志深刻指出：“我坚信，世界上赞成马克思主义的人会多起来的，因为马克思主义是科学。”〔4〕

我国广大哲学社会科学工作者要自觉坚持以马克思主义为指导，自觉把中国特色社会主义理论体系贯穿研究和教学全过程，转化为清醒的理论自觉、坚定的政治信念、科学的思维方法。

（2016 年 5 月 17 日在哲学社会科学工作座谈会上的讲话）

注　　释

〔**1**〕见《荀子·解蔽》。

〔**2**〕见《荀子·大略》。

〔**3**〕见《道德真经集注》卷十四引王安石注。

〔**4**〕见邓小平《在武昌、深圳、珠海、上海等地的谈话要点》(《邓小平文选》第 3 卷，人民出版社 1993 年版，第 382 页)。

提高党的新闻舆论传播力引导力影响力公信力*

（2016年2月19日）

党的新闻舆论工作是党的一项重要工作，是治国理政、定国安邦的大事，要适应国内外形势发展，从党的工作全局出发把握定位，坚持党的领导，坚持正确政治方向，坚持以人民为中心的工作导向，尊重新闻传播规律，创新方法手段，切实提高党的新闻舆论传播力、引导力、影响力、公信力。

长期以来，中央主要媒体与党和人民同呼吸、与时代共进步，积极宣传马克思主义真理、宣传党的主张、反映群众呼声，在革命建设改革各个历史时期发挥了十分重要的作用。党的十八大以来，中央主要媒体突出宣传党的十八大和十八届三中、四中、五中全会精神，阐释党中央重大决策和工作部署，反映人民伟大实践和精神风貌，唱响了主旋律，传播了正能量，有力激发了全党全国各族人民为实现中华民族伟大复兴的中国梦而团结奋斗的强大力量。

做好党的新闻舆论工作，事关旗帜和道路，事关贯彻落

---

* 这是习近平在党的新闻舆论工作座谈会上的讲话要点。

实党的理论和路线方针政策，事关顺利推进党和国家各项事业，事关全党全国各族人民凝聚力和向心力，事关党和国家前途命运。必须从党的工作全局出发把握党的新闻舆论工作，做到思想上高度重视、工作上精准有力。

在新的时代条件下，党的新闻舆论工作的职责和使命是：高举旗帜、引领导向，围绕中心、服务大局，团结人民、鼓舞士气，成风化人、凝心聚力，澄清谬误、明辨是非，联接中外、沟通世界。要承担起这个职责和使命，必须把政治方向摆在第一位，牢牢坚持党性原则，牢牢坚持马克思主义新闻观，牢牢坚持正确舆论导向，牢牢坚持正面宣传为主。

党的新闻舆论工作坚持党性原则，最根本的是坚持党对新闻舆论工作的领导。党和政府主办的媒体是党和政府的宣传阵地，必须姓党。党的新闻舆论媒体的所有工作，都要体现党的意志、反映党的主张，维护党中央权威、维护党的团结，做到爱党、护党、为党；都要增强看齐意识，在思想上政治上行动上同党中央保持高度一致；都要坚持党性和人民性相统一，把党的理论和路线方针政策变成人民群众的自觉行动，及时把人民群众创造的经验和面临的实际情况反映出来，丰富人民精神世界，增强人民精神力量。新闻观是新闻舆论工作的灵魂。要深入开展马克思主义新闻观教育，引导广大新闻舆论工作者做党的政策主张的传播者、时代风云的记录者、社会进步的推动者、公平正义的守望者。

新闻舆论工作各个方面、各个环节都要坚持正确舆论导向。各级党报党刊、电台电视台要讲导向，都市类报刊、新媒体也要讲导向；新闻报道要讲导向，副刊、专题节目、广告宣传也要讲导向；时政新闻要讲导向，娱乐类、社会类新闻也要讲导向；国内新闻报道要讲导向，国际新闻报道也要讲导向。

团结稳定鼓劲、正面宣传为主，是党的新闻舆论工作必须遵循的基本方针。做好正面宣传，要增强吸引力和感染力。真实性是新闻的生命。要根据事实来描述事实，既准确报道个别事实，又从宏观上把握和反映事件或事物的全貌。舆论监督和正面宣传是统一的。新闻媒体要直面工作中存在的问题，直面社会丑恶现象，激浊扬清、针砭时弊，同时发表批评性报道要事实准确、分析客观。

随着形势发展，党的新闻舆论工作必须创新理念、内容、体裁、形式、方法、手段、业态、体制、机制，增强针对性和实效性。要适应分众化、差异化传播趋势，加快构建舆论引导新格局。要推动融合发展，主动借助新媒体传播优势。要抓住时机、把握节奏、讲究策略，从时度效着力，体现时度效要求。要加强国际传播能力建设，增强国际话语权，集中讲好中国故事，同时优化战略布局，着力打造具有较强国际影响的外宣旗舰媒体。

媒体竞争关键是人才竞争，媒体优势核心是人才优势。要加快培养造就一支政治坚定、业务精湛、作风优良、党和人民放心的新闻舆论工作队伍。新闻舆论工作者要增强政治家办报意识，在围绕中心、服务大局中找准坐标定位，牢记社会责任，不断解决好“为了谁、依靠谁、我是谁”这个根本问题。要提高业务能力，勤学习、多锻炼，努力成为全媒型、专家型人才。要转作风改文风，俯下身、沉下心，察实情、说实话、动真情，努力推出有思想、有温度、有品质的作品。要严格要求自己，加强道德修养，保持一身正气。要深化新闻单位干部人事制度改革，对新闻舆论工作者在政治上充分信任、工作上大胆使用、生活上真诚关心、待遇上及时保障。

加强和改善党对新闻舆论工作的领导，是新闻舆论工作顺利健康发展的根本保证。各级党委要自觉承担起政治责任和领导责任。领导干部要增强同媒体打交道的能力，善于运用媒体宣讲政策主张、了解社情民意、发现矛盾问题、引导社会情绪、动员人民群众、推动实际工作。

建设网络良好生态，发挥网络引导舆论、反映民意的作用*

（2016 年 4 月 19 日）

互联网是一个社会信息大平台，亿万网民在上面获得信息、交流信息，这会对他们的求知途径、思维方式、价值观念产生重要影响，特别是会对他们对国家、对社会、对工作、对人生的看法产生重要影响。

实现“两个一百年”奋斗目标，需要全社会方方面面同心干，需要全国各族人民心往一处想、劲往一处使。如果一个社会没有共同理想，没有共同目标，没有共同价值观，整天乱哄哄的，那就什么事也办不成。我国有 13 亿多人，如果弄成那样一个局面，就不符合人民利益，也不符合国家利益。

凝聚共识工作不容易做，大家要共同努力。为了实现我们的目标，网上网下要形成同心圆。什么是同心圆？就是在党的领导下，动员全国各族人民，调动各方面积极性，共同为实现中华民族伟大复兴的中国梦而奋斗。

古人说：“知屋漏者在宇下，知政失者在草野。”[1]很多网

---

* 这是习近平在网络安全和信息化工作座谈会上讲话的一部分。

民称自己为“草根”，那网络就是现在的一个“草野”。网民来自老百姓，老百姓上了网，民意也就上了网。群众在哪儿，我们的领导干部就要到哪儿去，不然怎么联系群众呢？各级党政机关和领导干部要学会通过网络走群众路线，经常上网看看，潜潜水、聊聊天、发发声，了解群众所思所愿，收集好想法好建议，积极回应网民关切、解疑释惑。善于运用网络了解民意、开展工作，是新形势下领导干部做好工作的基本功。各级干部特别是领导干部一定要不断提高这项本领。

网民大多数是普通群众，来自四面八方，各自经历不同，观点和想法肯定是五花八门的，不能要求他们对所有问题都看得那么准、说得那么对。要多一些包容和耐心，对建设性意见要及时吸纳，对困难要及时帮助，对不了解情况的要及时宣介，对模糊认识要及时廓清，对怨气怨言要及时化解，对错误看法要及时引导和纠正，让互联网成为我们同群众交流沟通的新平台，成为了解群众、贴近群众、为群众排忧解难的新途径，成为发扬人民民主、接受人民监督的新渠道。

网络空间是亿万民众共同的精神家园。网络空间天朗气清、生态良好，符合人民利益。网络空间乌烟瘴气、生态恶化，不符合人民利益。谁都不愿生活在一个充斥着虚假、诈骗、攻击、谩骂、恐怖、色情、暴力的空间。互联网不是法外之地。利用网络鼓吹推翻国家政权，煽动宗教极端主义，宣扬民族分裂思想，教唆暴力恐怖活动，等等，这样的行为要坚决制止和打击，决不能任其大行其道。利用网络进行欺诈活动，散布色情材料，进行人身攻击，兜售非法物品，等等，这样的言行也要坚决管控，决不能任其大行其道。没有哪个国家会允许这样的行为泛滥开来。我们要本着对社会负责、对人民负责的态度，依法加强网络空间治理，加强网络内容建设，做强网上正面宣传，培育积极健康、向上向善的网络文化，用社会主义核心价值观和人类优秀文明成果滋养人心、滋养社会，做到正能量充沛、主旋律高昂，为广大网民特别是青少年营造一个风清气正的网络空间。

形成良好网上舆论氛围，不是说只能有一个声音、一个调子，而是说不能搬弄是非、颠倒黑白、造谣生事、违法犯罪，不能超越了宪法法律界限。我多次强调，要把权力关进制度的笼子里，一个重要手段就是发挥舆论监督包括互联网监督作用。这一条，各级党政机关和领导干部特别要注意，首先要做好。对网上那些出于善意的批评，对互联网监督，不论是对党和政府工作提的还是对领导干部个人提的，不论是和风细雨的还是忠言逆耳的，我们不仅要欢迎，而且要认真研究和吸取。

注　　释

〔**1**〕见东汉王充《论衡·书解》。

加快构建中国特色哲学社会科学*

（2016 年 5 月 17 日）

哲学社会科学的特色、风格、气派，是发展到一定阶段的产物，是成熟的标志，是实力的象征，也是自信的体现。我国是哲学社会科学大国，研究队伍、论文数量、政府投入等在世界上都是排在前面的，但目前在学术命题、学术思想、学术观点、学术标准、学术话语上的能力和水平同我国综合国力和国际地位还不太相称。要按照立足中国、借鉴国外，挖掘历史、把握当代，关怀人类、面向未来的思路，着力构建中国特色哲学社会科学，在指导思想、学科体系、学术体系、话语体系等方面充分体现中国特色、中国风格、中国气派。

中国特色哲学社会科学应该具有什么特点呢？我认为，要把握住以下 3 个主要方面。

第一，体现继承性、民族性。哲学社会科学的现实形态，是古往今来各种知识、观念、理论、方法等融通生成的结果。我们要善于融通古今中外各种资源，特别是要把握好 3 方面资源。一是马克思主义的资源，包括马克思主义基本原理，马克思主义中国化形成的成果及其文化形态，如党的理

---

* 这是习近平在哲学社会科学工作座谈会上讲话的一部分。

论和路线方针政策，中国特色社会主义道路、理论体系、制度，我国经济、政治、法律、文化、社会、生态、外交、国防、党建等领域形成的哲学社会科学思想和成果。这是中国特色哲学社会科学的主体内容，也是中国特色哲学社会科学发展的最大增量。二是中华优秀传统文化的资源，这是中国特色哲学社会科学发展十分宝贵、不可多得的资源。三是国外哲学社会科学的资源，包括世界所有国家哲学社会科学取得的积极成果，这可以成为中国特色哲学社会科学的有益滋养。要坚持古为今用、洋为中用，融通各种资源，不断推进知识创新、理论创新、方法创新。我们要坚持不忘本来、吸收外来、面向未来，既向内看、深入研究关系国计民生的重大课题，又向外看、积极探索关系人类前途命运的重大问题；既向前看、准确判断中国特色社会主义发展趋势，又向后看、善于继承和弘扬中华优秀传统文化精华。

绵延几千年的中华文化，是中国特色哲学社会科学成长发展的深厚基础。我说过，站立在 960 万平方公里的广袤土地上，吸吮着中华民族漫长奋斗积累的文化养分，拥有 13 亿中国人民聚合的磅礴之力，我们走自己的路，具有无比广阔的舞台，具有无比深厚的历史底蕴，具有无比强大的前进定力，中国人民应该有这个信心，每一个中国人都应该有这个信心。我们说要坚定中国特色社会主义道路自信、理论自信、制度自信，说到底是要坚定文化自信。文化自信是更基本、更深沉、更持久的力量。历史和现实都表明，一个抛弃了或者背叛了自己历史文化的民族，不仅不可能发展起来，而且很可能上演一场历史悲剧。

中华民族有着深厚文化传统，形成了富有特色的思想体系，体现了中国人几千年来积累的知识智慧和理性思辨。这是我国的独特优势。中华文明延续着我们国家和民族的精神血脉，既需要薪火相传、代代守护，也需要与时俱进、推陈出新。要加强对中华优秀传统文化的挖掘和阐发，使中华民族最基本的文化基因与当代文化相适应、与现代社会相协调，把跨越时空、超越国界、富有永恒魅力、具有当代价值的文化精神弘扬起来。要推动中华文明创造性转化、创新性发展，激活其生命力，让中华文明同各国人民创造的多彩文明一道，为人类提供正确精神指引。要围绕我国和世界发展面临的重大问题，着力提出能够体现中国立场、中国智慧、中国价值的理念、主张、方案。我们不仅要让世界知道“舌尖上的中国”，还要让世界知道“学术中的中国”、“理论中的中国”、“哲学社会科学中的中国”，让世界知道“发展中的中国”、“开放中的中国”、“为人类文明作贡献的中国”。

强调民族性并不是要排斥其他国家的学术研究成果，而是要在比较、对照、批判、吸收、升华的基础上，使民族性更加符合当代中国和当今世界的发展要求，越是民族的越是世界的。解决好民族性问题，就有更强能力去解决世界性问题；把中国实践总结好，就有更强能力为解决世界性问题提供思路和办法。这是由特殊性到普遍性的发展规律。

我们既要立足本国实际，又要开门搞研究。对人类创造的有益的理论观点和学术成果，我们应该吸收借鉴，但不能把一种理论观点和学术成果当成“唯一准则”，不能企图用一种模式来改造整个世界，否则就容易滑入机械论的泥坑。一些理论观点和学术成果可以用来说明一些国家和民族的发展历程，在一定地域和历史文化中具有合理性，但如果硬要把它们套在各国各民族头上、用它们来对人类生活进行格式化，并以此为裁判，那就是荒谬的了。对国外的理论、概念、话语、方法，要有分析、有鉴别，适用的就拿来用，不适用的就不要生搬硬套。哲学社会科学要有批判精神，这是马克思主义最可贵的精神品质。

哲学社会科学研究范畴很广，不同学科有自己的知识体系和研究方法。对一切有益的知识体系和研究方法，我们都要研究借鉴，不能采取不加分析、一概排斥的态度。马克思、恩格斯在建立自己理论体系的过程中就大量吸收借鉴了前人创造的成果。对现代社会科学积累的有益知识体系，运用的模型推演、数量分析等有效手段，我们也可以用，而且应该好好用。需要注意的是，在采用这些知识和方法时不要忘了老祖宗，不要失去了科学判断力。马克思写的《资本论》、列宁写的《帝国主义论》、毛泽东同志写的系列农村调查报告等著作，都运用了大量统计数字和田野调查材料。解决中国的问题，提出解决人类问题的中国方案，要坚持中国人的世界观、方法论。如果不加分析把国外学术思想和学术方法奉为圭臬，一切以此为准绳，那就没有独创性可言了。如果用国外的方法得出与国外同样的结论，那也就没有独创性可言了。要推出具有独创性的研究成果，就要从我国实际出发，坚持实践的观点、历史的观点、辩证的观点、发展的观点，在实践中认识真理、检验真理、发展真理。

第二，体现原创性、时代性。我们的哲学社会科学有没有中国特色，归根到底要看有没有主体性、原创性。跟在别人后面亦步亦趋，不仅难以形成中国特色哲学社会科学，而且解决不了我国的实际问题。1944 年，毛泽东同志就说过："我们的态度是批判地接受我们自己的历史遗产和外国的思想。我们既反对盲目接受任何思想也反对盲目抵制任何思想。我们中国人必须用我们自己的头脑进行思考，并决定什么东西能在我们自己的土壤里生长起来。"[1] 只有以我国实际为研究起点，提出具有主体性、原创性的理论观点，构建具有自身特质的学科体系、学术体系、话语体系，我国哲学社会科学才能形成自己的特色和优势。

理论的生命力在于创新。创新是哲学社会科学发展的永恒主题，也是社会发展、实践深化、历史前进对哲学社会科学的必然要求。社会总是在发展的，新情况新问题总是层出不穷的，其中有一些可以凭老经验、用老办法来应对和解决，同时也有不少是老经验、老办法不能应对和解决的。如果不能及时研究、提出、运用新思想、新理念、新办法，理论就会苍白无力，哲学社会科学就会"肌无力"。哲学社会科学创新可大可小，揭示一条规律是创新，提出一种学说是创新，阐明一个道理是创新，创造一种解决问题的办法也是创新。

理论思维的起点决定着理论创新的结果。理论创新只能从问题开始。从某种意义上说，理论创新的过程就是发现问题、筛选问题、研究问题、解决问题的过程。马克思曾深刻指出："主要的困难不是答案，而是问题。""问题就是时代的口号，是它表现自己精神状态的最实际的呼声。"[2] 柏拉图[3]的《理想国》、亚里士多德[4]的《政治学》、托马斯·莫尔[5]的《乌托邦》、康帕内拉[6]的《太阳城》、洛克[7]的《政府论》、孟德斯鸠[8]的《论法的精神》、卢梭[9]的《社会契约论》、汉密尔顿[10]等人著的《联邦党人文集》、黑格尔[11]的《法哲学原理》、克劳塞维茨[12]的《战争论》、亚当·斯密[13]的《国民财富的性质和原因的研究》、马尔萨斯[14]的《人口原理》、凯恩斯[15]的《就业、利息和货币通论》、约瑟夫·熊彼特[16]的《经济发展理论》、萨缪尔森[17]的《经济学》、弗里德曼[18]的《资本主义与自由》、西蒙·库兹涅茨[19]的《各国的经济增长》等著作，过去我都翻阅过，一个重要感受就是这些著作都是时代的产物，都是思考和研究当时当地社会突出矛盾和问题的结果。

改革开放以来，我们坚持理论创新，正确回答了什么是社会主义、怎样建设社会主义，建设什么样的党、怎样建设党，实现什么样的发展、怎样发展等重大课题，不断根据新的实践推出新的理论，为我们制定各项方针政策、推进各项工作提供了科学指导。推进国家治理体系和治理能力现代化，发展社会主义市场经济，发展社会主义民主政治，发展社会主义协商民主，建设中国特色社会主义法治体系，发展社会主义先进文化，培育和践行社会主义核心价值观，建设社会主义和谐社会，建设生态文明，构建开放型经济新体制，实施总体国家安全观，建设人类命运共同体，推进“一带一路”建设，坚持正确义利观，加强党的执政能力建设，坚持走中国特色强军之路、实现党在新形势下的强军目标，等等，都是我们提出的具有原创性、时代性的概念和理论。在这个过程中，我国哲学社会科学界作出了重大贡献，也形成了不可比拟的优势。

当代中国的伟大社会变革，不是简单延续我国历史文化的母版，不是简单套用马克思主义经典作家设想的模板，不是其他国家社会主义实践的再版，也不是国外现代化发展的翻版，不可能找到现成的教科书。我国哲学社会科学应该以我们正在做的事情为中心，从我国改革发展的实践中挖掘新材料、发现新问题、提出新观点、构建新理论，加强对改革开放和社会主义现代化建设实践经验的系统总结，加强对发展社会主义市场经济、民主政治、先进文化、和谐社会、生态文明以及党的执政能力建设等领域的分析研究，加强对党中央治国理政新理念新思想新战略的研究阐释，提炼出有学理性的新理论，概括出有规律性的新实践。这是构建中国特色哲学社会科学的着力点、着重点。一切刻舟求剑、照猫画虎、生搬硬套、依样画葫芦的做法都是无济于事的。

第三，体现系统性、专业性。中国特色哲学社会科学应该涵盖历史、经济、政治、文化、社会、生态、军事、党建等各领域，囊括传统学科、新兴学科、前沿学科、交叉学科、冷门学科等诸多学科，不断推进学科体系、学术体系、话语体系建设和创新，努力构建一个全方位、全领域、全要素的哲学社会科学体系。

现在，我国哲学社会科学学科体系已基本确立，但还存在一些亟待解决的问题，主要是一些学科设置同社会发展联系不够紧密，学科体系不够健全，新兴学科、交叉学科建设比较薄弱。下一步，要突出优势、拓展领域、补齐短板、完善体系。一是要加强马克思主义学科建设。二是要加快完善对哲学社会科学具有支撑作用的学科，如哲学、历史学、经济学、政治学、法学、社会学、民族学、新闻学、人口学、宗教学、心理学等，打造具有中国特色和普遍意义的学科体系。三是要注重发展优势重点学科。四是要加快发展具有重要现实意义的新兴学科和交叉学科，使这些学科研究成为我国哲学社会科学的重要突破点。五是要重视发展具有重要文化价值和传承意义的“绝学”、冷门学科。这些学科看上去同现实距离较远，但养兵千日、用兵一时，需要时也要拿得出来、用得上。还有一些学科事关文化传承的问题，如甲骨文等古文字研究等，要重视这些学科，确保有人做、有传承。总之，要通过努力，使基础学科健全扎实、重点学科优势突出、新兴学科和交叉学科创新发展、冷门学科代有传承、基础研究和应用研究相辅相成、学术研究和成果应用相互促进。

学科体系同教材体系密不可分。学科体系建设上不去，教材体系就上不去；反过来，教材体系上不去，学科体系就没有后劲。据统计，全国本科院校几乎都设立了哲学社会科学学科，文科生也占了在校学生很大比例。这些学生是我国哲学社会科学后备军，如果在学生阶段没有学会正确的世界观、方法论，没有打下扎实的知识基础，将来就难以担当重任。高校哲学社会科学有重要的育人功能，要面向全体学生，帮助学生形成正确的世界观、人生观、价值观，提高道德修养和精神境界，养成科学思维习惯，促进身心和人格健康发展。培养出好的哲学社会科学有用之才，就要有好的教材。经过努力，我们在实施马克思主义理论研究和建设工程的过程中，教材建设取得了重要成果，但总体看这方面还是一个短板。要抓好教材体系建设，形成适应中国特色社会主义发展要求、立足国际学术前沿、门类齐全的哲学社会科学教材体系。在教材编写、推广、使用上要注重体制机制创新，调动学者、学校、出版机构等方面积极性，大家共同来做好这项工作。

发挥我国哲学社会科学作用，要注意加强话语体系建设。在解读中国实践、构建中国理论上，我们应该最有发言权，但实际上我国哲学社会科学在国际上的声音还比较小，还处于有理说不出、说了传不开的境地。要善于提炼标识性概念，打造易于为国际社会所理解和接受的新概念、新范畴、新表述，引导国际学术界展开研究和讨论。这项工作要从学科建设做起，每个学科都要构建成体系的学科理论和概念。要鼓励哲学社会科学机构参与和设立国际性学术组织，支持和鼓励建立海外中国学术研究中心，支持国外学会、基金会研究中国问题，加强国内外智库交流，推动海外中国学研究。要聚焦国际社会共同关注的问题，推出并牵头组织研究项目，增强我国哲学社会科学研究的国际影响力。要加强优秀外文学术网站和学术期刊建设，扶持面向国外推介高水平研究成果。对学者参加国际学术会议、发表学术文章，要给予支持。

构建中国特色哲学社会科学是一个系统工程，是一项极其繁重的任务，要加强顶层设计，统筹各方面力量协同推进。要实施哲学社会科学创新工程，搭建哲学社会科学创新平台，全面推进哲学社会科学各领域创新。要充分发挥马克思主义理论研究和建设工程、中国特色社会主义理论体系研究中心、马克思主义学院、报刊网络理论宣传等思想理论工作平台的作用，深化拓展马克思主义理论研究和宣传教育。要运用互联网和大数据技术，加强哲学社会科学图书文献、网络、数据库等基础设施和信息化建设，加快国家哲学社会科学文献中心建设，构建方便快捷、资源共享的哲学社会科学研究信息化平台。要创新科研经费分配、资助、管理体制，更好发挥国家社科基金作用，把财政拨款和专项资助结合起来，把普遍性经费资助和竞争性经费资助结合起来，把政府资助和社会捐赠结合起来，加大科研投入，提高经费使用效率。要建立科学权威、公开透明的哲学社会科学成果评价体系，建立优秀成果推介制度，把优秀研究成果真正评出来、推广开。

注　　释

〔**1**〕见毛泽东《同英国记者斯坦因的谈话》（《毛泽东文集》第 3 卷，人民出版社 1996 年版，第 192 页）。

〔**2**〕见马克思《集权问题本身以及有关 1842 年 5 月 17 日星期二〈莱茵报〉第 137 号附刊》（《马克思恩格斯全集》第 40 卷，人民出版社 1982 年版，第 289—290 页）。

〔**3**〕柏拉图（前 427—前 347），古希腊哲学家。

〔**4**〕亚里士多德（前 384—前 322），古希腊哲学家、科学家。

〔**5**〕托马斯·莫尔（1478—1535），英国政治家、人文主义者。

〔**6**〕康帕内拉（1568—1639），意大利哲学家、诗人、文学家。

〔**7**〕洛克（1632—1704），英国哲学家。

〔**8**〕孟德斯鸠（1689—1755），法国启蒙思想家、法学家。

〔**9**〕卢梭（1712—1778），法国启蒙思想家、哲学家、教育学家、文学家。

〔**10**〕汉密尔顿（1755 或 1757—1804），美国建国初期政治活动家。

〔**11**〕黑格尔（1770—1831），德国哲学家。

〔**12**〕克劳塞维茨（1780—1831），德国军事理论家。

〔**13**〕亚当·斯密（1723—1790），英国经济学家。

〔**14**〕马尔萨斯（1766—1834），英国经济学家。

〔**15**〕凯恩斯（1883—1946），英国经济学家。

〔**16**〕约瑟夫·熊彼特（1883—1950），美籍奥地利裔经济学家。

〔**17**〕萨缪尔森（1915—2009），美国经济学家。

〔**18**〕弗里德曼（1912—2006），美国经济学家。

〔**19**〕西蒙·库兹涅茨（1901—1985），美籍俄裔经济学家。

要有高度的文化自信*

（2016 年 11 月 30 日）

希望大家坚定文化自信，用文艺振奋民族精神。实现中华民族伟大复兴，必须坚定中国特色社会主义道路自信、理论自信、制度自信、文化自信。创作出具有鲜明民族特点和个性的优秀作品，要对博大精深的中华文化有深刻的理解，更要有高度的文化自信。广大文艺工作者要善于从中华文化宝库中萃取精华、汲取能量，保持对自身文化理想、文化价值的高度信心，保持对自身文化生命力、创造力的高度信心，使自己的作品成为激励中国人民和中华民族不断前行的精神力量。

文化是一个国家、一个民族的灵魂。历史和现实都表明，一个抛弃了或者背叛了自己历史文化的民族，不仅不可能发展起来，而且很可能上演一幕幕历史悲剧。文化自信，是更基础、更广泛、更深厚的自信，是更基本、更深沉、更持久的力量。坚定文化自信，是事关国运兴衰、事关文化安全、事关民族精神独立性的大问题。没有文化自信，不可能写出有骨气、有个性、有神采的作品。

---

* 这是习近平在中国文学艺术界联合会第十次全国代表大会、中国作家协会第九次全国代表大会开幕式上讲话的一部分。

古往今来，世界各民族无一例外受到其在各个历史发展阶段上产生的文艺精品和文艺巨匠的深刻影响。中华民族精神，既体现在中国人民的奋斗历程和奋斗业绩中，体现在中国人民的精神生活和精神世界中，也反映在几千年来中华民族产生的一切优秀作品中，反映在我国一切文学家、艺术家的杰出创造活动中。

在每一个历史时期，中华民族都留下了无数不朽作品。从诗经、楚辞、汉赋，到唐诗、宋词、元曲、明清小说等，共同铸就了灿烂的中国文艺历史星河。中华民族文艺创造力是如此强大、创造的成就是如此辉煌，中华民族素有文化自信的气度，我们应该为此感到无比自豪，也应该为此感到无比自信。

一个时代有一个时代的文艺，一个时代有一个时代的精神。任何一个时代的经典文艺作品，都是那个时代社会生活和精神的写照，都具有那个时代的烙印和特征。任何一个时代的文艺，只有同国家和民族紧紧维系、休戚与共，才能发出振聋发聩的声音。反映时代是文艺工作者的使命。广大文艺工作者要把握时代脉搏，承担时代使命，聆听时代声音，勇于回答时代课题。

古今中外，文艺无不遵循这样一条规律：因时而兴，乘势而变，随时代而行，与时代同频共振。在人类发展的每一个重大历史关头，文艺都能发时代之先声、开社会之先风、启智慧之先河，成为时代变迁和社会变革的先导。离开火热的社会实践，在恢宏的时代主旋律之外茕茕孑立、喃喃自语，只能被时代淘汰。

对文艺来讲，思想和价值观念是灵魂，一切表现形式都是表达一定思想和价值观念的载体。离开了一定思想和价值观念，再丰富多样的表现形式也是苍白无力的。文艺的性质决定了它必须以反映时代精神为神圣使命。社会主义核心价值观是当代中国精神的集中体现，是凝聚中国力量的思想道德基础。广大文艺工作者要把培育和弘扬社会主义核心价值观作为根本任务，坚定不移用中国人独特的思想、情感、审美去创作属于这个时代、又有鲜明中国风格的优秀作品。

祖国是人民最坚实的依靠，英雄是民族最闪亮的坐标。歌唱祖国、礼赞英雄从来都是文艺创作的永恒主题，也是最动人的篇章。我们要高扬爱国主义主旋律，用生动的文学语言和光彩夺目的艺术形象，装点祖国的秀美河山，描绘中华民族的卓越风华，激发每一个中国人的民族自豪感和国家荣誉感。对中华民族的英雄，要心怀崇敬，浓墨重彩记录英雄、塑造英雄，让英雄在文艺作品中得到传扬，引导人民树立正确的历史观、民族观、国家观、文化观，绝不做亵渎祖先、亵渎经典、亵渎英雄的事情。要抒写改革开放和社会主义现代化建设的蓬勃实践，抒写多彩的中国、进步的中国、团结的中国，激励全国各族人民朝气蓬勃迈向未来。

坚定文化自信，离不开对中华民族历史的认知和运用。历史是一面镜子，从历史中，我们能够更好看清世界、参透生活、认识自己；历史也是一位智者，同历史对话，我们能够更好认识过去、把握当下、面向未来。“观古今于须臾，抚四海于一瞬”〔1〕。没有历史感，文学家、艺术家就很难有丰富的灵感和深刻的思想。文学家、艺术家要结合史料进行艺术再现，必须有史识、史才、史德。

历史给了文学家、艺术家无穷的滋养和无限的想象空间，但文学家、艺术家不能用无端的想象去描写历史，更不能使历史虚无化。文学家、艺术家不可能完全还原历史的真实，但有责任告诉人们真实的历史，告诉人们历史中最有价值的东西。戏弄历史的作品，不仅是对历史的不尊重，而且是对自己创作的不尊重，最终必将被历史戏弄。只有树立正确历史观，尊重历史、按照艺术规律呈现的艺术化的历史，才能经得起历史的检验，才能立之当世、传之后人。

中华文化既是历史的、也是当代的，既是民族的、也是世界的。只有扎根脚下这块生于斯、长于斯的土地，文艺才能接住地气、增加底气、灌注生气，在世界文化激荡中站稳脚跟。正所谓“落其实者思其树，饮其流者怀其源”〔2〕。我们要坚持不忘本来、吸收外来、面向未来，在继承中转化，在学习中超越，创作更多体现中华文化精髓、反映中国人审美追求、传播当代中国价值观念、又符合世界进步潮流的优秀作品，让我国文艺以鲜明的中国特色、中国风格、中国气派屹立于世。

注　释

〔1〕见西晋陆机《文赋》。

〔2〕见南北朝时期庾信《徵调曲》。

注重家庭，注重家教，注重家风*

（2016 年 12 月 12 日）

中华民族历来重视家庭。正所谓“天下之本在家”[1]。尊老爱幼、妻贤夫安，母慈子孝、兄友弟恭，耕读传家、勤俭持家，知书达礼、遵纪守法，家和万事兴等中华民族传统家庭美德，铭记在中国人的心灵中，融入中国人的血脉中，是支撑中华民族生生不息、薪火相传的重要精神力量，是家庭文明建设的宝贵精神财富。

随着我国改革开放不断深入，随着我国经济社会发展不断推进，随着我国人民生活水平不断提高，城乡家庭的结构和生活方式发生了新变化。但是，无论时代如何变化，无论经济社会如何发展，对一个社会来说，家庭的生活依托都不可替代，家庭的社会功能都不可替代，家庭的文明作用都不可替代。无论过去、现在还是将来，绝大多数人都生活在家庭之中。我们要重视家庭文明建设，努力使千千万万个家庭成为国家发展、民族进步、社会和谐的重要基点，成为人们梦想启航的地方。这里，我给大家提几点希望。

第一，希望大家注重家庭。家庭是社会的细胞。家庭和

---

* 这是习近平在会见第一届全国文明家庭代表时讲话的一部分。

睦则社会安定，家庭幸福则社会祥和，家庭文明则社会文明。历史和现实告诉我们，家庭的前途命运同国家和民族的前途命运紧密相连。我们要认识到，千家万户都好，国家才能好，民族才能好。国家富强，民族复兴，人民幸福，不是抽象的，最终要体现在千千万万个家庭都幸福美满上，体现在亿万人民生活不断改善上。同时，我们还要认识到，国家好，民族好，家庭才能好。当前，全党全国各族人民正在实现"两个一百年"奋斗目标、实现中华民族伟大复兴中国梦的新长征路上砥砺前行。只有实现中华民族伟大复兴的中国梦，家庭梦才能梦想成真。中国人历来讲求精忠报国，革命战争年代母亲教儿打东洋、妻子送郎上战场，社会主义建设时期先大家后小家、为大家舍小家，都体现着向上的家庭追求，体现着高尚的家国情怀。

广大家庭都要把爱家和爱国统一起来，把实现家庭梦融入民族梦之中，心往一处想，劲往一处使，用我们4亿多家庭、13亿多人民的智慧和热情汇聚起实现"两个一百年"奋斗目标、实现中华民族伟大复兴中国梦的磅礴力量。

第二，希望大家注重家教。家庭是人生的第一个课堂，父母是孩子的第一任老师。孩子们从牙牙学语起就开始接受家教，有什么样的家教，就有什么样的人。家庭教育涉及很多方面，但最重要的是品德教育，是如何做人的教育。也就是古人说的"爱子，教之以义方"[2]，"爱之不以道，适所以害之也"[3]。青少年是家庭的未来和希望，更是国家的未来和希望。古人都知道，养不教，父之过。家长应该担负起教育后代的责任。家长特别是父母对子女的影响很大，往往可以影响一个人的一生。中国古代流传下来的孟母三迁、岳母刺字、画荻教子讲的就是这样的故事。我从小就看我妈妈给我买的小人书《岳飞传》，有十几本，其中一本就是讲“岳母刺字”，精忠报国在我脑海中留下的印象很深。作为父母和家长，应该把美好的道德观念从小就传递给孩子，引导他们有做人的气节和骨气，帮助他们形成美好心灵，促使他们健康成长，长大后成为对国家和人民有用的人。

广大家庭都要重言传、重身教，教知识、育品德，身体力行、耳濡目染，帮助孩子扣好人生的第一粒扣子，迈好人生的第一个台阶。要在家庭中培育和践行社会主义核心价值观，引导家庭成员特别是下一代热爱党、热爱祖国、热爱人民、热爱中华民族。要积极传播中华民族传统美德，传递尊老爱幼、男女平等、夫妻和睦、勤俭持家、邻里团结的观念，倡导忠诚、责任、亲情、学习、公益的理念，推动人们在为家庭谋幸福、为他人送温暖、为社会作贡献的过程中提高精神境界、培育文明风尚。

第三，希望大家注重家风。家风是社会风气的重要组成部分。家庭不只是人们身体的住处，更是人们心灵的归宿。家风好，就能家道兴盛、和顺美满；家风差，难免殃及子孙、贻害社会，正所谓“积善之家，必有余庆；积不善之家，必有余殃”〔4〕。诸葛亮诫子格言、颜氏家训、朱子家训等，都是在倡导一种家风。毛泽东、周恩来、朱德同志等老一辈革命家都高度重视家风。我看了很多革命烈士留给子女的遗言，谆谆嘱托，殷殷希望，十分感人。

广大家庭都要弘扬优良家风，以千千万万家庭的好家风支撑起全社会的好风气。特别是各级领导干部要带头抓好家风。《礼记·大学》中说:“所谓治国必先齐其家者，其家不可教而能教人者，无之。”领导干部的家风，不仅关系自己的家庭，而且关系党风政风。各级领导干部特别是高级干部要继承和弘扬中华优秀传统文化，继承和弘扬革命前辈的红色家风，向焦裕禄、谷文昌、杨善洲〔5〕等同志学习，做家风建设的表率，把修身、齐家落到实处。各级领导干部要保持高尚道德情操和健康生活情趣，严格要求亲属子女，过好亲情关，教育他们树立遵纪守法、艰苦朴素、自食其力的良好观念，明白见利忘义、贪赃枉法都是不道德的事情，要为全社会做表率。

今天受到表彰的家庭，要珍惜荣誉、再接再厉，带动全国千千万万个家庭行动起来，共同为促进家庭和睦、亲人相爱、下一代健康成长、老年人老有所养而努力，共同为提高全社会文明程度而努力。

各级党委和政府要充分认识家庭文明建设的重要性，负起领导责任，切实把家庭文明建设摆上议事日程。工会、共青团、妇联等群众团体要结合自身特点，积极组织开展家庭文明建设活动。各方面要满腔热情关心和帮助生活困难的家庭，帮助他们排忧解难。精神文明建设工作部门要发挥统筹、协调、指导、督促作用，动员社会各界广泛参与，推动形成爱国爱家、相亲相爱、向上向善、共建共享的社会主义家庭文明新风尚。

注　释

〔1〕见东汉荀悦《申鉴·政体》。

〔2〕见《左传·隐公三年》。

〔3〕见北宋司马光《资治通鉴·晋纪十八》。

〔4〕见《周易·坤·文言》。

〔5〕杨善洲（1927—2010），云南施甸人，云南省保山地区（今保山市）原地委书记。1988 年退休以后，扎根施甸县大亮山兴办林场，带领职工植树造林约 5.6 万亩。2009 年，把价值超过 3 亿元的林场经营管理权无偿移交给国家。2011 年，被评为第三届“全国道德模范”，被追授为“全国优秀共产党员”。

十、在发展中保障和改善民生

保障和改善民生没有终点，只有连续不断的新起点*

（2015 年 3 月 9 日—2016 年 5 月 25 日）

一

民生工作离老百姓最近，同老百姓生活最密切。要持之以恒把民生工作抓好，发扬钉钉子精神，有坚持不懈的韧劲，推出的每件事都要一抓到底，一件事情接着一件事情办，一年接着一年干，锲而不舍向前走，做到件件有着落、事事有回音，让群众看到变化、得到实惠。

（2015 年 3 月 9 日在参加第十二届全国人民代表大会第三次会议吉林代表团审议时的讲话要点）

二

做好保障和改善民生工作，可以增进社会消费预期，有

---

* 这是习近平 2015 年 3 月 9 日至 2016 年 5 月 25 日期间讲话中有关保障和改善民生内容的节录。

利于扩大内需，抓民生也是抓发展。要依靠产业带动和必要的政策激励，鼓励创业、扩大就业，努力增加城乡居民收入。要抓住群众最关心的教育、医疗、社会保障、食品安全等问题，实打实地做，循序渐进地推。要通过推进就业创业，发展社会事业，打好扶贫开发攻坚战，不断打通民生保障和经济发展相得益彰的路子。要高度重视公共安全工作，牢记公共安全是最基本的民生的道理，着力堵塞漏洞、消除隐患，着力抓重点、抓关键、抓薄弱环节，不断提高公共安全水平。要关心留守儿童、留守老年人，完善工作机制和措施，加强管理和服务，让他们都能感受到社会主义大家庭的温暖。

（2015 年 6 月 16 日—18 日在贵州调研时的讲话要点）

三

保障和改善民生没有终点，只有连续不断的新起点，要采取针对性更强、覆盖面更大、作用更直接、效果更明显的举措，实实在在帮群众解难题、为群众增福祉、让群众享公平。要从实际出发，集中力量做好普惠性、基础性、兜底性民生建设，不断提高公共服务共建能力和共享水平，织密扎牢托底的民生保障网、消除隐患，确保人民群众安居乐业、社会秩序安定有序。

（2016 年 2 月 1 日—3 日在江西调研时的讲话要点）

四

在当前经济下行压力加大、社会问题矛盾增多的情况下，尤其要履行好保基本、保底线、保民生的兜底责任。要从群众反映最强烈最突出最紧迫的问题着手，增强民生工作针对性、实效性、可持续性。随着供给侧结构性改革不断推进，会有一些职工下岗，要更加关注就业问题，创造更多就业岗位，落实和完善援助措施，通过鼓励企业吸纳、公益性岗位安置、社会政策托底等多种渠道帮助就业困难人员尽快就业，确保零就业家庭动态“清零”。

（2016 年 4 月 24 日—27 日在安徽调研时的讲话要点）

五

面对复杂的国内外经济形势，要把保障和改善民生紧紧抓在手上，切实托住这个底。财政等公共资金配置使用要向民生领域倾斜，民生支出要保住、切不可随意挤压。要突出重点，针对群众最关切的就业、教育、医疗、住房、养老、脱贫等问题发力。出台政策措施要深入调查研究，摸清底数，广泛听取意见，兼顾各方利益。政策实施后要跟踪反馈，发现问题及时调整完善。要加大政策公开力度，让群众知晓政策、理解政策、配合执行好政策。

（2016年5月23日—25日在黑龙江调研时的讲话要点）

解决好人民群众最关心最直接最现实的利益问题*

（2015 年 4 月 28 日—2016 年 12 月 31 日）

一

党和国家要实施积极的就业政策，创造更多就业岗位，改善就业环境，提高就业质量，不断增加劳动者特别是一线劳动者劳动报酬。要建立健全党和政府主导的维护群众权益机制，抓住劳动就业、技能培训、收入分配、社会保障、安全卫生等问题，关注一线职工、农民工、困难职工等群体，完善制度，排除阻碍劳动者参与发展、分享发展成果的障碍，努力让劳动者实现体面劳动、全面发展。要面对面、心贴心、实打实做好群众工作，把人民群众安危冷暖放在心上，雪中送炭，纾难解困，扎扎实实解决好群众最关心最直接最现实的利益问题、最困难最忧虑最急迫的实际问题。

（2015 年 4 月 28 日在庆祝“五一”国际劳动节

---

* 这是习近平 2015 年 4 月 28 日至 2016 年 12 月 31 日期间讲话中有关就业、安全生产、教育、社会治安、社会保障、住房、关心困难群众等方面内容的节录。

暨表彰全国劳动模范和先进工作者大会上的讲话）

二

确保安全生产应该作为发展的一条红线。我说过，发展不能以牺牲人的生命为代价。这个观念，必须在全社会牢固树立起来。要深刻认识安全生产工作的艰巨性、复杂性、紧迫性，坚持以人为本、生命至上，全面抓好安全生产责任制和管理、防范、监督、检查、奖惩措施的落实。要细化落实各级党委和政府的领导责任、相关部门的监管责任、企业的主体责任。针对高速铁路、城市轨道、油气管网、城市燃气、高层建筑防火、城中村等重点领域和煤矿、矿山、化工、烟花爆竹等重点行业，深入开展专项整治，强化预防和治本工作。要健全常态化的安全生产检查机制，定期不定期开展不打招呼、一插到底和谁检查、谁签字、谁负责的安全生产大检查，对检查发现的问题要厉行整改，切实消除隐患，确保万无一失。

（2015 年 5 月 29 日在主持中共十八届中央政治局第二十三次集体学习时的讲话）

三

教育公平是社会公平的重要基础，要不断促进教育发展成果更多更公平惠及全体人民，以教育公平促进社会公平正义。要加强对基础教育的支持力度，办好学前教育，均衡发展九年义务教育，基本普及高中阶段教育。要优化教育资源配置，逐步缩小区域、城乡、校际差距，特别是要加大对革命老区、民族地区、边远地区、贫困地区基础教育的投入力度，保障贫困地区办学经费，健全家庭困难学生资助体系。要推进教育精准脱贫，重点帮助贫困人口子女接受教育，阻断贫困代际传递，让每一个孩子都对自己有信心、对未来有希望。

（2016年9月9日在北京市八一学校考察时的讲话要点）

四

近年来，全国社会治安形势持续好转，暴力犯罪案件数量不断下降，人民群众安全感稳步提升，同时这方面仍有不少突出问题，非法集资、信息泄露、网络诈骗等案件相当猖獗，违法犯罪手段日趋信息化、动态化、智能化，以报复社会、制造影响为目的的个人极端暴力案件时有发生，严重暴力犯罪屡打不绝，等等。要坚持系统治理、依法治理、综合治理、源头治理，健全完善立体化社会治安防控体系，加强对社会舆情、治安动态、热点敏感问题的分析研判，及时发现苗头性、倾向性问题，有效防范化解管控各种风险，确保人民生命财产安全。对暴力恐怖势力、民族分裂势力、宗教极端势力，要全力防范、坚决打击。要完善反恐工作体系，加强反恐国际合作，筑起铜墙铁壁，对暴力恐怖活动发现一起、打掉一起。对各种敌对势力的渗透、破坏、颠覆活动，要坚决防范和依法打击，决不能让他们起势、成势。

（2016 年 10 月 27 日在中共十八届六中全会第二次全体会议上的讲话）

五

要按照守住底线、突出重点、完善制度、引导舆论的思路，深入细致做好社会托底工作。要完善各项社会政策，努力提高就业、养老、教育、医疗、环境保护等公共服务水平和质量。要针对特定人群特殊困难加强帮扶，保障基本民生。对去产能中出现的下岗职工，要妥善安置。要关心收入明显下降的职工，对难以转岗的“4050”人群要发挥社会保障托底作用。对职工安置困难较大和财政收支压力大的地区，要加大结构调整专项奖补资金和就业专项资金倾斜力度。要加强社会领域制度建设，扩大人民群众获得感，维护社会和谐稳定。

（2016 年 12 月 14 日在中央经济工作会议上的讲话）

六

解决好房地产问题，要坚持“房子是用来住的、不是用来炒的”这个定位。出发点要站准，落脚点要站好，不要搞偏了。要从实际出发，综合运用金融、土地、财税、投资、立法等手段，加快研究建立符合国情、适应市场规律的基础性制度和长效机制，抑制房地产泡沫，防止出现大起大落。

（2016 年 12 月 14 日在中央经济工作会议上的讲话）

七

新年之际，我最牵挂的还是困难群众，他们吃得怎么样、住得怎么样，能不能过好新年、过好春节。我也了解，部分群众在就业、子女教育、就医、住房等方面还面临一些困难，不断解决好这些问题是党和政府义不容辞的责任。全党全社会要继续关心和帮助贫困人口和有困难的群众，让改革发展成果惠及更多群众，让人民生活更加幸福美满。

（2016 年 12 月 31 日发表的二〇一七年新年贺词）

不断扩大中等收入群体*

（2016 年 5 月 16 日）

扩大中等收入群体，关系全面建成小康社会目标的实现，是转方式调结构的必然要求，是维护社会和谐稳定、国家长治久安的必然要求。扩大中等收入群体，必须坚持有质量有效益的发展，保持宏观经济稳定，为人民群众生活改善打下更为雄厚的基础；必须弘扬勤劳致富精神，激励人们通过劳动创造美好生活；必须完善收入分配制度，坚持按劳分配为主体、多种分配方式并存的制度，把按劳分配和按生产要素分配结合起来，处理好政府、企业、居民三者分配关系；必须强化人力资本，加大人力资本投入力度，着力把教育质量搞上去，建设现代职业教育体系；必须发挥好企业家作用，帮助企业解决困难、化解困惑，保障各种要素投入获得回报；必须加强产权保护，健全现代产权制度，加强对国有资产所有权、经营权、企业法人财产权保护，加强对非公有制经济产权保护，加强知识产权保护，增强人民群众财产安全感。

---

* 这是习近平在中央财经领导小组第十三次会议上的讲话要点。

推进健康中国建设*

（2016 年 8 月 19 日）

没有全民健康，就没有全面小康。要把人民健康放在优先发展的战略地位，以普及健康生活、优化健康服务、完善健康保障、建设健康环境、发展健康产业为重点，加快推进健康中国建设，努力全方位、全周期保障人民健康，为实现“两个一百年”奋斗目标、实现中华民族伟大复兴的中国梦打下坚实健康基础。

健康是促进人的全面发展的必然要求，是经济社会发展的基础条件，是民族昌盛和国家富强的重要标志，也是广大人民群众的共同追求。我们党从成立起就把保障人民健康同争取民族独立、人民解放的事业紧紧联系在一起。改革开放以来，我国卫生与健康事业加快发展，医疗卫生服务体系不断完善，基本公共卫生服务均等化水平稳步提高，公共卫生整体实力和疾病防控能力上了一个大台阶。经过长期努力，我们不仅显著提高了人民健康水平，而且开辟了一条符合我国国情的卫生与健康发展道路。

长期以来，我国广大卫生与健康工作者弘扬“敬佑生命、

---

* 这是习近平在全国卫生与健康大会上的讲话要点。

救死扶伤、甘于奉献、大爱无疆”的精神，全心全意为人民服务，特别是在面对重大传染病威胁、抗击重大自然灾害时，广大卫生与健康工作者临危不惧、义无反顾、勇往直前、舍己救人，赢得了全社会赞誉。

当前，由于工业化、城镇化、人口老龄化，由于疾病谱、生态环境、生活方式不断变化，我国仍然面临多重疾病威胁并存、多种健康影响因素交织的复杂局面，我们既面对着发达国家面临的卫生与健康问题，也面对着发展中国家面临的卫生与健康问题。如果这些问题不能得到有效解决，必然会严重影响人民健康，制约经济发展，影响社会和谐稳定。

在推进健康中国建设的过程中，我们要坚持中国特色卫生与健康发展道路，把握好一些重大问题。要坚持正确的卫生与健康工作方针，以基层为重点，以改革创新为动力，预防为主，中西医并重，将健康融入所有政策，人民共建共享。要坚持基本医疗卫生事业的公益性，不断完善制度、扩展服务、提高质量，让广大人民群众享有公平可及、系统连续的预防、治疗、康复、健康促进等健康服务。要坚持提高医疗卫生服务质量和水平，让全体人民公平获得。要坚持正确处理政府和市场关系，在基本医疗卫生服务领域政府要有所为，在非基本医疗卫生服务领域市场要有活力。

要坚定不移贯彻预防为主方针，坚持防治结合、联防联控、群防群控，努力为人民群众提供全生命周期的卫生与健康服务。要重视重大疾病防控，优化防治策略，最大程度减少人群患病。要重视少年儿童健康，全面加强幼儿园、中小学的卫生与健康工作，加强健康知识宣传力度，提高学生主动防病意识，有针对性地实施贫困地区学生营养餐或营养包行动，保障生长发育。要重视重点人群健康，保障妇幼健康，为老年人提供连续的健康管理服务和医疗服务，努力实现残疾人“人人享有康复服务”的目标，关注流动人口健康问题，深入实施健康扶贫工程。要倡导健康文明的生活方式，树立大卫生、大健康的观念，把以治病为中心转变为以人民健康为中心，建立健全健康教育体系，提升全民健康素养，推动全民健身和全民健康深度融合。要加大心理健康问题基础性研究，做好心理健康知识和心理疾病科普工作，规范发展心理治疗、心理咨询等心理健康服务。

良好的生态环境是人类生存与健康的基础。要按照绿色发展理念，实行最严格的生态环境保护制度，建立健全环境与健康监测、调查、风险评估制度，重点抓好空气、土壤、水污染的防治，加快推进国土绿化，切实解决影响人民群众健康的突出环境问题。要继承和发扬爱国卫生运动优良传统，持续开展城乡环境卫生整洁行动，加大农村人居环境治理力度，建设健康、宜居、美丽家园。要贯彻食品安全法，完善食品安全体系，加强食品安全监管，严把从农田到餐桌的每一道防线。要牢固树立安全发展理念，健全公共安全体系，努力减少公共安全事件对人民生命健康的威胁。

当前，医药卫生体制改革已进入深水区，到了啃硬骨头的攻坚期。要加快把党的十八届三中全会确定的医药卫生体制改革任务落到实处。要着力推进基本医疗卫生制度建设，努力在分级诊疗制度、现代医院管理制度、全民医保制度、药品供应保障制度、综合监管制度 5 项基本医疗卫生制度建设上取得突破。要着力推动中医药振兴发展，坚持中西医并重，推动中医药和西医药相互补充、协调发展，努力实现中医药健康养生文化的创造性转化、创新性发展。要着力发挥广大医务人员积极性，从提升薪酬待遇、发展空间、执业环境、社会地位等方面入手，关心爱护医务人员身心健康，通过多种形式增强医务人员职业荣誉感，营造全社会尊医重卫的良好风气。我国广大卫生与健康工作者要弘扬和践行社会主义核心价值观，强化医德医风建设和行业自律，为人民提供最好的卫生与健康服务。要严厉依法打击涉医违法犯罪行为特别是伤害医务人员的暴力犯罪行为，保护医务人员安全。

推进健康中国建设，是我们党对人民的郑重承诺。各级党委和政府要把这项重大民心工程摆上重要日程，强化责任担当，狠抓推动落实。要把医药卫生体制改革纳入全面深化改革中同部署、同要求、同考核，支持地方因地制宜、差别化探索。要全面建立健康影响评价评估制度，系统评估各项经济社会发展规划和政策、重大工程项目对健康的影响。要完善人口健康信息服务体系建设，推进健康医疗大数据应用。

长期以来，我国在履行国际义务、参与全球健康治理方面取得重要进展，全面展示了我国国际人道主义和负责任大国形象，国际社会也给予广泛好评。我们要积极参与健康相关领域国际标准、规范等的研究和谈判，完善我国参与国际重特大突发公共卫生事件应对的紧急援外工作机制，加强同“一带一路”建设沿线国家卫生与健康领域的合作。

集中力量做好基础性、兜底性民生建设*

（2016年10月27日）

发展经济的根本目的是更好保障和改善民生。毛泽东同志早在1934年就说过："一切群众的实际生活问题，都是我们应当注意的问题。假如我们对这些问题注意了，解决了，满足了群众的需要，我们就真正成了群众生活的组织者，群众就会真正围绕在我们的周围，热烈地拥护我们。"[1]当前，民生工作面临的宏观环境和内在条件都在发生变化，过去有饭吃、有学上、有房住是基本需求，现在人民群众有收入稳步提升、优质医疗服务、教育公平、住房改善、优美环境和洁净空气等更多层次的需求。要适应这些新变化，按照守住底线、突出重点、完善制度、引导预期的工作思路，从人民群众最关心最直接最现实的利益问题入手，采取针对性更强、覆盖面更大、作用更直接、效果更明显的举措，集中力量做好基础性、兜底性民生建设，统筹做好教育、收入分配、就业、社会保障、医疗卫生、住房等方面的工作。特别是要做

* 这是习近平在中共十八届六中全会第二次全体会议上讲话的一部分。

好稳定就业工作，多种渠道安置好因去产能而转岗下岗的职工，帮助就业困难人员尽快就业，保证零就业家庭动态“清零”。要保证养老金按时足额发放，不要有遗漏、不要留死角。要强化措施、强化责任，保证脱贫攻坚工作扎实落地，保障好困难群众生活。还要安排好受灾群众生活，抓紧灾后恢复重建工作，让受灾群众早日安居乐业。

注　释

〔**1**〕见毛泽东《关心群众生活，注意工作方法》(《毛泽东选集》第 1 卷，人民出版社 1991 年版，第 137 页)。

加快建设世界一流大学和一流学科*

（2016 年 12 月 7 日）

高校思想政治工作关系高校培养什么样的人、如何培养人以及为谁培养人这个根本问题。要坚持把立德树人作为中心环节，把思想政治工作贯穿教育教学全过程，实现全程育人、全方位育人，努力开创我国高等教育事业发展新局面。

教育强则国家强。高等教育发展水平是一个国家发展水平和发展潜力的重要标志。实现中华民族伟大复兴，教育的地位和作用不可忽视。我们对高等教育的需要比以往任何时候都更加迫切，对科学知识和卓越人才的渴求比以往任何时候都更加强烈。党中央作出加快建设世界一流大学和一流学科的战略决策，就是要提高我国高等教育发展水平，增强国家核心竞争力。

我国有独特的历史、独特的文化、独特的国情，决定了我国必须走自己的高等教育发展道路，扎实办好中国特色社会主义高校。我国高等教育发展方向要同我国发展的现实目

---

* 这是习近平在全国高校思想政治工作会议上的讲话要点。

标和未来方向紧密联系在一起，为人民服务，为中国共产党治国理政服务，为巩固和发展中国特色社会主义制度服务，为改革开放和社会主义现代化建设服务。

我国高等教育肩负着培养德智体美全面发展的社会主义事业建设者和接班人的重大任务，必须坚持正确政治方向。高校立身之本在于立德树人。只有培养出一流人才的高校，才能够成为世界一流大学。办好我国高校，办出世界一流大学，必须牢牢抓住全面提高人才培养能力这个核心点，并以此来带动高校其他工作。

我们的高校是党领导下的高校，是中国特色社会主义高校。办好我们的高校，必须坚持以马克思主义为指导，全面贯彻党的教育方针。要坚持不懈传播马克思主义科学理论，抓好马克思主义理论教育，为学生一生成长奠定科学的思想基础。要坚持不懈培育和弘扬社会主义核心价值观，引导广大师生做社会主义核心价值观的坚定信仰者、积极传播者、模范践行者。要坚持不懈促进高校和谐稳定，培育理性平和的健康心态，加强人文关怀和心理疏导，把高校建设成为安定团结的模范之地。要坚持不懈培育优良校风和学风，使高校发展做到治理有方、管理到位、风清气正。

思想政治工作从根本上说是做人的工作，必须围绕学生、关照学生、服务学生，不断提高学生思想水平、政治觉悟、道德品质、文化素养，让学生成为德才兼备、全面发展的人才。

要教育引导学生正确认识世界和中国发展大势，从我们党探索中国特色社会主义历史发展和伟大实践中，认识和把握人类社会发展的历史必然性，认识和把握中国特色社会主义的历史必然性，不断树立为共产主义远大理想和中国特色社会主义共同理想而奋斗的信念和信心；正确认识中国特色和国际比较，全面客观认识当代中国、看待外部世界；正确认识时代责任和历史使命，用中国梦激扬青春梦，为学生点亮理想的灯、照亮前行的路，激励学生自觉把个人的理想追求融入国家和民族的事业中，勇做走在时代前列的奋进者、开拓者；正确认识远大抱负和脚踏实地，珍惜韶华、脚踏实地，把远大抱负落实到实际行动中，让勤奋学习成为青春飞扬的动力，让增长本领成为青春搏击的能量。

做好高校思想政治工作，要因事而化、因时而进、因势而新。要遵循思想政治工作规律，遵循教书育人规律，遵循学生成长规律，不断提高工作能力和水平。要用好课堂教学这个主渠道，思想政治理论课要坚持在改进中加强，提升思想政治教育亲和力和针对性，满足学生成长发展需求和期待，其他各门课都要守好一段渠、种好责任田，使各类课程与思想政治理论课同向同行，形成协同效应。要加快构建中国特色哲学社会科学学科体系和教材体系，推出更多高水平教材，创新学术话语体系，建立科学权威、公开透明的哲学社会科学成果评价体系，努力构建全方位、全领域、全要素的哲学社会科学体系。要更加注重以文化人以文育人，广泛开展文明校园创建，开展形式多样、健康向上、格调高雅的校园文化活动，广泛开展各类社会实践。要运用新媒体新技术使工作活起来，推动思想政治工作传统优势同信息技术高度融合，增强时代感和吸引力。

教师是人类灵魂的工程师，承担着神圣使命。传道者自己首先要明道、信道。高校教师要坚持教育者先受教育，努力成为先进思想文化的传播者、党执政的坚定支持者，更好担起学生健康成长指导者和引路人的责任。要加强师德师风建设，坚持教书和育人相统一，坚持言传和身教相统一，坚持潜心问道和关注社会相统一，坚持学术自由和学术规范相统一，引导广大教师以德立身、以德立学、以德施教。

办好我国高等教育，必须坚持党的领导，牢牢掌握党对高校工作的领导权，使高校成为坚持党的领导的坚强阵地。党委要保证高校正确办学方向，掌握高校思想政治工作主导权，保证高校始终成为培养社会主义事业建设者和接班人的坚强阵地。各级党委要把高校思想政治工作摆在重要位置，加强领导和指导，形成党委统一领导、各部门各方面齐抓共管的工作格局。各地党委书记和有关部门党组书记要多到高校走走，多同师生接触，多去高校作报告，回答师生关注的理论和现实问题。要加强同高校知识分子的联系，多关心、多交流、多鼓励，善交朋友、广交朋友、深交朋友，多听他们的意见，真听他们的意见。

高校党委对学校工作实行全面领导，承担管党治党、办学治校主体责任，把方向、管大局、作决策、保落实。要加强高校党的基层组织建设，创新体制机制，改进工作方式，提高党的基层组织做思想政治工作能力。要做好在高校教师和学生中发展党员工作，加强党员队伍教育管理，使每个师生党员都做到在党爱党、在党言党、在党为党。

长期以来，高校思想政治工作队伍兢兢业业、甘于奉献、奋发有为，为高等教育事业发展作出了重要贡献。要拓展选拔视野，抓好教育培训，强化实践锻炼，健全激励机制，整体推进高校党政干部和共青团干部、思想政治理论课教师和哲学社会科学课教师、辅导员班主任和心理咨询教师等队伍建设，保证这支队伍后继有人、源源不断。

把维护国家安全的战略主动权牢牢掌握在自己手中*

（2017 年 2 月 17 日）

要准确把握国家安全形势，牢固树立和认真贯彻总体国家安全观，以人民安全为宗旨，走中国特色国家安全道路，努力开创国家安全工作新局面，为中华民族伟大复兴中国梦提供坚实安全保障。

召开这次座谈会，就是想听取大家的意见和建议，分析国家安全形势，对当前和今后一个时期国家安全工作进行研究部署。

党的十八大以来，党中央高度重视国家安全工作，成立中央国家安全委员会，提出总体国家安全观，明确国家安全战略方针和总体部署，推动国家安全工作取得显著成效。

国家安全涵盖领域十分广泛，在党和国家工作全局中的重要性日益凸显。我们正在推进具有许多新的历史特点的伟大斗争、党的建设新的伟大工程、中国特色社会主义伟大事业，时刻面对各种风险考验和重大挑战。这既对国家安全工

---

* 这是习近平在国家安全工作座谈会上的讲话要点。

作提出了新课题，也为做好国家安全工作提供了新机遇。国家安全工作归根结底是保障人民利益，要坚持国家安全一切为了人民、一切依靠人民，为群众安居乐业提供坚强保障。

认清国家安全形势，维护国家安全，要立足国际秩序大变局来把握规律，立足防范风险的大前提来统筹，立足我国发展重要战略机遇期大背景来谋划。世界多极化、经济全球化、国际关系民主化的大方向没有改变，要引导国际社会共同塑造更加公正合理的国际新秩序。要切实加强国家安全工作，为维护重要战略机遇期提供保障。不论国际形势如何变幻，我们要保持战略定力、战略自信、战略耐心，坚持以全球思维谋篇布局，坚持统筹发展和安全，坚持底线思维，坚持原则性和策略性相统一，把维护国家安全的战略主动权牢牢掌握在自己手中。

要突出抓好政治安全、经济安全、国土安全、社会安全、网络安全等各方面安全工作。要完善立体化社会治安防控体系，提高社会治理整体水平，注意从源头上排查化解矛盾纠纷。要加强交通运输、消防、危险化学品等重点领域安全生产治理，遏制重特大事故的发生。要筑牢网络安全防线，提高网络安全保障水平，强化关键信息基础设施防护，加大核心技术研发力度和市场化引导，加强网络安全预警监测，确保大数据安全，实现全天候全方位感知和有效防护。要积极塑造外部安全环境，加强安全领域合作，引导国际社会共同维护国际安全。要加大对维护国家安全所需的物质、技术、装备、人才、法律、机制等保障方面的能力建设，更好适应国家安全工作需要。

坚持党对国家安全工作的领导，是做好国家安全工作的根本原则。各地区要建立健全党委统一领导的国家安全工作责任制，强化维护国家安全责任，守土有责、守土尽责。要关心和爱护国家安全干部队伍，为他们提供便利条件和政策保障。

走中国特色社会主义社会治理之路*

（2017 年 9 月 19 日）

发展是硬道理，稳定也是硬道理，抓发展、抓稳定两手都要硬。要坚定不移走中国特色社会主义社会治理之路，善于把党的领导和我国社会主义制度优势转化为社会治理优势，着力推进社会治理系统化、科学化、智能化、法治化，不断完善中国特色社会主义社会治理体系，确保人民安居乐业、社会安定有序、国家长治久安。

同志们在各自岗位上为创新社会治理、建设平安中国作出了突出贡献，是全国综治战线的标杆，也是全社会学习的榜样。我相信，这次表彰对弘扬正气、激励全国综治战线广大干部职工更好肩负起党和人民赋予的重大职责和光荣使命必将产生重大推动作用。

党的十八大以来，党和国家事业发生了历史性变革，取得了历史性成就。这是在党中央领导下，全党全国各族人民共同努力的结果，也凝聚着全国综治战线广大干部职工的智

---

* 这是习近平在会见全国社会治安综合治理表彰大会代表时的讲话要点。

慧和汗水。5年来，同志们高举中国特色社会主义伟大旗帜，认真贯彻落实党中央决策部署，坚持围绕中心、服务大局，一手抓保安全、护稳定，一手抓打基础、谋长远，不断创新社会治理理念思路、体制机制、方法手段，防范处置了一大批影响社会稳定的突出问题，增强了人民群众安全感和满意度，为维护改革发展稳定大局作出了重要贡献，涌现出一大批先进典型。

今天受到表彰的先进集体和先进个人就是其中的杰出代表。在你们中间，有的同志自觉肩负起促一方发展、保一方平安的政治责任，兢兢业业做好发展和稳定各项工作；有的同志始终把人民群众安危冷暖放在心上，危难时刻挺身而出、冲锋在前，用鲜血和生命守护千家万户安宁幸福；有的同志勇立时代潮头，用改革的思维、创新的办法提升社会治理效能，成为破难题、补短板、防风险的实干家；有的同志扎根基层、默默奉献，一干就是几十年，甘当维护社会和谐稳定的螺丝钉。你们身上体现了忠诚的政治品格、真挚的为民情怀、良好的职业精神、扎实的工作作风，你们用辛劳乃至流血牺牲换来了国家安全、社会祥和、人民幸福，不愧为党和人民的忠诚卫士，不愧为平安中国的守护者，不愧为中国特色社会主义的建设者、捍卫者，党和人民感谢你们。

我提3点要求。一是要自觉坚持党的领导，增强政治意识、大局意识、核心意识、看齐意识，坚决维护党中央权威和集中统一领导，坚持从党和国家大局出发看问题、想问题，清醒看到存在的困难和面临的挑战，坚决打好防范和管控重大风险攻坚战。二是要深入分析和准确判断当前世情国情党情，从我国实际出发，遵循治理规律，把握时代特征，加强和创新社会治理，更好解决我国社会出现的各种问题，确保社会既充满活力又和谐有序。三是要着力推进社会治理系统化、科学化、智能化、法治化，深化对社会运行规律和治理规律的认识，善于运用先进的理念、科学的态度、专业的方法、精细的标准提升社会治理效能，增强社会治理整体性和协同性，提高预测预警预防各类风险能力，增强社会治理预见性、精准性、高效性，同时要树立法治思维、发挥德治作用，更好引领和规范社会生活，努力实现法安天下、德润人心。

各级党委和政府要把加强和创新社会治理摆到更加突出的位置，健全落实责任制，及时研究解决体制机制性问题，关心爱护综治战线广大干部职工，让他们组织上有归属感、工作上有荣誉感、生活上有幸福感，满怀信心创造无愧于党和人民的新业绩。

十一、建设美丽中国

推进生态文明建设，改革我国环保管理体制*

（2015 年 10 月 26 日）

关于实行能源和水资源消耗、建设用地等总量和强度双控行动。推进生态文明建设，解决资源约束趋紧、环境污染严重、生态系统退化的问题，必须采取一些硬措施，真抓实干才能见效。实行能源和水资源消耗、建设用地等总量和强度双控行动，就是一项硬措施。这就是说，既要控制总量，也要控制单位国内生产总值能源消耗、水资源消耗、建设用地的强度。这项工作做好了，既能节约能源和水土资源，从源头上减少污染物排放，也能倒逼经济发展方式转变，提高我国经济发展绿色水平。

“十一五”规划首次把单位国内生产总值能源消耗强度作为约束性指标，“十二五”规划提出合理控制能源消费总量。现在看，这样做既是必要的，也是有效的。根据当前资源环境面临的严峻形势，在继续实行能源消费总量和消耗强度双

---

* 这是习近平在中共十八届五中全会上所作的《关于〈中共中央关于制定国民经济和社会发展第十三个五年规划的建议〉的说明》的一部分。

控的基础上，水资源和建设用地也要实施总量和强度双控，作为约束性指标，建立目标责任制，合理分解落实。要研究建立双控的市场化机制，建立预算管理制度、有偿使用和交易制度，更多用市场手段实现双控目标。

关于探索实行耕地轮作休耕制度试点。经过长期发展，我国耕地开发利用强度过大，一些地方地力严重透支，水土流失、地下水严重超采、土壤退化、面源污染加重已成为制约农业可持续发展的突出矛盾。当前，国内粮食库存增加较多，仓储补贴负担较重。同时，国际市场粮食价格走低，国内外市场粮价倒挂明显。利用现阶段国内外市场粮食供给宽裕的时机，在部分地区实行耕地轮作休耕，既有利于耕地休养生息和农业可持续发展，又有利于平衡粮食供求矛盾、稳定农民收入、减轻财政压力。

实行耕地轮作休耕制度，国家可以根据财力和粮食供求状况，重点在地下水漏斗区、重金属污染区、生态严重退化地区开展试点，安排一定面积的耕地用于休耕，对休耕农民给予必要的粮食或现金补助。开展这项试点，要以保障国家粮食安全和不影响农民收入为前提，休耕不能减少耕地、搞非农化、削弱农业综合生产能力，确保急用之时粮食能够产得出、供得上。同时，要加快推动农业走出去，增加国内农产品供给。耕地轮作休耕情况复杂，要先探索进行试点。

关于实行省以下环保机构监测监察执法垂直管理制度。生态环境特别是大气、水、土壤污染严重，已成为全面建成小康社会的突出短板。扭转环境恶化、提高环境质量是广大人民群众的热切期盼，是“十三五”时期必须高度重视并切实推进的一项重要工作。现行以块为主的地方环保管理体制，使一些地方重发展轻环保、干预环保监测监察执法，使环保责任难以落实，有法不依、执法不严、违法不究现象大量存在。综合起来，现行环保体制存在4个突出问题：一是难以落实对地方政府及其相关部门的监督责任，二是难以解决地方保护主义对环境监测监察执法的干预，三是难以适应统筹解决跨区域、跨流域环境问题的新要求，四是难以规范和加强地方环保机构队伍建设。

建议稿提出的省以下环保机构监测监察执法垂直管理，主要指省级环保部门直接管理市（地）县的监测监察机构，承担其人员和工作经费，市（地）级环保局实行以省级环保厅（局）为主的双重管理体制，县级环保局不再单设而是作为市（地）级环保局的派出机构。这是对我国环保管理体制的一项重大改革，有利于增强环境执法的统一性、权威性、有效性。这项改革要在试点基础上全面推开，力争“十三五”时期完成改革任务。

保护生态环境应该而且必须成为发展的题中应有之义*

（2016 年 8 月 24 日）

现在，我们已到了必须加大生态环境保护建设力度的时候了，也到了有能力做好这件事情的时候了。一方面，多年快速发展积累的生态环境问题已经十分突出，老百姓意见大、怨言多，生态环境破坏和污染不仅影响经济社会可持续发展，而且对人民群众健康的影响已经成为一个突出的民生问题，必须下大气力解决好。另一方面，我们也具备解决好这个问题的条件和能力了。过去由于生产力水平低，为了多产粮食不得不毁林开荒、毁草开荒、填湖造地，现在温饱问题稳定解决了，保护生态环境就应该而且必须成为发展的题中应有之义。

---

* 这是习近平在青海省考察工作结束时讲话的一部分。

树立“绿水青山就是金山银山”的强烈意识*

（2016 年 11 月 28 日）

生态文明建设是“五位一体”总体布局和“四个全面”战略布局的重要内容。各地区各部门要切实贯彻新发展理念，树立“绿水青山就是金山银山”的强烈意识，努力走向社会主义生态文明新时代。

要深化生态文明体制改革，尽快把生态文明制度的“四梁八柱”建立起来，把生态文明建设纳入制度化、法治化轨道。要结合推进供给侧结构性改革，加快推动绿色、循环、低碳发展，形成节约资源、保护环境的生产生活方式。要加大环境督查工作力度，严肃查处违纪违法行为，着力解决生态环境方面突出问题，让人民群众不断感受到生态环境的改善。各级党委、政府及各有关方面要把生态文明建设作为一项重要任务，扎实工作、合力攻坚，坚持不懈、务求实效，切实把党中央关于生态文明建设的决策部署落到实处，为建设美丽中国、维护全球生态安全作出更大贡献。

---

* 这是习近平关于做好生态文明建设工作的批示。

推动形成绿色发展方式和生活方式*

（2017 年 5 月 26 日）

推动形成绿色发展方式和生活方式是贯彻新发展理念的必然要求，必须把生态文明建设摆在全局工作的突出地位，坚持节约资源和保护环境的基本国策，坚持节约优先、保护优先、自然恢复为主的方针，形成节约资源和保护环境的空间格局、产业结构、生产方式、生活方式，努力实现经济社会发展和生态环境保护协同共进，为人民群众创造良好生产生活环境。

人类发展活动必须尊重自然、顺应自然、保护自然，否则就会遭到大自然的报复。这个规律谁也无法抗拒。人因自然而生，人与自然是一种共生关系，对自然的伤害最终会伤及人类自身。只有尊重自然规律，才能有效防止在开发利用自然上走弯路。改革开放以来，我国经济社会发展取得历史性成就，这是值得我们自豪和骄傲的。同时，我们在快速发展中也积累了大量生态环境问题，成为明显的短板，成为

---

* 这是习近平在主持中共十八届中央政治局第四十一次集体学习时的讲话要点。

人民群众反映强烈的突出问题。这样的状况，必须下大气力扭转。

推动形成绿色发展方式和生活方式，是发展观的一场深刻革命。这就要坚持和贯彻新发展理念，正确处理经济发展和生态环境保护的关系，像保护眼睛一样保护生态环境，像对待生命一样对待生态环境，坚决摒弃损害甚至破坏生态环境的发展模式，坚决摒弃以牺牲生态环境换取一时一地经济增长的做法，让良好生态环境成为人民生活的增长点、成为经济社会持续健康发展的支撑点、成为展现我国良好形象的发力点，让中华大地天更蓝、山更绿、水更清、环境更优美。

要充分认识形成绿色发展方式和生活方式的重要性、紧迫性、艰巨性，把推动形成绿色发展方式和生活方式摆在更加突出的位置，加快构建科学适度有序的国土空间布局体系、绿色循环低碳发展的产业体系、约束和激励并举的生态文明制度体系、政府企业公众共治的绿色行动体系，加快构建生态功能保障基线、环境质量安全底线、自然资源利用上线三大红线，全方位、全地域、全过程开展生态环境保护建设。

我就推动形成绿色发展方式和生活方式提 6 项重点任务。一要加快转变经济发展方式。根本改善生态环境状况，必须改变过多依赖增加物质资源消耗、过多依赖规模粗放扩张、过多依赖高能耗高排放产业的发展模式，把发展的基点放到创新上来，塑造更多依靠创新驱动、更多发挥先发优势的引领型发展。这是供给侧结构性改革的重要任务。二要加大环境污染综合治理。要以解决大气、水、土壤污染等突出问题为重点，全面加强环境污染防治，持续实施大气污染防治行动计划，加强水污染防治，开展土壤污染治理和修复，加强农业面源污染治理，加大城乡环境综合整治力度。三要加快推进生态保护修复。要坚持保护优先、自然恢复为主，深入实施山水林田湖一体化生态保护和修复，开展大规模国土绿化行动，加快水土流失和荒漠化石漠化综合治理。四要全面促进资源节约集约利用。生态环境问题，归根到底是资源过度开发、粗放利用、奢侈消费造成的。资源开发利用既要支撑当代人过上幸福生活，也要为子孙后代留下生存根基。要树立节约集约循环利用的资源观，用最少的资源环境代价取得最大的经济社会效益。五要倡导推广绿色消费。生态文明建设同每个人息息相关，每个人都应该做践行者、推动者。要加强生态文明宣传教育，强化公民环境意识，推动形成节约适度、绿色低碳、文明健康的生活方式和消费模式，形成全社会共同参与的良好风尚。六要完善生态文明制度体系。推动绿色发展，建设生态文明，重在建章立制，用最严格的制度、最严密的法治保护生态环境，健全自然资源资产管理体制，加强自然资源和生态环境监管，推进环境保护督察，落实生态环境损害赔偿制度，完善环境保护公众参与制度。

生态环境保护能否落到实处，关键在领导干部。要落实领导干部任期生态文明建设责任制，实行自然资源资产离任审计，认真贯彻依法依规、客观公正、科学认定、权责一致、终身追究的原则，明确各级领导干部责任追究情形。对造成生态环境损害负有责任的领导干部，必须严肃追责。各级党委和政府要切实重视、加强领导，纪检监察机关、组织部门和政府有关监管部门要各尽其责、形成合力。

弘扬塞罕坝精神*

（2017 年 8 月 14 日）

55 年来，河北塞罕坝林场的建设者们听从党的召唤，在“黄沙遮天日，飞鸟无栖树”的荒漠沙地上艰苦奋斗、甘于奉献，创造了荒原变林海的人间奇迹，用实际行动诠释了绿水青山就是金山银山的理念，铸就了牢记使命、艰苦创业、绿色发展的塞罕坝精神。他们的事迹感人至深，是推进生态文明建设的一个生动范例。

全党全社会要坚持绿色发展理念，弘扬塞罕坝精神，持之以恒推进生态文明建设，一代接着一代干，驰而不息，久久为功，努力形成人与自然和谐发展新格局，把我们伟大的祖国建设得更加美丽，为子孙后代留下天更蓝、山更绿、水更清的优美环境。

---

* 这是习近平对河北塞罕坝林场建设者事迹作出的批示。

十二、开启强军兴军新征程

充分发挥政治工作对强军兴军的生命线作用*

（2014 年 10 月 31 日）

当前，国内外形势发生深刻复杂变化，面对意识形态领域尖锐复杂的斗争特别是“颜色革命”的现实危险，面对艰巨繁重的军事斗争准备任务，面对深化国防和军队改革这场考试，我军政治工作只能加强不能削弱，只能前进不能停滞，只能积极作为不能被动应对。

党的方向就是我军政治工作的方向，党和军队新形势下的中心任务决定我军政治工作的任务。军队政治工作的时代主题是，紧紧围绕实现中华民族伟大复兴的中国梦，为实现党在新形势下的强军目标提供坚强政治保证。全军必须坚持以马克思列宁主义、毛泽东思想、邓小平理论、“三个代表”重要思想、科学发展观为指导，贯彻党中央关于全面推进依法治国和从严治党的部署要求，贯彻依法治军、从严治军方针，紧紧围绕我军政治工作的时代主题，加强和改进新形势下我军政治工作，充分发挥政治工作对强军兴军的生命线作用。

---

* 这是习近平在全军政治工作会议上讲话的一部分。

“秉纲而目自张，执本而末自从。”[1]当前，最紧要的是把四个带根本性的东西立起来。

一是要把理想信念在全军牢固立起来。“为将之道，当先治心。”[2]崇高的理想、坚定的信念，是革命军人的灵魂，是克敌制胜、拒腐防变的决定性因素。要把坚定官兵理想信念作为固本培元、凝魂聚气的战略工程，采取有力措施，抓紧抓实抓出成效。

立理想信念的过程是立人的过程。要适应强军目标要求，把握新形势下铸魂育人的特点和规律，着力培养有灵魂、有本事、有血性、有品德的新一代革命军人。有灵魂就是要信念坚定、听党指挥，有本事就是要素质过硬、能打胜仗，有血性就是要英勇顽强、不怕牺牲，有品德就是要情趣高尚、品行端正。要加强党的科学理论武装，弘扬和践行社会主义核心价值观，持续培育当代革命军人核心价值观，提振当代革命军人精气神，把理想信念的火种、红色传统的基因一代代传下去。

我一直认为，抓理想信念，最关键的是要抓好高级干部。我们面临的很大的一个问题是基层官兵对一些领导干部特别是高级干部产生了不信任感。从一定意义上讲，信仰危机折射的是信任危机，根子在上面。官兵信不信，很重要的是看领导干部信不信、做得怎么样。我们在座这些同志肩上的责任重啊！全军官兵都看着我们。我们在座的人真正信仰马克思主义，真正爱党爱国爱人民爱军队，在大是大非面前旗帜鲜明，在风浪考验面前无所畏惧，在各种诱惑面前立场坚定，知行合一、笃志躬行、勇于担当、率先垂范，全军理想信念教育就会大有成效。

二是要把党性原则在全军牢固立起来。坚持党性原则是共产党人的根本政治品格，是政治工作的根本要求。政治工作必须坚持党的原则第一、党的事业第一、人民利益第一，在党言党、在党忧党、在党为党，把爱党、忧党、兴党、护党落实到工作各个环节。

批评和自我批评是坚持党性原则、解决党内矛盾和问题的有力武器。这次党的群众路线教育实践活动的一个重要成果就是恢复和发扬了批评和自我批评的优良传统。都不敢批评，都不愿自我批评，问题就会越积越多，矛盾就会越拖越深，最后病入膏肓就成了不治之症。要把好的做法固化下来，开展积极健康的思想斗争，推动形成是非功过分明、团结向上的风气，增强党内生活的政治性、原则性、战斗性，坚决反对好人主义和庸俗化倾向。

“令行禁止，王者之师。”〔3〕“明制度于前，重威刑于后。”〔4〕坚持党性原则，关键是立规矩、讲规矩、守规矩。哪些事能做、哪些事不能做，哪些事该这样做、哪些事该那样做，都要规定得明明白白。要提高制度执行力，让制度、纪律成为带电的“高压线”，使查处违纪违法问题制度化、经常化，使党员、干部心有所畏、言有所戒、行有所止。

我在党的十八届四中全会上专门强调要遵守政治纪律和政治规矩，并列举了七种主要问题表现。军队守纪律首要的是遵守政治纪律，守规矩首要的是遵守政治规矩，并且标准要更高、要求要更严。任何人不得越过政治纪律、政治规矩的红线，越过了就是大忌，就要付出代价。

立党性原则是每个党员、干部的责任。领导干部要坚持真理、坚持原则，敢于同形形色色违反党性原则的人和事作斗争。各级要支持和保护那些敢讲真话、敢于同不良现象作斗争的党员、干部，让潜规则失灵，营造风清气正的政治生态。

三是要把战斗力标准在全军牢固立起来。我军根本职能是打仗，战斗力标准是军队建设唯一的根本的标准。政治工作必须保障战斗力标准在军队建设各个领域、各项工作中贯彻落实。要聚焦能打仗、打胜仗，健全完善党委工作和领导干部考核评价体系，形成有利于提高战斗力的舆论导向、工作导向、用人导向、政策导向，以刚性措施推动战斗力标准硬起来、实起来。

对我军来说，政治工作本身对战斗力形成和发挥起着十分重要的作用。那种把战斗力标准等同于军事标准、把战斗力建设同政治工作分割开来、对立起来的观点是错误的。政治工作，要强化围绕中心、服务大局的意识，走出自我设计、自我循环、自我检验的怪圈，按照打赢信息化局部战争要求，探索政治工作服务保证战斗力建设的作用机理，把政治工作贯穿到战斗力建设各个环节，融入到军事斗争准备全过程。要紧跟深化改革进程，有针对性地做好思想政治工作，引导官兵坚定信念、强化责任、听令而行，坚决拥护改革、积极支持改革、自觉投身改革，确保改革任务顺利推进。

四是要把政治工作威信在全军牢固立起来。实事求是地说，由于存在的种种问题，我军政治工作的威信受到了伤害，有的伤得还不轻，正所谓“为威不强还自亡，立法不明还自伤”[5]。现在，紧迫的任务是要把政治工作的威信树立起来，回到言行一致、以身作则、以上率下等这样一些基本原则上来。

过去，我们做政治工作主要靠模范带头，红军时期政治工作是党代表做的，党代表威信很高。罗荣桓〔6〕同志曾经回忆说：在行军的时候，“党代表走在后边，替士兵背枪和士兵共甘苦。士兵对党代表是很拥护的。如果下个命令，没有党代表的署名，士兵对这个命令就要怀疑的。”〔7〕政治干部的表率作用本身就是最好的政治工作，这就叫行胜于言！

现在，形势发展变化了，做政治工作方法手段多了，但模范带头并没有过时。官兵不是看你怎么说，而是看你怎么做。树立政治工作威信就从模范带头抓起，从领导带头抓起，通过总结好典型、激浊扬清，善用好干部、惩处败类，引导各级干部特别是政治干部把真理力量和人格力量统一起来，坚持求真务实，坚持公道正派。在这方面，军委要为全军带好头。

注　　释

〔**1**〕见魏晋时期杨泉《物理论》。

〔**2**〕见北宋苏洵《嘉祐集·权书上·心术》。

〔**3**〕见西汉刘向《说苑·指武》。

〔**4**〕见《尉缭子·重刑令》。

〔**5**〕见西汉陆贾《新语·至德》。

〔**6**〕罗荣桓（1902—1963），湖南衡山人。中国无产阶级革命家、军事家，中华人民共和国元帅。

〔**7**〕见罗荣桓《古田会议和我军的政治工作》（《罗荣桓军事文选》，解放军出版社1997年版，第551页）。

全面实施改革强军战略*

（2015 年 11 月 24 日）

深化国防和军队改革是实现中国梦、强军梦的时代要求，是强军兴军的必由之路，也是决定军队未来的关键一招。要深入贯彻党在新形势下的强军目标，动员全军和各方面力量，坚定信心、凝聚意志，统一思想、统一行动，全面实施改革强军战略，坚定不移走中国特色强军之路。

人民军队发展史，就是一部改革创新史。在党的领导下，我军从小到大、从弱到强、从胜利走向胜利，一路走来，改革创新步伐从来没有停止过。我军之所以始终充满蓬勃朝气，同我军与时俱进不断推进自身改革是紧密联系在一起的。现在，我国进入由大向强发展的关键阶段，国防和军队建设处在新的历史起点上，放眼世界，纵观全局，审时度势，应对国际形势深刻复杂变化，坚持和发展中国特色社会主义，协调推进“四个全面”战略布局，贯彻落实强军目标和军事战略方针，履行好军队使命任务，都要求我们必须以更大的智慧和勇气深化国防和军队改革。对深化国防和军队改革，广大干部群众高度关注、积极支持，全军官兵热烈期盼、坚决

* 这是习近平在中央军委改革工作会议上的讲话要点。

拥护。总的看，深化国防和军队改革主客观条件比较有利，面临难得的机遇。

要正确认识和全面把握深化国防和军队改革的总体要求。深化国防和军队改革的指导思想是，深入贯彻党的十八大和十八届三中、四中、五中全会精神，以马克思列宁主义、毛泽东思想、邓小平理论、“三个代表”重要思想、科学发展观为指导，按照“四个全面”战略布局要求，以党在新形势下的强军目标为引领，贯彻新形势下军事战略方针，全面实施改革强军战略，着力解决制约国防和军队建设的体制性障碍、结构性矛盾、政策性问题，推进军队组织形态现代化，进一步解放和发展战斗力，进一步解放和增强军队活力，建设同我国国际地位相称、同国家安全和发展利益相适应的巩固国防和强大军队，为实现“两个一百年”奋斗目标、实现中华民族伟大复兴的中国梦提供坚强力量保证。

把握深化国防和军队改革的指导思想，关键是要抓住党在新形势下的强军目标这个“牛鼻子”，坚持用强军目标审视、引领、推进改革。党的十八大以来，围绕实现强军目标，中央军委统筹军队革命化、现代化、正规化建设，统筹军事力量建设和运用，统筹经济建设和国防建设，制定新形势下军事战略方针，提出一系列重大方针原则，作出一系列重大决策部署。要通过改革把这些重大战略谋划和战略设计落实好，为贯彻强军目标提供强大动力和体制保障。

要着眼于贯彻新形势下政治建军的要求，推进领导掌握部队和高效指挥部队有机统一，形成军委管总、战区主战、军种主建的格局。坚持坚定正确的政治方向，通过一系列体制设计和制度安排，把党对军队绝对领导的根本原则和制度进一步固化下来并加以完善，强化军委集中统一领导，更好使军队最高领导权和指挥权集中于党中央、中央军委。对领导管理体制和联合作战指挥体制进行一体设计，通过调整军委总部体制、实行军委多部门制，组建陆军领导机构、健全军兵种领导管理体制，重新调整划设战区、组建战区联合作战指挥机构，健全军委联合作战指挥机构等重大举措，着力构建军委—战区—部队的作战指挥体系和军委—军种—部队的领导管理体系。

要着眼于深入推进依法治军、从严治军，抓住治权这个关键，构建严密的权力运行制约和监督体系。按照决策、执行、监督既相互制约又相互协调的原则区分和配置权力，重点解决军队纪检、巡视、审计、司法监督独立性和权威性不够的问题，以编密扎紧制度的笼子，努力铲除腐败现象滋生蔓延的土壤。组建新的军委纪委，向军委机关部门和战区分别派驻纪检组，推动纪委双重领导体制落到实处。调整组建军委审计署，全部实行派驻审计。组建新的军委政法委，调整军事司法体制，按区域设置军事法院、军事检察院，确保它们依法独立公正行使职权。

要着眼于打造精锐作战力量，优化规模结构和部队编成，推动我军由数量规模型向质量效能型转变。坚持精简高效的原则，裁减军队员额30万，精简机关和非战斗机构人员，使军队更加精干高效。调整改善军种比例，优化军种力量结构，根据不同方向安全需求和作战任务改革部队编成，推动部队编成向充实、合成、多能、灵活方向发展。推进以效能为核心的军事管理革命，树立现代管理理念，完善管理体系，优化管理流程，不断提高军队专业化、精细化、科学化管理水平。

要着眼于抢占未来军事竞争战略制高点，充分发挥创新驱动发展作用，培育战斗力新的增长点。国防科技发展是具有基础性、引领性的战略工程。必须选准突破口，超前布局，加强前瞻性、先导性、探索性的重大技术研究和新概念研究，积极谋取军事技术竞争优势，提高创新对战斗力增长的贡献率。

要着眼于开发管理用好军事人力资源，推动人才发展体制改革和政策创新，形成人才辈出、人尽其才的生动局面。坚持党管干部、党管人才，完善人力资源分类，整合人力资源管理职能，加强军事人力资源集中统一管理，努力使军事人力资源能够转化为实实在在的战斗力。深化军队院校改革，健全三位一体的新型军事人才培养体系。推进军官、士兵、文职人员等制度改革，深化军人医疗、保险、住房保障、工资福利等制度改革，完善军事人力资源政策制度和后勤政策制度，建立体现军事职业特点、增强军人职业荣誉感自豪感的政策制度体系，以更好凝聚军心、稳定部队、鼓舞士气。

要着眼于贯彻军民融合发展战略，推进跨军地重大改革任务，推动经济建设和国防建设融合发展。着力解决制约军民融合发展的体制机制问题，努力构建统一领导、军地协调、顺畅高效的组织管理体系，国家主导、需求牵引、市场运作相统一的工作运行体系，系统完备、衔接配套、有效激励的政策制度体系，形成全要素、多领域、高效益的军民融合深度发展格局。完善民兵预备役、国防动员体制机制。在国家层面加强对退役军人管理保障工作的组织领导，健全服务保障体系和相关政策制度。下决心全面停止军队有偿服务。

深化国防和军队改革是一场整体性、革命性变革。根据改革总体方案确定的时间表，2020 年前要在领导管理体制、联合作战指挥体制改革上取得突破性进展，在优化规模结构、完善政策制度、推动军民融合发展等方面改革上取得重要成果，努力构建能够打赢信息化战争、有效履行使命任务的中国特色现代军事力量体系，完善中国特色社会主义军事制度。全军要以高度的历史自觉和强烈的使命担当，以踏石留印、抓铁有痕的精神，坚决打赢改革这场攻坚仗，努力交出让党和人民满意的答卷。

要着力统一思想认识，把思想政治工作贯穿改革全过程，引导各级强化政治意识、大局意识、号令意识，引导官兵积极拥护、支持、参与改革。高层领率机关和高级干部要带头讲政治、顾大局、守纪律、促改革、尽职责，坚决维护党中央、中央军委改革决策部署的权威性和严肃性。要着力加强组织领导，各级党委要把抓改革举措落地作为政治责任，党委主要领导要当好第一责任人，一级抓一级。军队党的建设各项工作要围绕改革来定任务、强措施，保证改革顺利进行。要着力搞好配套保障，坚持立法同改革相衔接，抓紧做好法规制度立改废释工作，确保改革在法治轨道上推进，保证各级按照新体制正常有序运转。要科学制定干部调整安排计划方案，合理确定干部进退去留，关心和解决干部实际困难。老干部是党和军队的宝贵财富，要精心做好老干部服务保障接续工作。

当前，军委要把工作指导重心放在改革上，各级要把工作主线放在改革上，各项工作都要围绕改革来谋划、部署、推进。要继续抓紧抓好贯彻全军政治工作会议精神、作风建设和反腐败斗争、各项清理清查后续工作，把“三严三实”专题教育整顿同深化改革紧密结合起来。要加强部队管理，保持部队安全稳定和集中统一。要把握好国家经济社会发展对国防和军队建设的新要求，抓紧制定军队建设发展“十三五”规划。

中央国家机关、地方各级党委和政府要强化大局观念，把支持深化国防和军队改革当作分内的事，拿出一些特殊措施和倾斜政策，主动帮助解决好退役军人、职工安置工作，党政军民齐心协力，共同落实深化国防和军队改革各项任务，推动全面实施改革强军战略不断取得新的进展，为实现中国梦、强军梦作出新的更大的贡献。

加快形成军民融合深度发展格局*

（2017年6月20日）

把军民融合发展上升为国家战略，是我们长期探索经济建设和国防建设协调发展规律的重大成果，是从国家发展和安全全局出发作出的重大决策，是应对复杂安全威胁、赢得国家战略优势的重大举措。要加强集中统一领导，贯彻落实总体国家安全观和新形势下军事战略方针，突出问题导向，强化顶层设计，加强需求统合，统筹增量存量，同步推进体制和机制改革、体系和要素融合、制度和标准建设，加快形成全要素、多领域、高效益的军民融合深度发展格局，逐步构建军民一体化的国家战略体系和能力。

当前和今后一个时期是军民融合的战略机遇期，也是军民融合由初步融合向深度融合过渡、进而实现跨越发展的关键期。各有关方面一定要抓住机遇，开拓思路，在“统”字上下功夫，在“融”字上做文章，在“新”字上求突破，在“深”字上见实效，把军民融合搞得更好一些、更快一些。

推进军民融合深度发展，必须立足国情军情，走出一条中国特色军民融合路子，把军民融合发展理念和决策部署贯

* 这是习近平在中央军民融合发展委员会第一次全体会议上的讲话要点。

彻落实到经济建设和国防建设全领域全过程。要发挥我国社会主义制度能够集中力量办大事的政治优势，坚持国家主导和市场运作相统一，综合运用规划引导、体制创新、政策扶持、法治保障以及市场化等手段，最大程度凝聚军民融合发展合力，发挥好军民融合对国防建设和经济社会发展的双向支撑拉动作用，实现经济建设和国防建设综合效益最大化。

推进军民融合深度发展，根本出路在改革创新。要以扩大开放、打破封闭为突破口，不断优化体制机制和政策制度体系，推动融合体系重塑和重点领域统筹。要把军民融合发展战略和创新驱动发展战略有机结合起来，加快建立军民融合创新体系，培育先行先试的创新示范载体，拓展军民融合发展新空间，探索军民融合发展新路子。

推进军民融合深度发展，要善于运用法治思维和法治方式推动工作，发挥好法律法规的规范、引导、保障作用，加快推进军民融合相关法律法规立改废释工作。要优化军民融合发展的制度环境，坚决拆壁垒、破坚冰、去门槛，加快调整完善市场准入制度，从政策导向上鼓励更多符合条件的企业、人才、技术、资本、服务等在军民融合发展上有更大作为。

推动军民融合深度发展，必须向重点领域聚焦用力，以点带面推动整体水平提升。基础设施建设和国防科技工业、武器装备采购、人才培养、军队保障社会化、国防动员等领域军民融合潜力巨大，要强化资源整合力度，盘活用好存量资源，优化配置增量资源，发挥军民融合深度发展的最大效益。海洋、太空、网络空间、生物、新能源等领域军民共用性强，要在筹划设计、组织实施、成果使用全过程贯彻军民融合理念和要求，抓紧解决好突出问题，加快形成多维一体、协同推进、跨越发展的新兴领域军民融合发展格局。

推动军民融合深度发展，必须强化贯彻落实。要增强紧迫感，只争朝夕，紧抓快干，按照职责分工，以钉钉子精神一件一件抓，加快推进重点任务、重大工程落地见效。要着眼于提高军民融合发展整体质量效益，强化督导评估，形成军民融合发展的鲜明导向和评价标准规范。

各地区各部门要把思想和行动统一到党中央决策部署上来，强化使命担当，敢于涉险滩、动奶酪，敢于破难题、闯难关，敢于趟路子、辟新径，加强组织管理、政策规划、重大改革、基础建设、试点示范等方面的统筹力度，协调解决跨部门、跨领域、跨区域重大问题，推动工作取得实效。各省（区、市）要加快设置军民融合发展领导机构，完善职能配置和工作机制，为贯彻落实党中央决策部署提供坚强组织保障。

把强军事业不断推向前进*

（2017 年 8 月 1 日）

历史车轮滚滚向前。今天的世界，国际形势正发生前所未有之大变局；今天的中国，中国特色社会主义正全面向前推进。实现中华民族伟大复兴的中国梦，我们面临难得机遇，具备坚实基础，拥有无比信心。同时，我们必须清醒看到，前进道路从来不会是一片坦途，必然会面对各种重大挑战、重大风险、重大阻力、重大矛盾，必须进行具有许多新的历史特点的伟大斗争。

站在新的历史起点上，我们更加深切地感受到，中华民族走出苦难、中国人民实现解放，有赖于一支英雄的人民军队；中华民族实现伟大复兴，中国人民实现更加美好生活，必须加快把人民军队建设成为世界一流军队。我们要不忘初心、继续前进，坚定不移走中国特色强军之路，把强军事业不断推向前进。

——推进强军事业，必须毫不动摇坚持党对军队的绝对领导，确保人民军队永远跟党走。党的领导，是人民军队始终保持强大的凝聚力、向心力、创造力、战斗力的根本保证。

---

* 这是习近平在庆祝中国人民解放军建军 90 周年大会上讲话的一部分。

党对军队的绝对领导是中国特色社会主义的本质特征，是党和国家的重要政治优势，是人民军队的建军之本、强军之魂。无论时代如何发展、形势如何变化，我们这支军队永远是党的军队、人民的军队。全军要强化政治意识、大局意识、核心意识、看齐意识，坚决维护党中央权威，坚决贯彻党对军队绝对领导的根本原则和制度，坚决听从党中央和中央军委指挥。在这个重大原则问题上，头脑要特别清醒，态度要特别鲜明，行动要特别坚决，不能有任何动摇、任何迟疑、任何含糊。

——推进强军事业，必须坚持和发展党的军事指导理论，不断开拓马克思主义军事理论和当代中国军事实践发展新境界。人民军队之所以不断发展壮大，关键在于始终坚持先进军事理论的指导。党的十八大以来，我们党围绕国防和军队建设提出一系列新思想新观点新论断新要求，形成了党在新时期的强军思想。全军要认真贯彻党的军事指导理论，坚持用党在新时期的强军思想武装官兵，引领强军事业不断取得新进步。实践发展永无止境，认识真理永无止境，理论创新永无止境。强军是具有很强开创性的事业，我们要不断适应新形势、应对新挑战、解决新问题，在实践上大胆探索，在理论上勇于突破，不断丰富和发展党在新时期的强军思想，让马克思主义军事理论在强军伟大实践中放射出更加灿烂的真理光芒。

——推进强军事业，必须始终聚焦备战打仗，锻造召之即来、来之能战、战之必胜的精兵劲旅。安不可以忘危，治不可以忘乱。我们捍卫和平、维护安全、慑止战争的手段和选择有多种多样，但军事手段始终是保底手段。人民军队永远是战斗队，人民军队的生命力在于战斗力，必须强化忧患意识，坚持底线思维，全部心思向打仗聚焦，各项工作向打仗用劲，确保在党和人民需要的时候拉得出、上得去、打得赢。全军要贯彻新形势下军事战略方针，认真研究军事、研究战争、研究打仗，把握现代战争规律和战争指导规律，扎扎实实做好军事斗争准备各项工作。要坚持仗怎么打兵就怎么练，打仗需要什么就苦练什么，什么问题突出就解决什么问题，全面提高军事训练实战化水平。中国人民珍爱和平，我们决不搞侵略扩张，但我们有战胜一切侵略的信心。我们绝不允许任何人、任何组织、任何政党、在任何时候、以任何形式、把任何一块中国领土从中国分裂出去，谁都不要指望我们会吞下损害我国主权、安全、发展利益的苦果。人民军队要坚决维护中国共产党领导和我国社会主义制度，坚决维护国家主权、安全、发展利益，坚决维护地区和世界和平。

——推进强军事业，必须坚持政治建军、改革强军、科技兴军、依法治军，全面提高国防和军队现代化水平。要深入贯彻古田全军政治工作会议精神，发挥政治工作生命线作用，培养有灵魂、有本事、有血性、有品德的新一代革命军人，锻造铁一般信仰、铁一般信念、铁一般纪律、铁一般担当的过硬部队，永葆人民军队性质、宗旨、本色。全军要坚定不移深化国防和军队改革，深入解决制约国防和军队建设的体制性障碍、结构性矛盾、政策性问题，完善和发展中国特色社会主义军事制度，加快构建能够打赢信息化战争、有效履行使命任务的中国特色现代军事力量体系。要全面实施科技兴军战略，坚持自主创新的战略基点，瞄准世界军事科技前沿，加强前瞻谋划设计，加快战略性、前沿性、颠覆性技术发展，不断提高科技创新对人民军队建设和战斗力发展的贡献率。要增强全军法治意识，加快构建中国特色军事法治体系，加快实现治军方式根本性转变。

——推进强军事业，必须深入推进军民融合发展，构建军民一体化的国家战略体系和能力。把军民融合发展上升为国家战略，是我们党长期探索经济建设和国防建设协调发展规律的重大成果，是从国家发展和安全全局出发作出的重大决策，是应对复杂安全威胁、赢得国家战略优势的重大举措。要强化顶层设计，加强需求整合，统筹增量存量，同步推进体制和机制改革、体系和要素融合、制度和标准建设，加快形成全要素、多领域、高效益的军民融合深度发展格局，努力开创经济建设和国防建设协调发展、平衡发展、兼容发展新局面。我们的国防是全民的国防，推进国防和军队现代化是全党全国人民的共同事业。中央和国家机关、地方各级党委和政府要强化国防意识，满腔热忱支持国防和军队建设改革，为强军创造良好条件、提供有力支撑。

——推进强军事业，必须坚持全心全意为人民服务的根本宗旨，始终做人民信赖、人民拥护、人民热爱的子弟兵。军队打胜仗，人民是靠山。人民军队的根脉，深扎在人民的深厚大地；人民战争的伟力，来源于人民的伟大力量。全军要坚持把人民放在心中，牢记为人民扛枪、为人民打仗的神圣职责，坚决保卫人民和平劳动和生活。要发扬密切联系群众的优良传统，保持同人民群众水乳交融、生死与共的关系，永远做人民利益的捍卫者。要积极参加和支援地方经济社会建设，勇于承担急难险重任务，以实际行动为人民造福兴利。军政军民团结是我党我军特有的政治优势。全党全军全国各族人民要大力弘扬军爱民、民拥军的光荣传统，不断发展坚如磐石的军政军民关系。

十三、坚持“一国两制”，推进祖国统一

推进澳门“一国两制”成功实践走稳走实走远*

（2014 年 12 月 20 日）

15 年来，在中央政府和内地大力支持下，在特别行政区行政长官和政府带领下，澳门社会各界人士齐心协力、团结奋斗，积极推进“一国两制”实践，取得了丰硕成果。

——我们高兴地看到，“一国两制”、“澳人治澳”、高度自治方针和澳门特别行政区基本法在澳门社会广泛深入人心、得到切实贯彻落实，宪法和基本法规定的澳门特别行政区的宪制秩序得到尊重和维护，中央全面管治权有效行使，特别行政区享有的高度自治权受到充分保障。广大澳门同胞当家作主、依法享有广泛自由和民主权利，澳门民主政制有序发展，经济快速增长，居民生活持续改善，社会大局和谐稳定，各项事业全面进步，对外交往不断扩大。

——我们高兴地看到，澳门同祖国内地的交流合作日益密切，继续为祖国改革开放和现代化建设作出独特贡献，分享祖国发展带来的机遇和成果。澳门同胞对国家的认同感和

---

* 这是习近平在庆祝澳门回归祖国 15 周年大会暨澳门特别行政区第四届政府就职典礼上讲话的一部分。

向心力不断加强，血浓于水的民族感情不断升华，爱国爱澳成为社会主流价值观。

——我们高兴地看到，澳门作为中西文化荟萃的历史文化名城，传承岭南色彩的中华文化，融汇欧陆风情，蕴含独特魅力。生活在澳门的不同族群和谐相处，相互学习，守望相助，展示了澳门活力四射的形象。

澳门回归祖国 15 年取得的成就，值得澳门同胞和全国各族人民自豪和骄傲；探索积累的宝贵经验，值得澳门同胞和全国各族人民珍惜和铭记。

实践证明，只要坚持全面准确理解和贯彻“一国两制”方针、严格按照基本法办事，坚持集中精力发展经济、改善民生，坚持包容共济、促进爱国爱澳旗帜下的广泛团结，“一国两制”实践就能沿着正确方向走稳、走实、走远，澳门就能拥有更加美好的明天。

15 年来，澳门社会各方面发生了深刻变化，外部环境也发生了深刻变化，在新的历史起点上，要把澳门经济社会发展的良好局面巩固好、发展好，必须再接再厉、开拓进取，为澳门长期繁荣稳定打下更为坚实的基础。在此，我提 4 点希望。

第一，继续奋发有为，不断提高特别行政区依法治理能力和水平。回归以来，澳门特别行政区治理体系和治理能力不断完善和提高。同时，我们也看到，形势发展和民众期待给特别行政区治理提出了更新更高的要求。

人类社会发展的事实证明，依法治理是最可靠、最稳定的治理。要善于运用法治思维和法治方式进行治理，要强化法治意识，特别是要完善与澳门特别行政区基本法实施相配套的制度和法律体系，夯实依法治澳的制度基础。要努力打造勤政、廉洁、高效、公正的法治政府，做到依法决策、依法施政，使特别行政区发展始终沿着法治轨道展开。要加强公职人员队伍建设和管理，提高依法履职能力。要在全社会弘扬法治精神，共同维护法治秩序，培养造就一大批熟悉澳门特别行政区基本法、具备深厚专业素养的法治人才，为依法治澳提供坚强人才保障。

第二，继续统筹谋划，积极推动澳门走经济适度多元可持续发展道路。这些年来，澳门经济社会快速发展，同时一些长期形成的深层次矛盾也随之显现，发展面临的风险有所积累。要放眼世界、放眼祖国、放眼未来、放眼长远，合理制定澳门发展的思路和蓝图，推动澳门经济社会健康发展。

要善于从长计议，抓住国家全面深化改革的重大机遇，围绕建设世界旅游休闲中心、中国与葡语国家商贸合作服务平台的发展定位，推动澳门经济适度多元可持续发展。这是关系澳门居民利益的大事，也是关系区域发展乃至国家发展的大事。要做好顶层设计，制定具体推进的步骤和措施。要坚持提升自身发展素质能力和加强区域合作“两条腿”走路。一方面，要以更大勇气和智慧破解发展难题，加强和完善对博彩业的监管，积极培育新的经济增长点，不断推动经济适度多元可持续发展取得实质性成果。另一方面，要用好中央支持澳门发展的政策措施，深化同祖国内地特别是同广东省和泛珠三角地区的合作。在区域合作中拓宽澳门发展空间，增强澳门发展动力，努力实现与内地共同发展、共同进步。

第三，继续筑牢根基，努力促进社会和谐稳定。和谐稳定是经济社会发展、市民安居乐业的根基。澳门特别行政区政府和各界人士都要倍加珍惜、全力维护和谐稳定的大局。

要坚持以人为本的施政理念，察民情、知民需、解民忧、纾民困，妥善处理社会多元诉求，平衡好各方利益，积极营造更加公平公正的社会环境。要让广大居民更好分享发展成果，改善生活质量，提高幸福指数。澳门各界人士要继续弘扬爱国爱澳的社会主流价值观，支持特别行政区行政长官和政府依法施政，增强社会凝聚力和正能量，共同致力于实现澳门长期繁荣稳定。同时，要防范和反对外部势力渗透和干扰，巩固澳门安定团结的良好局面。

第四，继续面向未来，加强青少年教育培养。十年树木，百年树人。澳门青少年是澳门的希望，也是国家的希望，关系到澳门和祖国的未来。要实现爱国爱澳光荣传统代代相传，保证“一国两制”事业后继有人，就要加强对青少年的教育培养。要高度重视和关心爱护青年一代，为他们成长、成才、成功创造良好条件。

泱泱中华，历史悠久，文明博大。中华民族在几千年历史中创造和延续的中华优秀传统文化，是中华民族的根和魂。要把我国历史文化和国情教育摆在青少年教育的突出位置，让青少年更多领略中华文明的博大精深，更多感悟近代以来中华民族救亡图存、发愤图强的光辉历程，更多认识新中国走过的不平凡道路和取得的巨大成就，更多理解“一国两制”与坚持和发展中国特色社会主义、实现中华民族伟大复兴中国梦的内在联系，从而牢牢把握澳门同祖国紧密相连的命运前程，加深民族自豪感和爱国爱澳情怀，增强投身“一国两制”事业的责任感和使命感。

“一国两制”是国家的一项基本国策。牢牢坚持这项基本国策，是实现香港、澳门长期繁荣稳定的必然要求，也是实现中华民族伟大复兴中国梦的重要组成部分，符合国家和民族根本利益，符合香港、澳门整体和长远利益，符合外来投资者利益。

继续推进“一国两制”事业，必须牢牢把握“一国两制”的根本宗旨，共同维护国家主权、安全、发展利益，保持香港、澳门长期繁荣稳定；必须坚持依法治港、依法治澳，依法保障“一国两制”实践；必须把坚持“一国”原则和尊重“两制”差异、维护中央权力和保障特别行政区高度自治权、发挥祖国内地坚强后盾作用和提高港澳自身竞争力有机结合起来，任何时候都不能偏废。只有这样，才能把路走对了走稳了，否则就会左脚穿着右脚鞋——错打错处来。

继续推进“一国两制”事业，是中央政府、特别行政区政府和包括港澳同胞在内的全国各族人民的共同使命，无论遇到什么样的困难和挑战，我们对“一国两制”方针的信心和决心都绝不会动摇，我们推进“一国两制”实践的信心和决心都绝不会动摇！

携手巩固两岸关系和平发展大格局*

（2015年11月7日）

今天是一个很特别的日子。两岸领导人见面，翻开了两岸关系历史性的一页。历史将会记住今天。曾几何时，台海阴云密布，两岸军事对峙，同胞隔海相望，亲人音讯断绝，给无数家庭留下了刻骨铭心的伤痛，甚至是无法弥补的遗憾。然而，海峡隔不断兄弟亲情，挡不住同胞对家乡故土的思念和对家人团聚的渴望。同胞亲情的力量，终于在上世纪80年代冲开了两岸封锁的大门。2008年以来，两岸关系走上和平发展道路。过去7年，台海局势安定祥和，两岸关系发展成果丰硕。两岸双方和广大同胞为此付出了大量心血。正因为有了这7年的积累，两岸双方才能迈出今天这历史性的一步。

两岸关系66年的发展历程表明，不管两岸同胞经历过多少风雨、有过多长时间的隔绝，没有任何力量能把我们分开。当前，两岸关系发展面临方向和道路的抉择。两岸双方应该从两岸关系发展历程中得到启迪，以对民族负责、对历史负责的担当，作出经得起历史检验的正确选择。

---

* 这是习近平在新加坡同台湾方面领导人马英九会面时的谈话要点。

我们今天坐在一起，是为了让历史悲剧不再重演，让两岸关系和平发展成果不得而复失，让两岸同胞继续开创和平安宁的生活，让我们的子孙后代共享美好的未来。面对新形势，站在两岸关系发展的新起点上，两岸双方应该胸怀民族整体利益、紧跟时代前进步伐，携手巩固两岸关系和平发展大格局，共同实现中华民族伟大复兴。我就此提出 4 点意见。

第一，坚持两岸共同政治基础不动摇。7 年来两岸关系能够实现和平发展，关键在于双方确立了坚持“九二共识”[1]、反对“台独”的共同政治基础。没有这个定海神针，和平发展之舟就会遭遇惊涛骇浪，甚至彻底倾覆。

“九二共识”经过两岸有关方面明确的授权认可，得到两岸民意广泛支持。“九二共识”之所以重要，在于它体现了一个中国原则，明确界定了两岸关系的根本性质。它表明大陆与台湾同属一个中国，两岸关系不是国与国关系，也不是“一中一台”。虽然两岸迄今尚未统一，但中国的主权和领土完整从未分裂。两岸同属一个国家、两岸同胞同属一个民族，这一历史事实和法理基础从未改变，也不可能改变。

希望台湾各党派、各团体能正视“九二共识”。无论哪个党派、团体，无论其过去主张过什么，只要承认“九二共识”的历史事实，认同其核心意涵，我们都愿意同其交往。对任何分裂国家的行为，两岸同胞绝不会答应。在维护国家主权和领土完整这一原则问题上，我们的意志坚如磐石，态度始终如一。

第二，坚持巩固深化两岸关系和平发展。近 30 多年来，两岸关系总体面貌发生了历史性变化。2008 年后，两岸关系走上和平发展道路，处于1949年以来最好的时期。要和平不要冲突、要交流不要隔绝、要协商合作不要零和对抗，成为两岸同胞的共同心声。两岸关系已经不再处于以前那种激烈冲突、尖锐对抗的敌对状态。

两岸关系发展历程告诉我们，台海动荡紧张，两岸冲突对抗，民众深受其害；走和平发展之路，谋互利双赢之道，利在两岸当下，功在民族千秋。两岸同胞应该倍加珍惜和平发展成果，彻底化解两岸敌意，坚持走和平发展道路，努力构建稳定的两岸关系和平发展制度框架。

两岸双方应该加强交流对话，增进政治互信，通过平等协商、积极探讨，推动解决两岸之间长期存在的各种难题，同时管控好矛盾和分歧。设立两岸热线，有助于双方及时沟通，避免误判，处理紧急问题。双方两岸事务主管部门负责人可以先建立起来。

60多年来，两岸走上不同发展道路，实行不同社会制度。道路和制度效果如何，要由历史去检验，让人民来评判。两岸双方应该相互尊重彼此对发展道路和社会制度的选择，避免让这类分歧干扰两岸交流合作，伤害同胞感情。

我们了解台湾同胞对参与国际活动问题的想法和感受，重视并推动解决了许多与之相关的问题。只要不造成“两个中国”、“一中一台”，两岸双方可以通过务实协商作出合情合理的安排。

当前，对两岸关系和平发展的最大现实威胁是“台独”势力及其分裂活动。“台独”煽动两岸同胞敌意和对立，损害国家主权和领土完整，破坏台海和平稳定，阻挠两岸关系发展，只会给两岸同胞带来深重祸害。对此，两岸同胞要团结一致、坚决反对。

第三，坚持为两岸同胞多谋福祉。两岸一家亲，家和万事兴。我们推动两岸关系和平发展，着眼点和落脚点是要增进同胞的亲情和福祉，让两岸同胞过上更加美好的生活。只要是有利于增进两岸同胞的亲情和福祉的事，只要是有利于推动两岸关系和平发展的事，只要是有利于维护中华民族整体利益的事，两岸双方都应该尽最大努力去做，并把好事办好。

我们愿意首先与台湾同胞分享大陆发展机遇。两岸可以加强宏观政策沟通，发挥好各自优势，拓展经济合作空间，做大共同利益“蛋糕”，增加两岸同胞的受益面和获得感。对货物贸易、两会〔2〕互设办事机构等问题，双方可以抓紧商谈，争取早日达成一致。我们欢迎台湾同胞积极参与“一带一路”建设，也欢迎台湾以适当方式加入亚投行。

要加强两岸文化和教育交流合作，传承和弘扬中华文化优秀传统，增强同胞精神纽带，为民族未来培养优秀人才。

两岸关系和平发展的根基在基层、希望在青年。现在还有很多台湾乡亲从未来过大陆，我们热诚欢迎他们来大陆走走看看，参与到两岸交流大潮中来。要为两岸青年学习、就业、创业、交流提供更多机遇、创造更好条件，使两岸基层民众尤其是青年一代成为推动两岸关系发展、实现民族振兴的重要力量。

第四，坚持同心实现中华民族伟大复兴。中华民族有延绵 5000 多年的灿烂文明，但近代以来却屡遭列强欺凌。120 年前，台湾惨遭外族侵占，成为全民族的剜心之痛。1945 年抗战胜利，台湾光复，才洗刷了半个世纪的民族耻辱。透过历史风云变幻，可以深切体会到，两岸是不可分割的命运共同体。民族强盛，是两岸同胞之福；民族弱乱，是两岸同胞之祸。实现中华民族伟大复兴，与两岸同胞前途命运息息相关。

当前，我们比以往任何时候都更加接近、更有能力实现这个伟大梦想。我们在几十年的时间内走完了世界上很多国家几百年的发展历程。我相信，实现中华民族伟大复兴，台湾同胞定然不会缺席。

今年是全民族抗战胜利 70 周年，这是付出巨大民族牺牲才赢得的胜利。两岸双方应该支持鼓励两岸史学界携起手来，共享史料、共写史书，共同弘扬抗战精神，共同捍卫民族尊严和荣誉。两岸同胞应牢记历史、缅怀先烈、珍爱和平、团结一心，携手推动两岸关系和平发展。

注　释

〔**1**〕“九二共识”，指 1992 年 11 月海峡两岸关系协会与台湾海峡交流基金会，就解决两岸事务性商谈中如何表述坚持一个中国原则的问题，达成的各自以口头方式表述“海峡两岸均坚持一个中国原则”的共识。

〔**2**〕两会，这里指海峡两岸关系协会、台湾海峡交流基金会。

“一国两制”是保持香港长期繁荣稳定的最佳制度*

（2017 年 7 月 1 日）

斗转星移，岁月如梭。香港已经回归祖国 20 年。依照中国的传统，男子二十谓之弱冠，今天就是香港特别行政区的成年礼，正所谓“如竹苞矣，如松茂矣”[1]。回首香港特别行政区的成长历程，我们可以自豪地说，20 年来，香港依托祖国、面向世界、益以新创，不断塑造自己的现代化风貌，“一国两制”在香港的实践取得了举世公认的成功。

——回到祖国怀抱的香港已经融入中华民族伟大复兴的壮阔征程。作为直辖于中央政府的一个特别行政区，香港从回归之日起，重新纳入国家治理体系。中央政府依照宪法和香港特别行政区基本法对香港实行管治，与之相应的特别行政区制度和体制得以确立。香港同祖国内地的联系越来越紧密，交流合作越来越深化。香港各界人士积极投身国家改革开放和现代化建设，作出独特而重要的贡献。香港同胞对国

* 这是习近平在庆祝香港回归祖国 20 周年大会暨香港特别行政区第五届政府就职典礼上讲话的一部分。

家发展和民族复兴的信心不断增强，同内地人民共享伟大祖国的尊严和荣耀。

——回到祖国怀抱的香港继续保持繁荣稳定。回归后，香港自身特色和优势得以保持，中西合璧的风采浪漫依然，活力之都的魅力更胜往昔。在“一国两制”之下，香港原有资本主义制度和生活方式保持不变，法律基本不变。香港同胞当家作主，自行管理特别行政区自治范围内事务，香港居民享有比历史上任何时候都更广泛的民主权利和自由。香港抵御了亚洲金融危机、非典疫情、国际金融危机的冲击，巩固了国际金融、航运、贸易中心地位，继续被众多国际机构评选为全球最自由经济体和最具竞争力的地区之一。香港各项事业取得长足进步，对外交往日益活跃，国际影响进一步扩大。

实践充分证明，“一国两制”是历史遗留的香港问题的最佳解决方案，也是香港回归后保持长期繁荣稳定的最佳制度安排，是行得通、办得到、得人心的。

“一国两制”是中国的一个伟大创举，是中国为国际社会解决类似问题提供的一个新思路新方案，是中华民族为世界和平与发展作出的新贡献，凝结了海纳百川、有容乃大的中国智慧。坚持“一国两制”方针，深入推进“一国两制”实践，符合香港居民利益，符合香港繁荣稳定实际需要，符合国家根本利益，符合全国人民共同意愿。因此，我明确讲过，中央贯彻“一国两制”方针坚持两点，一是坚定不移，不会变、不动摇；二是全面准确，确保“一国两制”在香港的实践不走样、不变形，始终沿着正确方向前进。

作为一项前无古人的开创性事业，“一国两制”需要在实践中不断探索。当前，“一国两制”在香港的实践遇到一些新情况新问题。香港维护国家主权、安全、发展利益的制度还需完善，对国家历史、民族文化的教育宣传有待加强，社会在一些重大政治法律问题上还缺乏共识，经济发展也面临不少挑战，传统优势相对减弱，新的经济增长点尚未形成，住房等民生问题比较突出。解决这些问题，满足香港居民对美好生活的期待，继续推动香港各项事业向前发展，归根到底是要坚守方向、踩实步伐，全面准确理解和贯彻“一国两制”方针。借此机会，我对今后更好在香港落实“一国两制”谈几点意见。

第一，始终准确把握“一国”和“两制”的关系。“一国”是根，根深才能叶茂；“一国”是本，本固才能枝荣。“一国两制”的提出首先是为了实现和维护国家统一。在中英谈判时期，我们旗帜鲜明提出主权问题不容讨论。香港回归后，我们更要坚定维护国家主权、安全、发展利益。在具体实践中，必须牢固树立“一国”意识，坚守“一国”原则，正确处理特别行政区和中央的关系。任何危害国家主权安全、挑战中央权力和香港特别行政区基本法权威、利用香港对内地进行渗透破坏的活动，都是对底线的触碰，都是绝不能允许的。与此同时，在“一国”的基础之上，“两制”的关系应该也完全可以做到和谐相处、相互促进。要把坚持“一国”原则和尊重“两制”差异、维护中央权力和保障香港特别行政区高度自治权、发挥祖国内地坚强后盾作用和提高香港自身竞争力有机结合起来，任何时候都不能偏废。只有这样，“一国两制”这艘航船才能劈波斩浪、行稳致远。

第二，始终依照宪法和基本法办事。回归完成了香港宪制秩序的巨大转变，中华人民共和国宪法和香港特别行政区基本法共同构成香港特别行政区的宪制基础。宪法是国家根本大法，是全国各族人民共同意志的体现，是特别行政区制度的法律渊源。基本法是根据宪法制定的基本法律，规定了在香港特别行政区实行的制度和政策，是“一国两制”方针的法律化、制度化，为“一国两制”在香港特别行政区的实践提供了法律保障。在落实宪法和基本法确定的宪制秩序时，要把中央依法行使权力和特别行政区履行主体责任有机结合起来；要完善与基本法实施相关的制度和机制；要加强香港社会特别是公职人员和青少年的宪法和基本法宣传教育。这些都是“一国两制”实践的必然要求，也是全面推进依法治国和维护香港法治的应有之义。

第三，始终聚焦发展这个第一要务。发展是永恒的主题，是香港的立身之本，也是解决香港各种问题的金钥匙。“一国两制”构想提出的目的，一方面是以和平的方式对香港恢复行使主权，另一方面就是为了促进香港发展，保持香港国际金融、航运、贸易中心地位。当前，发展的任务更应聚焦。少年希望快乐成长，青年希望施展才能，壮年希望事业有成，长者希望安度晚年，这都需要通过发展来实现。香港背靠祖国、面向世界，有着许多有利发展条件和独特竞争优势。特别是这些年国家的持续快速发展为香港发展提供了难得机遇、不竭动力、广阔空间。香港俗语讲，“苏州过后无艇搭”，大家一定要珍惜机遇、抓住机遇，把主要精力集中到搞建设、谋发展上来。

第四，始终维护和谐稳定的社会环境。“一国两制”包含了中华文化中的和合理念，体现的一个重要精神就是求大同、存大异。香港是一个多元社会，对一些具体问题存在不同意见甚至重大分歧并不奇怪，但如果陷入“泛政治化”的旋涡，人为制造对立、对抗，那就不仅于事无补，而且会严重阻碍经济社会发展。只有凡事都着眼大局，理性沟通，凝聚共识，才能逐步解决问题。从中央来说，只要爱国爱港，诚心诚意拥护“一国两制”方针和香港特别行政区基本法，不论持什么政见或主张，我们都愿意与之沟通。“和气致祥，乖气致异”〔2〕。香港虽有不错的家底，但在全球经济格局深度调整、国际竞争日趋激烈的背景下，也面临很大的挑战，经不起折腾，经不起内耗。只有团结起来、和衷共济，才能把香港这个共同家园建设好。

注　　释

〔1〕见《诗经·小雅·斯干》。

〔2〕见东汉班固《汉书·楚元王传附刘向传》。

2014 年 11 月 11 日，习近平在北京雁栖湖国际会议中心主持亚太经合组织第二十二次领导人非正式会议并发表讲话。这是会议期间，习近平与各成员经济体领导人、代表前往种植亚太伙伴林。

2014 年 11 月 18 日，习近平在澳大利亚塔斯马尼亚州参观访问。这是习近平和夫人彭丽媛与朗塞斯顿市斯科奇—欧克伯恩小学的学生们在一起。

2015 年 4 月 24 日，习近平在印度尼西亚万隆出席万隆会议 60 周年纪念活动。这是习近平和夫人彭丽媛同亚非国家的领导人一起参加缅怀先贤的“历史性步行”。

2015 年 9 月 28 日，习近平在纽约联合国总部出席第七十届联合国大会一般性辩论，并发表题为《携手构建合作共赢新伙伴，同心打造人类命运共同体》的讲话。

2015 年 12 月 2 日，习近平在津巴布韦考察野生动物救助基地。这是习近平和夫人彭丽媛察看基地救助的大象、长颈鹿等野生动物。

2016 年 1 月 16 日，习近平在北京出席亚洲基础设施投资银行开业仪式并致辞。这是习近平为亚投行标志物“点石成金”揭幕。

2016 年 9 月 4 日，习近平在杭州国际博览中心主持二十国集团领导人第十一次峰会并致开幕辞。这是习近平与二十国集团成员和嘉宾国领导人、有关国际组织负责人步入会场。

2017 年 4 月 6 日，习近平在美国佛罗里达州海湖庄园同美国总统特朗普举行中美元首会晤。这是习近平和夫人彭丽媛同特朗普和夫人梅拉尼娅合影。

2017 年 5 月 15 日，习近平在北京雁栖湖国际会议中心主持“一带一路”国际合作高峰论坛圆桌峰会并致辞。

2017 年 7 月 4 日，习近平在莫斯科克里姆林宫同俄罗斯总统普京举行会谈。这是会谈后，普京向习近平授予俄罗斯国家最高勋章“圣安德烈”勋章。

2017 年 7 月 5 日，习近平和夫人彭丽媛在柏林同德国总理默克尔共同观看中德青少年足球友谊赛。

2017 年 9 月 4 日，习近平在厦门国际会议中心主持金砖国家领导人第九次会晤，并发表题为《深化金砖伙伴关系，开辟更加光明未来》的讲话。

十四、推进中国特色大国外交

中国必须有自己特色的大国外交*

（2014 年 11 月 28 日）

要高举和平、发展、合作、共赢的旗帜，统筹国内国际两个大局，统筹发展安全两件大事，牢牢把握坚持和平发展、促进民族复兴这条主线，维护国家主权、安全、发展利益，为和平发展营造更加有利的国际环境，维护和延长我国发展的重要战略机遇期，为实现"两个一百年"奋斗目标、实现中华民族伟大复兴的中国梦提供有力保障。

党的十八大以来，党中央统筹国内国际两个大局，在保持外交大政方针连续性和稳定性的基础上，主动谋划，努力进取，对外工作取得显著成绩。我们着眼于新形势新任务，积极推动对外工作理论和实践创新，注重阐述中国梦的世界意义，丰富和平发展战略思想，强调建立以合作共赢为核心的新型国际关系，提出和贯彻正确义利观，倡导共同、综合、合作、可持续的安全观，推动构建新型大国关系，提出和践行亲诚惠容的周边外交理念、真实亲诚的对非工作方针。这些成绩的取得，同对外工作战线特别是驻外同志们的辛勤工作是分不开的。

---

* 这是习近平在中央外事工作会议上的讲话要点。

认识世界发展大势，跟上时代潮流，是一个极为重要并且常做常新的课题。中国要发展，必须顺应世界发展潮流。要树立世界眼光、把握时代脉搏，要把当今世界的风云变幻看准、看清、看透，从林林总总的表象中发现本质，尤其要认清长远趋势。要充分估计国际格局发展演变的复杂性，更要看到世界多极化向前推进的态势不会改变。要充分估计世界经济调整的曲折性，更要看到经济全球化进程不会改变。要充分估计国际矛盾和斗争的尖锐性，更要看到和平与发展的时代主题不会改变。要充分估计国际秩序之争的长期性，更要看到国际体系变革方向不会改变。要充分估计我国周边环境中的不确定性，更要看到亚太地区总体繁荣稳定的态势不会改变。

当今世界是一个变革的世界，是一个新机遇新挑战层出不穷的世界，是一个国际体系和国际秩序深度调整的世界，是一个国际力量对比深刻变化并朝着有利于和平与发展方向变化的世界。我们看世界，不能被乱花迷眼，也不能被浮云遮眼，而要端起历史规律的望远镜去细心观望。综合判断，我国发展仍然处于可以大有作为的重要战略机遇期。我们最大的机遇就是自身不断发展壮大，同时也要重视各种风险和挑战，善于化危为机、转危为安。

我国已经进入了实现中华民族伟大复兴的关键阶段。中国与世界的关系在发生深刻变化，我国同国际社会的互联互动也已变得空前紧密，我国对世界的依靠、对国际事务的参与在不断加深，世界对我国的依靠、对我国的影响也在不断加深。我们观察和规划改革发展，必须统筹考虑和综合运用国际国内两个市场、国际国内两种资源、国际国内两类规则。

中国必须有自己特色的大国外交。我们要在总结实践经验的基础上，丰富和发展对外工作理念，使我国对外工作有鲜明的中国特色、中国风格、中国气派。要坚持中国共产党领导和中国特色社会主义，坚持我国的发展道路、社会制度、文化传统、价值观念。要坚持独立自主的和平外交方针，坚持把国家和民族发展放在自己力量的基点上，坚定不移走自己的路，走和平发展道路，同时决不能放弃我们的正当权益，决不能牺牲国家核心利益。要坚持国际关系民主化，坚持和平共处五项原则，坚持国家不分大小、强弱、贫富都是国际社会平等成员，坚持世界的命运必须由各国人民共同掌握，维护国际公平正义，特别是要为广大发展中国家说话。

我们要坚持合作共赢，推动建立以合作共赢为核心的新型国际关系，坚持互利共赢的开放战略，把合作共赢理念体现到政治、经济、安全、文化等对外合作的方方面面。要坚持正确义利观，做到义利兼顾，要讲信义、重情义、扬正义、树道义。要坚持不干涉别国内政原则，坚持尊重各国人民自主选择的发展道路和社会制度，坚持通过对话协商以和平方式解决国家间的分歧和争端，反对动辄诉诸武力或以武力相威胁。

当前和今后一个时期，我国对外工作要贯彻落实总体国家安全观，增强全国人民对中国特色社会主义的道路自信、理论自信、制度自信，维护国家长治久安。要争取世界各国对中国梦的理解和支持，中国梦是和平、发展、合作、共赢的梦，我们追求的是中国人民的福祉，也是各国人民共同的福祉。要坚决维护领土主权和海洋权益，维护国家统一，妥善处理好领土岛屿争端问题。要维护发展机遇和发展空间，通过广泛开展经贸技术互利合作，努力形成深度交融的互利合作网络。要在坚持不结盟原则的前提下广交朋友，形成遍布全球的伙伴关系网络。要提升我国软实力，讲好中国故事，做好对外宣传。

要切实抓好周边外交工作，打造周边命运共同体，秉持亲诚惠容的周边外交理念，坚持与邻为善、以邻为伴，坚持睦邻、安邻、富邻，深化同周边国家的互利合作和互联互通。要切实运筹好大国关系，构建健康稳定的大国关系框架，扩大同发展中大国的合作。要切实加强同发展中国家的团结合作，把我国发展与广大发展中国家共同发展紧密联系起来。要切实推进多边外交，推动国际体系和全球治理改革，增加我国和广大发展中国家的代表性和话语权。要切实加强务实合作，积极推进“一带一路”建设，努力寻求同各方利益的汇合点，通过务实合作促进合作共赢。要切实落实好正确义利观，做好对外援助工作，真正做到弘义融利。要切实维护我国海外利益，不断提高保障能力和水平，加强保护力度。

全面推进新形势下的对外工作，必须加强党的集中统一领导，改革完善对外工作体制机制，强化对各领域各部门各地方对外工作的统筹协调，加大战略投入，规范外事管理，加强外事干部队伍建设，为开创对外工作新局面提供坚强保障。

铭记历史、缅怀先烈、珍爱和平、开创未来*

（2015 年 9 月 3 日）

中国人民抗日战争和世界反法西斯战争，是正义和邪恶、光明和黑暗、进步和反动的大决战。在那场惨烈的战争中，中国人民抗日战争开始时间最早、持续时间最长。面对侵略者，中华儿女不屈不挠、浴血奋战，彻底打败了日本军国主义侵略者，捍卫了中华民族 5000 多年发展的文明成果，捍卫了人类和平事业，铸就了战争史上的奇观、中华民族的壮举。

中国人民抗日战争胜利，是近代以来中国抗击外敌入侵的第一次完全胜利。这一伟大胜利，彻底粉碎了日本军国主义殖民奴役中国的图谋，洗刷了近代以来中国抗击外来侵略屡战屡败的民族耻辱。这一伟大胜利，重新确立了中国在世界上的大国地位，使中国人民赢得了世界爱好和平人民的尊敬。这一伟大胜利，开辟了中华民族伟大复兴的光明前景，开启了古老中国凤凰涅槃、浴火重生的新征程。

---

* 这是习近平在纪念中国人民抗日战争暨世界反法西斯战争胜利 70 周年大会上讲话的一部分。

在那场战争中，中国人民以巨大民族牺牲支撑起了世界反法西斯战争的东方主战场，为世界反法西斯战争胜利作出了重大贡献。中国人民抗日战争也得到了国际社会广泛支持，中国人民将永远铭记各国人民为中国抗战胜利作出的贡献！

经历了战争的人们，更加懂得和平的宝贵。我们纪念中国人民抗日战争暨世界反法西斯战争胜利 70 周年，就是要铭记历史、缅怀先烈、珍爱和平、开创未来。

那场战争的战火遍及亚洲、欧洲、非洲、大洋洲，军队和民众伤亡超过 1 亿人，其中中国伤亡人数超过 3500 万，苏联死亡人数超过 2700 万。绝不让历史悲剧重演，是我们对当年为维护人类自由、正义、和平而牺牲的英灵、对惨遭屠杀的无辜亡灵的最好纪念。

战争是一面镜子，能够让人更好认识和平的珍贵。今天，和平与发展已经成为时代主题，但世界仍很不太平，战争的“达摩克利斯之剑”依然悬在人类头上。我们要以史为鉴，坚定维护和平的决心。

为了和平，我们要牢固树立人类命运共同体意识。偏见和歧视、仇恨和战争，只会带来灾难和痛苦。相互尊重、平等相处、和平发展、共同繁荣，才是人间正道。世界各国应该共同维护以联合国宪章宗旨和原则为核心的国际秩序和国际体系，积极构建以合作共赢为核心的新型国际关系，共同推进世界和平与发展的崇高事业。

为了和平，中国将始终坚持走和平发展道路。中华民族历来爱好和平。无论发展到哪一步，中国都永远不称霸、永远不搞扩张，永远不会把自身曾经经历过的悲惨遭遇强加给其他民族。中国人民将坚持同世界各国人民友好相处，坚决捍卫中国人民抗日战争和世界反法西斯战争胜利成果，努力为人类作出新的更大的贡献。

中国人民解放军是人民的子弟兵，全军将士要牢记全心全意为人民服务的根本宗旨，忠实履行保卫祖国安全和人民和平生活的神圣职责，忠实执行维护世界和平的神圣使命。我宣布，中国将裁减军队员额30万。

“靡不有初，鲜克有终。”〔1〕实现中华民族伟大复兴，需要一代又一代人为之努力。中华民族创造了具有5000多年历史的灿烂文明，也一定能够创造出更加灿烂的明天。

前进道路上，全国各族人民要在中国共产党领导下，坚持以马克思列宁主义、毛泽东思想、邓小平理论、“三个代表”重要思想、科学发展观为指导，沿着中国特色社会主义道路，按照“四个全面”战略布局，弘扬伟大的爱国主义精神，弘扬伟大的抗战精神，万众一心，风雨无阻，向着我们既定的目标继续奋勇前进！

让我们共同铭记历史所启示的伟大真理：正义必胜！和平必胜！人民必胜！

注　　释

〔1〕见《诗经·大雅·荡》。

提高我国参与全球治理的能力*

（2016 年 9 月 27 日）

随着国际力量对比消长变化和全球性挑战日益增多，加强全球治理、推动全球治理体系变革是大势所趋。我们要抓住机遇、顺势而为，推动国际秩序朝着更加公正合理的方向发展，更好维护我国和广大发展中国家共同利益，为实现“两个一百年”奋斗目标、实现中华民族伟大复兴的中国梦营造更加有利的外部条件，为促进人类和平与发展的崇高事业作出更大贡献。

党的十八大以来，我们抓住机遇、主动作为，坚决维护以联合国宪章宗旨和原则为核心的国际秩序，坚决维护中国人民以巨大民族牺牲换来的第二次世界大战胜利成果，提出“一带一路”倡议，发起成立亚洲基础设施投资银行等新型多边金融机构，促成国际货币基金组织完成份额和治理机制改革，积极参与制定海洋、极地、网络、外空、核安全、反腐败、气候变化等新兴领域治理规则，推动改革全球治理体系中不公正不合理的安排。

刚刚结束的二十国集团领导人杭州峰会，是近年来我国

---

* 这是习近平在主持中共十八届中央政治局第三十五次集体学习时的讲话要点。

主办的级别最高、规模最大、影响最深的国际峰会。我们运用议题和议程设置主动权，打造亮点，突出特色，开出气势，形成声势，引导峰会形成一系列具有开创性、引领性、机制性的成果，实现了为世界经济指明方向、为全球增长提供动力、为国际合作筑牢根基的总体目标。在这次峰会上，我们首次全面阐释我国的全球经济治理观，首次把创新作为核心成果，首次把发展议题置于全球宏观政策协调的突出位置，首次形成全球多边投资规则框架，首次发布气候变化问题主席声明，首次把绿色金融列入二十国集团议程，在二十国集团发展史上留下了深刻的中国印记。

全球治理格局取决于国际力量对比，全球治理体系变革源于国际力量对比变化。我们要坚持以经济发展为中心，集中力量办好自己的事情，不断增强我们在国际上说话办事的实力。我们要积极参与全球治理，主动承担国际责任，但也要尽力而为、量力而行。

随着时代发展，现行全球治理体系不适应的地方越来越多，国际社会对变革全球治理体系的呼声越来越高。推动全球治理体系变革是国际社会大家的事，要坚持共商共建共享原则，使关于全球治理体系变革的主张转化为各方共识，形成一致行动。要坚持为发展中国家发声，加强同发展中国家团结合作。

要把能做的事情、已经形成广泛共识的事情先做起来。当前，要拓展杭州峰会成果，巩固和发挥好二十国集团全球经济治理主平台作用，推动二十国集团向长效治理机制转型。要深入推进“一带一路”建设，推动各方加强规划和战略对接。要深化上海合作组织合作，加强亚信、东亚峰会、东盟地区论坛等机制建设，整合地区自由贸易谈判架构。要加大对网络、极地、深海、外空等新兴领域规则制定的参与，加大对教育交流、文明对话、生态建设等领域的合作机制和项目支持力度。

党的十八大以来，我们提出践行正确义利观，推动构建以合作共赢为核心的新型国际关系、打造人类命运共同体，打造遍布全球的伙伴关系网络，倡导共同、综合、合作、可持续的安全观，等等。这些理念得到国际社会广泛欢迎。要继续向国际社会阐释我们关于推动全球治理体系变革的理念，坚持要合作而不要对抗，要双赢、多赢、共赢而不要单赢，不断寻求最大公约数、扩大合作面，引导各方形成共识，加强协调合作，共同推动全球治理体系变革。

要提高我国参与全球治理的能力，着力增强规则制定能力、议程设置能力、舆论宣传能力、统筹协调能力。参与全球治理需要一大批熟悉党和国家方针政策、了解我国国情、具有全球视野、熟练运用外语、通晓国际规则、精通国际谈判的专业人才。要加强全球治理人才队伍建设，突破人才瓶颈，做好人才储备，为我国参与全球治理提供有力人才支撑。

十五、坚持和平发展，促进合作共赢

共同构建互信、包容、合作、共赢的亚太伙伴关系*

（2014 年 11 月 11 日）

亚太经合组织是一个大家庭，打造发展创新、增长联动、利益融合的开放型亚太经济格局，符合所有成员共同利益。为了实现上述目标，亚太经济体需要共同构建互信、包容、合作、共赢的亚太伙伴关系，为亚太地区和世界经济发展增添动力。

第一，共同规划发展愿景。亚太未来发展攸关每个成员利益。我们已经在启动亚太自由贸易区进程、推进互联互通、谋求创新发展等方面达成重要共识，要将共识转化为行动，规划今后 5 年、10 年甚至 25 年的发展蓝图，一步步扎实向前推进。

第二，共同应对全球性挑战。在后国际金融危机时期，我们既要抓住经济增长这个核心，加强宏观政策协调，又要妥善应对流行性疾病、粮食安全、能源安全等全球性问题，以信息共享增进彼此了解，以经验交流分享最佳实践，以沟通协调促进集体行动，以互帮互助深化区域合作。

---

* 这是习近平在亚太经合组织第二十二次领导人非正式会议上开幕辞的一部分。

第三，共同打造合作平台。伙伴意味着一个好汉三个帮，一起做好事、做大事。我们应该将亚太经合组织打造成推动一体化的制度平台，加强经验交流的政策平台，反对贸易保护主义的开放平台，深化经济技术合作的发展平台，推进互联互通的联接平台。亚太经合组织的发展壮大有赖于大家共同支持。

我愿在此宣布，中方将捐款1000万美元，用于支持亚太经合组织机制和能力建设，开展各领域务实合作。

第四，共同谋求联动发展。伙伴意味着合作共赢、互学互鉴。当前，一些亚太发展中经济体面临较多困难，没有他们的发展，亚太发展就不可持续。我们要加大对发展中成员的资金和技术支持，发挥亚太经济体多样性突出的特点，优势互补，扩大联动效应，实现共同发展。

未来3年，中国政府将为亚太经合组织发展中成员提供1500个培训名额，用于贸易和投资等领域的能力建设项目。

打造中欧和平、增长、改革、文明伙伴关系*

（2015 年 5 月 6 日）

建交 40 年来，在双方共同努力下，中欧关系取得了长足发展。中欧双方在维护世界和平、促进共同发展方面的共识不断扩大、合作的深度和广度持续发展，中欧关系战略意义日益突出，已经成为全球最重要的双边关系之一。中欧打造和平、增长、改革、文明伙伴关系符合双方人民利益，也将为促进人类和平与发展作出贡献。中方高度重视中欧关系发展，愿同欧盟领导人一道，以中国欧盟建交 40 周年为契机，积极推进中欧四大伙伴关系建设，推动互利共赢的中欧全面战略伙伴关系取得更大发展。

---

* 这是习近平就中国欧盟建交 40 周年致欧盟领导人的贺电要点。

共同开启中非合作共赢、共同发展的新时代*

（2015 年 12 月 4 日）

当前，世界格局正在经历深刻演变，经济全球化、社会信息化极大解放和发展了社会生产力。我们面临前所未有的发展机遇。同时，霸权主义、恐怖主义、金融动荡、环境危机等问题愈加突出，给我们带来前所未有的挑战。

中方将秉持真实亲诚对非政策理念和正确义利观，同非洲朋友携手迈向合作共赢、共同发展的新时代。为此，我提议，将中非新型战略伙伴关系提升为全面战略合作伙伴关系，并为此做强和夯实“五大支柱”。

第一，坚持政治上平等互信。高度政治互信是中非友好的基石。我们要尊重各自选择的发展道路，不把自己的意志强加给对方。在事关双方核心利益和重大关切问题上，要坚持相互理解、相互支持，共同维护公平正义。中方始终主张，非洲是非洲人的非洲，非洲的事情应该由非洲人说了算。

第二，坚持经济上合作共赢。中国人讲究“义利相兼，以义为先”。中非关系最大的“义”，就是用中国发展助力非

---

* 这是习近平在中非合作论坛约翰内斯堡峰会开幕式上致辞的一部分。

洲的发展，最终实现互利共赢、共同发展。我们要充分发挥中非政治互信和经济互补的优势，以产能合作、三网一化[1]为抓手，全面深化中非各领域合作，让中非人民共享双方合作发展成果。

第三，坚持文明上交流互鉴。世界因为多彩而美丽。我们为中非都拥有悠久灿烂的文明而自豪。我们要加强中非两大文明交流互鉴，着力加强青年、妇女、智库、媒体、高校等各界人员往来，促进文化融通、政策贯通、人心相通，推动共同进步，让中非人民世代友好。

第四，坚持安全上守望相助。贫困是动荡的根源，和平是发展的保障，发展是解决一切问题的总钥匙。中方支持非洲人以非洲方式解决非洲问题，主张解决安全问题要标本兼治、综合施策，愿意积极参与非洲加强维护和平安全能力建设，支持非洲加快发展，消除贫困，实现持久和平。

第五，坚持国际事务中团结协作。中非在国际事务中拥有广泛的共同语言和共同利益。我们要加强协商协作，推动全球治理体系向着更加公正合理的方向发展，维护共同利益。中方将继续在联合国等场合为非洲仗义执言、伸张正义，支持非洲在国际舞台上发挥更大作用。

为推进中非全面战略合作伙伴关系建设，中方愿在未来3年同非方重点实施“十大合作计划”，坚持政府指导、企业主体、市场运作、合作共赢的原则，着力支持非洲破解基础设施滞后、人才不足、资金短缺三大发展瓶颈，加快工业化和农业现代化进程，实现自主可持续发展。

一是中非工业化合作计划。中方将积极推进中非产业对接和产能合作，鼓励支持中国企业赴非洲投资兴业，合作新建或升级一批工业园区，向非洲国家派遣政府高级专家顾问。设立一批区域职业教育中心和若干能力建设学院，为非洲培训20万名职业技术人才，提供4万个来华培训名额。

二是中非农业现代化合作计划。中方将同非洲分享农业发展经验，转让农业适用技术，鼓励中国企业在非洲开展大规模种植、畜牧养殖、粮食仓储和加工，增加当地就业和农民收入。中方将在非洲100个乡村实施“农业富民工程”，派遣30批农业专家组赴非洲，建立中非农业科研机构“10+10”合作机制。中方高度关注非洲多个国家受厄尔尼诺现象影响致粮食歉收，将向受灾国家提供10亿元人民币紧急粮食援助。

三是中非基础设施合作计划。中方将同非洲在基础设施规划、设计、建设、运营、维护等方面加强互利合作，支持中国企业积极参与非洲铁路、公路、区域航空、港口、电力、电信等基础设施建设，提升非洲可持续发展能力；支持非洲国家建设5所交通大学。

四是中非金融合作计划。中方将同非洲国家扩大人民币结算和本币互换业务规模，鼓励中国金融机构赴非洲设立更多分支机构，以多种方式扩大对非洲投融资合作，为非洲工业化和现代化提供金融支持和服务。

五是中非绿色发展合作计划。中方将支持非洲增强绿色、低碳、可持续发展能力，支持非洲实施100个清洁能源和野生动植物保护项目、环境友好型农业项目和智慧型城市建设项目。中非合作绝不以牺牲非洲生态环境和长远利益为代价。

六是中非贸易和投资便利化合作计划。中方将实施50个促进贸易援助项目，支持非洲改善内外贸易和投资软硬条件，愿同非洲国家和区域组织商谈包括货物贸易、服务贸易、投资合作等全面自由贸易协定，扩大非洲输华产品规模。支持非洲国家提高海关、质检、税务等执法能力，开展标准化和认证认可、电子商务等领域合作。

七是中非减贫惠民合作计划。中方将在加强自身减贫努力的同时，增加对非援助，在非洲实施200个“幸福生活工程”和以妇女儿童为主要受益者的减贫项目；免除非洲有关最不发达国家截至2015年年底到期未还的政府间无息贷款债务。

八是中非公共卫生合作计划。中方将参与非洲疾控中心等公共卫生防控体系和能力建设；支持中非各20所医院开展示范合作，加强专业科室建设，继续派遣医疗队员、开展“光明行”、妇幼保健在内的医疗援助，为非洲提供一批复方青蒿素抗疟药品；鼓励支持中国企业赴非洲开展药品本地化生产，提高药品在非洲可及性。

九是中非人文合作计划。中方将为非洲援建5所文化中心，为非洲1万个村落实施收看卫星电视项目；为非洲提供2000个学历学位教育名额和3万个政府奖学金名额；每年组织200名非洲学者访华和500名非洲青年研修；每年培训1000名非洲新闻领域从业人员；支持开通更多中非直航航班，促进中非旅游合作。

十是中非和平与安全合作计划。中方将向非盟提供6000万美元无偿援助，支持非洲常备军和危机应对快速反应部队建设和运作。中方将继续参与联合国在非洲维和行动；支持非洲国家加强国防、反恐、防暴、海关监管、移民管控等方面能力建设。

为确保“十大合作计划”顺利实施，中方决定提供总额600亿美元的资金支持，包括：提供50亿美元的无偿援助和无息贷款；提供350亿美元的优惠性质贷款及出口信贷额度，并提高优惠贷款优惠度；为中非发展基金和非洲中小企业发展专项贷款各增资50亿美元；设立首批资金100亿美元的“中非产能合作基金”。

今年是中非合作论坛成立15周年。15年来，中非各领域务实合作成果丰硕。2014年中非贸易总额和中国对非洲非金融类投资存量分别是2000年的22倍和60倍，中国对非洲经济发展的贡献显著增长。中非合作论坛已经成为引领中非合作的一面旗帜，为南南合作树立了典范，成为带动国际社会加大对非洲关注和投入的先锋。

当前，中非关系正处于历史上最好时期。我们应该登高望远、阔步前行。让我们携手努力，汇聚起中非24亿人民的智慧和力量，共同开启中非合作共赢、共同发展的新时代！

注　释

〔1〕三网一化，指高速铁路、高速公路、区域航空网络以及工业化。

推动中阿两大民族复兴形成更多交汇*

（2016 年 1 月 21 日）

中国坚持走和平发展道路，奉行独立自主的和平外交政策，实行互利共赢的对外开放战略，着力点之一就是积极主动参与全球治理，构建互利合作格局，承担国际责任义务，扩大同各国利益汇合，打造人类命运共同体。

我们要抓住未来 5 年的关键时期共建“一带一路”，确立和平、创新、引领、治理、交融的行动理念，做中东和平的建设者、中东发展的推动者、中东工业化的助推者、中东稳定的支持者、中东民心交融的合作伙伴。

中方愿同阿拉伯国家开展共建“一带一路”行动，推动中阿两大民族复兴形成更多交汇。

第一，高举和平对话旗帜，开展促进稳定行动。“一带一路”建设，倡导不同民族、不同文化要“交而通”，而不是“交而恶”，彼此要多拆墙、少筑墙，把对话当作“黄金法则”用起来，大家一起做有来有往的邻居。

---

* 这是习近平在阿拉伯国家联盟总部演讲的一部分。

中国古代圣贤孟子说："立天下之正位，行天下之大道。"[1] 中国对中东的政策举措坚持从事情本身的是非曲直出发，坚持从中东人民根本利益出发。我们在中东不找代理人，而是劝和促谈；不搞势力范围，而是推动大家一起加入"一带一路"朋友圈；不谋求填补"真空"，而是编织互利共赢的合作伙伴网络。

中国人有穷变通久的哲学，阿拉伯人也说"没有不变的常态"。我们尊重阿拉伯国家的变革诉求，支持阿拉伯国家自主探索发展道路。处理好改革发展稳定关系十分重要。这就好比阿拉伯喜闻乐见的赛骆驼，前半程跑得太快，后半程就可能体力透支；前半程跑得太慢，后半程又可能跟不上。骑手只有平衡好速度和耐力，才能够坚持到最后。

恐怖主义和极端思潮泛滥，是对和平与发展的严峻考验。打击恐怖主义和极端势力，需要凝聚共识。恐怖主义不分国界，也没有好坏之分，反恐不能搞双重标准。同样，也不能把恐怖主义同特定民族宗教挂钩，那样只会制造民族宗教隔阂。没有哪一项政策能够单独完全奏效，反恐必须坚持综合施策、标本兼治。

为此，中方将建立中阿改革发展研究中心；在中阿合作论坛框架内召开文明对话与去极端化圆桌会议，组织 100 名宗教界知名人士互访；加强中阿网络安全合作，切断暴力恐怖音视频网络传播渠道，共同参与制定网络空间国际反恐公约；提供 3 亿美元援助用于执法合作、警察培训等项目，帮助地区国家加强维护稳定能力建设。

第二，推进结构调整，开展创新合作行动。日趋激烈的国际发展竞争，需要我们提高合作档次。要推进“油气+”合作新模式，挖掘合作新潜力。中方愿同阿方加强上中下游全产业链合作，续签长期购油协议，构建互惠互利、安全可靠、长期友好的中阿能源战略合作关系。要创新贸易和投资机制，拓展合作新空间。

中国对外投资已经进入快车道，阿拉伯国家主权基金实力雄厚，我们可以更多签署本币互换、相互投资协议，扩大人民币结算业务规模，加快投资便利化进程，引导双方投资基金和社会资金参与“一带一路”重点项目。双方要加强高新领域合作、培育合作新动力，可以依托已经成立的技术转移、培训中心等，加快高铁、核能、航天、新能源、基因工程等高新技术落地进程，提高中阿务实合作含金量。

为此，中方将实施创新合作行动，愿同阿方探索“石油、贷款、工程”一揽子合作模式，延伸传统油气合作链条，合作开发新能源、可再生能源；中方将参与中东工业园区建设，重点推进苏伊士经贸合作区建设，通过人员培训、共同规划、合作建厂等方式，实现加工制造、运输出口一体化；启动中阿科技伙伴计划，在现代农业、信息通信、人口健康等领域共建10个联合实验室；举办中阿北斗合作论坛。

第三，促进中东工业化，开展产能对接行动。产能合作契合中东国家经济多元化大趋势，可以引领中东国家走出一条经济、民本、绿色的工业化新路。

中国装备性价比高，加上技术转让、人才培训、强有力融资支持，可以帮助中东国家花较少的钱建立起钢铁、有色金属、建材、玻璃、汽车制造、电厂等急需产业，填补产业空白，培育新的比较优势。中方优势产能和中东人力资源相结合，可以创造更多更好的就业机会。

今天上午，我出席了中埃苏伊士经贸合作区二期揭牌仪式，这一项目将引进纺织服装、石油装备、摩托、太阳能等100多家企业，可以为埃及创造1万多个就业机会。

为促进中东工业化进程，中国将联合阿拉伯国家，共同实施产能对接行动，包括设立150亿美元的中东工业化专项贷款，用于同地区国家开展的产能合作、基础设施建设项目，同时向中东国家提供100亿美元商业性贷款，支持开展产能合作；提供100亿美元优惠性质贷款，并提高优惠贷款优惠度；同阿联酋、卡塔尔设立共计200亿美元共同投资基金，主要投资中东传统能源、基础设施建设、高端制造业等。

第四，倡导文明交流互鉴，开展增进友好行动。文明具有多样性，就如同自然界物种的多样性一样，一同构成我们这个星球的生命本源。中东是人类古老文明的交汇之地，有着色彩斑斓的文明和文化多样性。中国将继续毫不动摇支持中东、阿拉伯国家维护民族文化传统，反对一切针对特定民族宗教的歧视和偏见。

中华文明与阿拉伯文明各成体系、各具特色，但都包含有人类发展进步所积淀的共同理念和共同追求，都重视中道平和、忠恕宽容、自我约束等价值观念。我们应该开展文明对话，倡导包容互鉴，一起挖掘民族文化传统中积极处世之道同当今时代的共鸣点。

“一带一路”延伸之处，是人文交流聚集活跃之地。民心交融要绵绵用力，久久为功。昨天，我会见了获得“中阿友好杰出贡献奖”的10位阿拉伯老朋友。正是有一代接一代的友好人士辛勤耕耘，中阿友好的大树才能枝繁叶茂、四季常青。

为了让人才和思想在“一带一路”上流动起来，我们将实施增进友好“百千万”工程，包括落实“丝路书香”设想，开展100部中阿典籍互译；加强智库对接，邀请100名专家学者互访；提供1000个阿拉伯青年领袖培训名额，邀请1500名阿拉伯政党领导人来华考察，培育中阿友好的青年使者和政治领军人物；提供1万个奖学金名额和1万个培训名额，落实1万名中阿艺术家互访。

注　释

〔**1**〕见《孟子·滕文公下》。

共创中俄关系更加美好的明天*

（2016 年 6 月 25 日）

尊敬的普京总统，

女士们，先生们，朋友们：

今天，我们在这里隆重庆祝《中俄睦邻友好合作条约》签署 15 周年。首先，我谨代表中国政府和人民，并以我个人的名义，向长期致力于中俄友好事业的两国各界人士，致以最诚挚的问候！

15 年前，中俄双方在全面总结两国关系历史发展经验和成果的基础上，签署了《睦邻友好合作条约》，将两国不结盟、不对抗、不针对第三方的新型国家关系和世代友好的理念用法律形式固定下来，为两国关系在 21 世纪长远发展奠定了坚实法律基础。在条约宗旨和原则指导下，我们很快彻底解决了历史遗留的剩余边界问题，进而建立起平等信任、相互支持、共同繁荣、世代友好的全面战略协作伙伴关系，给两国人民带来了实实在在的利益，也为地区和世界和平、安全、稳定作出了积极贡献。

---

* 这是习近平在《中俄睦邻友好合作条约》签署 15 周年纪念大会上的讲话。

15 年来，在条约精神指引下，中俄全面战略协作伙伴关系在高水平上快速向前发展，各领域合作取得丰硕成果。

——双方都把对方作为本国外交优先方向，和睦相处、平等相待，在涉及彼此核心利益问题上相互坚定支持，相互尊重并坚定支持对方走符合本国国情的发展道路，建立起高度政治互信。

——双方都把对方发展视为本国发展的机遇，相互坚定支持对方办好自己的事，相互坚定支持对方发展强大，相互给力借力，致力于共同发展，实现共同繁荣。

——双方建立起完备的高层交往机制，及时就彼此关切的重大问题密切沟通、深入磋商、坦诚交流，化解合作中出现的困难和问题，确保双边关系高水平运行。

——双方基于共赢原则开展互利互惠经济合作，双边贸易额 15 年间增长了 10 倍多，合作领域从单纯贸易扩展到投资、融资、能源、航空航天、高技术、高铁、农业、地方等各个领域，合作方式从单纯买卖关系扩展到联合研发、联合生产，合作层次从边境贸易发展到战略性大项目，经济利益深度交融。

——双方人文交流蓬勃开展，国家年、语言年、旅游年、青年友好交流年相继成功举办，媒体交流年活动正在如火如荼开展，两国民众相互好感增多，传统友谊日益巩固。

——双方在国际和地区事务中密切协调和配合，在联合国、上海合作组织、亚信、金砖国家、中俄印、二十国集团等国际和地区组织中相互支持协作，共同推动国际和地区热点问题政治解决进程，完善全球治理体系，成为促进国际和平稳定的关键因素和建设性力量。

15 年来的实践充分证明,《中俄睦邻友好合作条约》确立的宗旨和原则符合中俄两国和两国人民根本利益，契合和平与发展的时代主题，能够经得住任何国际风云变幻的考验，具有强大生命力，这也正是中俄全面战略协作伙伴关系持续健康稳定发展的根本保证和取之不竭的动力。

女士们、先生们、朋友们!

15 年后的今天，我们两国人民对两国关系发展提出了新的要求。我同普京总统顺应两国人民愿望，顺应形势发展需要，基于条约确立的世代友好理念，为中俄全面战略协作伙伴关系深入发展作出新的规划。

——我们要以共同庆祝条约签署 15 周年为契机，保持密切高层交往，持续巩固政治和战略互信，加大相互支持，彼此构筑牢固的战略支撑。

——我们要保持两国 4300 多公里共同边界和平安宁，还要积极开展边境地区合作，致力于把两国共同边界建成友谊和合作的牢固纽带。

——我们要在业已取得的经济合作成果基础上，深入推进两国发展战略对接和“一带一路”建设同欧亚经济联盟建设对接合作，进而在欧亚大陆发展更高水平、更深层次的经济合作关系，使中俄关系发展带来的福祉不仅惠及两国人民，还要惠及整个地区国家人民。

——我们要大力开展人文交流，特别是要发挥中俄友好、和平与发展委员会的主渠道作用，加强民间交往，广泛弘扬条约确立的和平理念，推动两国社会各界相识相知，使中俄世代友好代代相传。

——我们要坚持维护联合国宪章宗旨和原则及国际关系基本准则，加强国际战略协作，推动国际秩序朝着更加公正合理的方向发展，共同推动热点问题政治解决进程，维护好世界和平、安全、稳定。

女士们、先生们、朋友们！

《中俄睦邻友好合作条约》作为我们两国关系中的一个创举，在国际上产生了积极效应。我们有理由相信，随着国际形势深刻复杂变化，《中俄睦邻友好合作条约》的示范效应和强大生命力还将进一步显现。

历史潮流浩浩荡荡，时代的呼唤不可违，世界人民愿望不可逆，和平与发展大势不可挡。让我们继续携手并肩，坚定沿着《中俄睦邻友好合作条约》确定的方向，积极进取，开拓创新，共创中俄关系更加美好的明天，让我们的子孙后代永远生活在和平、友谊、阳光之中！

谢谢大家。

构建创新、活力、联动、包容的世界经济*

（2016 年 9 月 4 日）

各位同事：

我宣布，二十国集团领导人杭州峰会开幕！

很高兴同大家相聚杭州。首先，我谨对各位同事的到来，表示热烈欢迎！

去年，二十国集团领导人安塔利亚峰会开得很成功。我也愿借此机会，再次感谢去年主席国土耳其的出色工作和取得的积极成果。土耳其以“共同行动以实现包容和稳健增长”作为峰会主题，从“包容、落实、投资”三方面推动产生成果，中国一直积极评价土耳其在担任主席国期间开展的各项工作。

去年 11 月，我在安塔利亚向大家介绍，上有天堂，下有苏杭，相信杭州峰会将给大家呈现一种历史和现实交汇的独特韵味。今天，当时的邀请已经变成现实。在座的有老朋友，也有新朋友，大家齐聚杭州，共商世界经济发展大计。

---

* 这是习近平在二十国集团领导人杭州峰会上的开幕辞。

未来两天，我们将围绕峰会主题，就加强宏观政策协调、创新增长方式，更高效的全球经济金融治理，强劲的国际贸易和投资，包容和联动式发展，影响世界经济的其他突出问题等议题展开讨论。

8 年前，在国际金融危机最紧要关头，二十国集团临危受命，秉持同舟共济的伙伴精神，把正在滑向悬崖的世界经济拉回到稳定和复苏轨道。这是一次创举，团结战胜了分歧，共赢取代了私利。这场危机，让人们记住了二十国集团，也确立了二十国集团作为国际经济合作主要论坛的地位。

8 年后的今天，世界经济又走到一个关键当口。科技进步、人口增长、经济全球化等过去数十年推动世界经济增长的主要引擎都先后进入换挡期，对世界经济的拉动作用明显减弱。上一轮科技进步带来的增长动能逐渐衰减，新一轮科技和产业革命尚未形成势头。主要经济体先后进入老龄化社会，人口增长率下降，给各国经济社会带来压力。经济全球化出现波折，保护主义、内顾倾向抬头，多边贸易体制受到冲击。金融监管改革虽有明显进展，但高杠杆、高泡沫等风险仍在积聚。如何让金融市场在保持稳定的同时有效服务实体经济，仍然是各国需要解决的重要课题。

在这些因素综合作用下，世界经济虽然总体保持复苏态势，但面临增长动力不足、需求不振、金融市场反复动荡、国际贸易和投资持续低迷等多重风险和挑战。

二十国集团聚集了世界主要经济体，影响和作用举足轻重，也身处应对风险挑战、开拓增长空间的最前沿。国际社会对二十国集团充满期待，对这次峰会寄予厚望。我们需要通过各自行动和集体合力，直面问题，共寻答案。希望杭州峰会能够在以往的基础上，为世界经济开出一剂标本兼治、综合施策的药方，让世界经济走上强劲、可持续、平衡、包容增长之路。

第一，面对当前挑战，我们应该加强宏观经济政策协调，合力促进全球经济增长、维护金融稳定。二十国集团成员应该结合本国实际，采取更加全面的宏观经济政策，使用多种有效政策工具，统筹兼顾财政、货币、结构性改革政策，努力扩大全球总需求，全面改善供给质量，巩固经济增长基础。应该结合制定和落实《杭州行动计划》，继续加强政策协调，减少负面外溢效应，共同维护金融稳定，提振市场信心。

第二，面对当前挑战，我们应该创新发展方式，挖掘增长动能。二十国集团应该调整政策思路，做到短期政策和中长期政策并重，需求侧管理和供给侧改革并重。今年，我们已经就《二十国集团创新增长蓝图》达成共识，一致决定通过创新、结构性改革、新工业革命、数字经济等新方式，为世界经济开辟新道路，拓展新边界。要沿着这一方向坚定走下去，帮助世界经济彻底摆脱复苏乏力、增长脆弱的局面，为世界经济迎来新一轮增长和繁荣打下坚实基础。

第三，面对当前挑战，我们应该完善全球经济治理，夯实机制保障。二十国集团应该不断完善国际货币金融体系，优化国际金融机构治理结构，充分发挥国际货币基金组织特别提款权作用。应该完善全球金融安全网，加强在金融监管、国际税收、反腐败领域合作，提高世界经济抗风险能力。今年，我们重启了二十国集团国际金融架构工作组，希望继续向前推进，不断提高有效性。

第四，面对当前挑战，我们应该建设开放型世界经济，继续推动贸易和投资自由化便利化。保护主义政策如饮鸩止渴，看似短期内能缓解一国内部压力，但从长期看将给自身和世界经济造成难以弥补的伤害。二十国集团应该坚决避免以邻为壑，做开放型世界经济的倡导者和推动者，恪守不采取新的保护主义措施的承诺，加强投资政策协调合作，采取切实行动促进贸易增长。我们应该发挥基础设施互联互通的辐射效应和带动作用，帮助发展中国家和中小企业深入参与全球价值链，推动全球经济进一步开放、交流、融合。

第五，面对当前挑战，我们应该落实 2030 年可持续发展议程，促进包容性发展。实现共同发展是各国人民特别是发展中国家人民的普遍愿望。据有关统计，现在世界基尼系数已经达到 0.7 左右，超过了公认的 0.6 “危险线”，必须引起我们的高度关注。今年，我们把发展置于二十国集团议程的突出位置，共同承诺积极落实 2030 年可持续发展议程，并制定了行动计划。同时，我们还将通过支持非洲和最不发达国家工业化、提高能源可及性、提高能效、加强清洁能源和可再生能源利用、发展普惠金融、鼓励青年创业等方式，减少全球发展不平等和不平衡，使各国人民共享世界经济增长成果。

各位同事！

二十国集团承载着世界各国期待，使命重大。我们要努力把二十国集团建设好，为世界经济繁荣稳定把握好大方向。

第一，与时俱进，发挥引领作用。二十国集团应该根据世界经济需要，调整自身发展方向，进一步从危机应对向长效治理机制转型。面对重大突出问题，二十国集团有责任发挥领导作用，展现战略视野，为世界经济指明方向，开拓路径。

第二，知行合一，采取务实行动。承诺一千，不如落实一件。我们应该让二十国集团成为行动队，而不是清谈馆。今年，我们在可持续发展、绿色金融、提高能效、反腐败等诸多领域制定了行动计划，要把每一项行动落到实处。

第三，共建共享，打造合作平台。我们应该继续加强二十国集团机制建设，确保合作延续和深入。广纳良言，充分倾听世界各国特别是发展中国家声音，使二十国集团工作更具包容性，更好回应各国人民诉求。

第四，同舟共济，发扬伙伴精神。伙伴精神是二十国集团最宝贵的财富。我们虽然国情不同、发展阶段不同、面临的现实挑战不同，但推动经济增长的愿望相同，应对危机挑战的利益相同，实现共同发展的憧憬相同。只要我们坚持同舟共济的伙伴精神，就能够克服世界经济的惊涛骇浪，开辟未来增长的崭新航程。

各位同事！

在杭州峰会筹备过程中，中国始终秉持开放、透明、包容的办会理念，同各成员保持密切沟通和协调。我们还举办了各种形式的外围对话，走进联合国，走进非盟总部，走进七十七国集团，走进最不发达国家、内陆国、小岛国，向世界各国，以及所有关心二十国集团的人们介绍杭州峰会筹备情况，倾听各方利益诉求。各方提出的意见和建议对这次峰会的筹备都发挥了重要作用。

我期待在接下来两天的讨论中，我们能够集众智、聚合力，努力让杭州峰会实现促进世界经济增长、加强国际经济合作、推动二十国集团发展的目标。

让我们以杭州为新起点，引领世界经济的航船，从钱塘江畔再次扬帆启航，驶向更加广阔的大海！

谢谢大家。

共担时代责任，共促全球发展*

（2017 年 1 月 17 日）

尊敬的洛伊特哈德主席和豪森先生，
尊敬的各国元首、政府首脑、副元首和夫人，
尊敬的国际组织负责人，
尊敬的施瓦布主席和夫人，
女士们，先生们，朋友们：

很高兴来到美丽的达沃斯。达沃斯虽然只是阿尔卑斯山上的一个小镇，却是一个观察世界经济的重要窗口。大家从四面八方会聚这里，各种思想碰撞出智慧的火花，以较少的投入获得了很高的产出。我看这个现象可以称作“施瓦布经济学”。

“这是最好的时代，也是最坏的时代”[1]，英国文学家狄更斯曾这样描述工业革命发生后的世界。今天，我们也生活在一个矛盾的世界之中。一方面，物质财富不断积累，科技进步日新月异，人类文明发展到历史最高水平。另一方面，地区冲突频繁发生，恐怖主义、难民潮等全球性挑战此起彼伏，贫困、失业、收入差距拉大，世界面临的不确定性上升。

---

* 这是习近平在世界经济论坛 2017 年年会开幕式上的主旨演讲。

对此，许多人感到困惑，世界到底怎么了？

要解决这个困惑，首先要找准问题的根源。有一种观点把世界乱象归咎于经济全球化。经济全球化曾经被人们视为阿里巴巴的山洞，现在又被不少人看作潘多拉的盒子。国际社会围绕经济全球化问题展开了广泛讨论。

今天，我想从经济全球化问题切入，谈谈我对世界经济的看法。

我想说的是，困扰世界的很多问题，并不是经济全球化造成的。比如，过去几年来，源自中东、北非的难民潮牵动全球，数以百万计的民众颠沛流离，甚至不少年幼的孩子在路途中葬身大海，让我们痛心疾首。导致这一问题的原因，是战乱、冲突、地区动荡。解决这一问题的出路，是谋求和平、推动和解、恢复稳定。再比如，国际金融危机也不是经济全球化发展的必然产物，而是金融资本过度逐利、金融监管严重缺失的结果。把困扰世界的问题简单归咎于经济全球化，既不符合事实，也无助于问题解决。

历史地看，经济全球化是社会生产力发展的客观要求和科技进步的必然结果，不是哪些人、哪些国家人为造出来的。经济全球化为世界经济增长提供了强劲动力，促进了商品和资本流动、科技和文明进步、各国人民交往。

当然，我们也要承认，经济全球化是一把“双刃剑”。当世界经济处于下行期的时候，全球经济“蛋糕”不容易做大，甚至变小了，增长和分配、资本和劳动、效率和公平的矛盾就会更加突出，发达国家和发展中国家都会感受到压力和冲击。反全球化的呼声，反映了经济全球化进程的不足，值得我们重视和深思。

“甘瓜抱苦蒂，美枣生荆棘。”[2]从哲学上说，世界上没有十全十美的事物，因为事物存在优点就把它看得完美无缺是不全面的，因为事物存在缺点就把它看得一无是处也是不全面的。经济全球化确实带来了新问题，但我们不能就此把经济全球化一棍子打死，而是要适应和引导好经济全球化，消解经济全球化的负面影响，让它更好惠及每个国家、每个民族。

当年，中国对经济全球化也有过疑虑，对加入世界贸易组织也有过忐忑。但是，我们认为，融入世界经济是历史大方向，中国经济要发展，就要敢于到世界市场的汪洋大海中去游泳，如果永远不敢到大海中去经风雨、见世面，总有一天会在大海中溺水而亡。所以，中国勇敢迈向了世界市场。在这个过程中，我们呛过水，遇到过漩涡，遇到过风浪，但我们在游泳中学会了游泳。这是正确的战略抉择。

世界经济的大海，你要还是不要，都在那儿，是回避不了的。想人为切断各国经济的资金流、技术流、产品流、产业流、人员流，让世界经济的大海退回到一个一个孤立的小湖泊、小河流，是不可能的，也是不符合历史潮流的。

人类历史告诉我们，有问题不可怕，可怕的是不敢直面问题，找不到解决问题的思路。面对经济全球化带来的机遇和挑战，正确的选择是，充分利用一切机遇，合作应对一切挑战，引导好经济全球化走向。

去年年底，我在亚太经合组织领导人非正式会议上提出，要让经济全球化进程更有活力、更加包容、更可持续。我们要主动作为、适度管理，让经济全球化的正面效应更多释放出来，实现经济全球化进程再平衡；我们要顺应大势、结合国情，正确选择融入经济全球化的路径和节奏；我们要讲求效率、注重公平，让不同国家、不同阶层、不同人群共享经济全球化的好处。这是我们这个时代的领导者应有的担当，更是各国人民对我们的期待。

女士们、先生们、朋友们！

当前，最迫切的任务是引领世界经济走出困境。世界经济长期低迷，贫富差距、南北差距问题更加突出。究其根源，是经济领域三大突出矛盾没有得到有效解决。

一是全球增长动能不足，难以支撑世界经济持续稳定增长。世界经济增速处于7年来最低水平，全球贸易增速继续低于经济增速。短期性政策刺激效果不佳，深层次结构性改革尚在推进。世界经济正处在动能转换的换挡期，传统增长引擎对经济的拉动作用减弱，人工智能、3D打印等新技术虽然不断涌现，但新的经济增长点尚未形成。世界经济仍然未能开辟出一条新路。

二是全球经济治理滞后，难以适应世界经济新变化。前不久，拉加德女士告诉我，新兴市场国家和发展中国家对全球经济增长的贡献率已经达到80%。过去数十年，国际经济力量对比深刻演变，而全球治理体系未能反映新格局，代表性和包容性很不够。全球产业布局在不断调整，新的产业链、价值链、供应链日益形成，而贸易和投资规则未能跟上新形势，机制封闭化、规则碎片化十分突出。全球金融市场需要增强抗风险能力，而全球金融治理机制未能适应新需求，难以有效化解国际金融市场频繁动荡、资产泡沫积聚等问题。

三是全球发展失衡，难以满足人们对美好生活的期待。施瓦布先生在《第四次工业革命》一书中写道，第四次工业革命将产生极其广泛而深远的影响，包括会加剧不平等，特别是有可能扩大资本回报和劳动力回报的差距。全球最富有的1%人口拥有的财富量超过其余99%人口财富的总和，收入分配不平等、发展空间不平衡令人担忧。全球仍然有7亿多人口生活在极端贫困之中。对很多家庭而言，拥有温暖住房、充足食物、稳定工作还是一种奢望。这是当今世界面临的最大挑战，也是一些国家社会动荡的重要原因。

这些问题反映出，当今世界经济增长、治理、发展模式存在必须解决的问题。国际红十字会创始人杜楠说过："真正的敌人不是我们的邻国，而是饥饿、贫穷、无知、迷信和偏见。"我们既要有分析问题的智慧，更要有采取行动的勇气。

第一，坚持创新驱动，打造富有活力的增长模式。世界经济面临的根本问题是增长动力不足。创新是引领发展的第一动力。与以往历次工业革命相比，第四次工业革命是以指数级而非线性速度展开。我们必须在创新中寻找出路。只有敢于创新、勇于变革，才能突破世界经济增长和发展的瓶颈。

二十国集团领导人在杭州峰会上达成重要共识，要以创新为重要抓手，挖掘各国和世界经济增长新动力。我们要创新发展理念，超越财政刺激多一点还是货币宽松多一点的争论，树立标本兼治、综合施策的思路。我们要创新政策手段，推进结构性改革，为增长创造空间、增加后劲。我们要创新增长方式，把握好新一轮产业革命、数字经济等带来的机遇，既应对好气候变化、人口老龄化等带来的挑战，也化解掉信息化、自动化等给就业带来的冲击，在培育新产业新业态新模式过程中注意创造新的就业机会，让各国人民重拾信心和希望。

第二，坚持协同联动，打造开放共赢的合作模式。人类已经成为你中有我、我中有你的命运共同体，利益高度融合，彼此相互依存。每个国家都有发展权利，同时都应该在更加广阔的层面考虑自身利益，不能以损害其他国家利益为代价。

我们要坚定不移发展开放型世界经济，在开放中分享机会和利益、实现互利共赢。不能一遇到风浪就退回到港湾中去，那是永远不能到达彼岸的。我们要下大气力发展全球互联互通，让世界各国实现联动增长，走向共同繁荣。我们要坚定不移发展全球自由贸易和投资，在开放中推动贸易和投资自由化便利化，旗帜鲜明反对保护主义。搞保护主义如同把自己关进黑屋子，看似躲过了风吹雨打，但也隔绝了阳光和空气。打贸易战的结果只能是两败俱伤。

第三，坚持与时俱进，打造公正合理的治理模式。小智治事，大智治制。全球经济治理体系变革紧迫性越来越突出，国际社会呼声越来越高。全球治理体系只有适应国际经济格局新要求，才能为全球经济提供有力保障。

国家不分大小、强弱、贫富，都是国际社会平等成员，理应平等参与决策、享受权利、履行义务。要赋予新兴市场国家和发展中国家更多代表性和发言权。2010 年国际货币基金组织份额改革方案已经生效，这一势头应该保持下去。要坚持多边主义，维护多边体制权威性和有效性。要践行承诺、遵守规则，不能按照自己的意愿取舍或选择。《巴黎协定》符合全球发展大方向，成果来之不易，应该共同坚守，不能轻言放弃。这是我们对子孙后代必须担负的责任！

第四，坚持公平包容，打造平衡普惠的发展模式。“大道之行也，天下为公。”[3]发展的目的是造福人民。要让发展更加平衡，让发展机会更加均等、发展成果人人共享，就要完善发展理念和模式，提升发展公平性、有效性、协同性。

我们要倡导勤劳俭朴、努力奋进的社会风气，让所有人的劳动成果得到尊重。要着力解决贫困、失业、收入差距拉大等问题，照顾好弱势人群的关切，促进社会公平正义。要保护好生态环境，推动经济、社会、环境协调发展，实现人与自然、人与社会和谐。要落实联合国 2030 年可持续发展议程，实现全球范围平衡发展。

“积力之所举，则无不胜也；众智之所为，则无不成也。”[4]只要我们牢固树立人类命运共同体意识，携手努力、共同担当，同舟共济、共渡难关，就一定能够让世界更美好、让人民更幸福。

女士们、先生们、朋友们！

经过 38 年改革开放，中国已经成为世界第二大经济体。道路决定命运。中国的发展，关键在于中国人民在中国共产党领导下，走出了一条适合中国国情的发展道路。

这是一条从本国国情出发确立的道路。中国立足自身国情和实践，从中华文明中汲取智慧，博采东西方各家之长，坚守但不僵化，借鉴但不照搬，在不断探索中形成了自己的发展道路。条条大路通罗马。谁都不应该把自己的发展道路定为一尊，更不应该把自己的发展道路强加于人。

这是一条把人民利益放在首位的道路。中国秉持以人民为中心的发展思想，把改善人民生活、增进人民福祉作为出发点和落脚点，在人民中寻找发展动力、依靠人民推动发展、使发展造福人民。中国坚持共同富裕的目标，大力推进减贫事业，让 7 亿多人口摆脱贫困，正在向着全面建成小康社会目标快步前进。

这是一条改革创新的道路。中国坚持通过改革破解前进中遇到的困难和挑战，敢于啃硬骨头、涉险滩，勇于破除妨碍发展的体制机制障碍，不断解放和发展社会生产力，不断解放和增强社会活力。近 4 年来，我们在之前 30 多年不断改革的基础上，又推出了 1200 多项改革举措，为中国发展注入了强大动力。

这是一条在开放中谋求共同发展的道路。中国坚持对外开放基本国策，奉行互利共赢的开放战略，不断提升发展的内外联动性，在实现自身发展的同时更多惠及其他国家和人民。

中国发展取得了巨大成就，中国人民生活得到了极大改善，这对中国好，对世界也好。中国的发展成就，是中国人民几十年含辛茹苦、流血流汗干出来的。千百年来，中华民族素以吃苦耐劳闻名于世。中国人民深知，世界上没有免费的午餐，中国是一个有着 13 亿多人口的大国，想发展就要靠自己苦干实干，不能寄托于别人的恩赐，世界上也没有谁有这样的能力。

观察中国发展，要看中国人民得到了什么收获，更要看中国人民付出了什么辛劳；要看中国取得了什么成就，更要看中国为世界作出了什么贡献。这才是全面的看法。

1950年至2016年，中国在自身长期发展水平和人民生活水平不高的情况下，累计对外提供援款4000多亿元人民币，实施各类援外项目5000多个，其中成套项目近3000个，举办11000多期培训班，为发展中国家在华培训各类人员26万多名。改革开放以来，中国累计吸引外资超过1.7万亿美元，累计对外直接投资超过1.2万亿美元，为世界经济发展作出了巨大贡献。国际金融危机爆发以来，中国经济增长对世界经济增长的贡献率年均在30%以上。这些数字，在世界上都是名列前茅的。

从这些数字可以看出，中国的发展是世界的机遇，中国是经济全球化的受益者，更是贡献者。中国经济快速增长，为全球经济稳定和增长提供了持续强大的推动。中国同一大批国家的联动发展，使全球经济发展更加平衡。中国减贫事业的巨大成就，使全球经济增长更加包容。中国改革开放持续推进，为开放型世界经济发展提供了重要动力。

中国人民深知实现国家繁荣富强的艰辛，对各国人民取得的发展成就都点赞，都为他们祝福，都希望他们的日子越过越好，不会犯“红眼病”，不会抱怨他人从中国发展中得到了巨大机遇和丰厚回报。中国人民张开双臂欢迎各国人民搭乘中国发展的“快车”、“便车”。

女士们、先生们、朋友们！

很多人都在关注中国经济发展趋势。中国经济发展进入了新常态，经济增速、经济发展方式、经济结构、经济发展动力都正在发生重大变化。但中国经济长期向好的基本面没有改变。

2016 年，在世界经济疲弱的背景下，中国经济预计增长 6.7%，依然处于世界前列。现在，中国经济的体量已不能同过去同日而语，集聚的动能是过去两位数的增长都达不到的。中国居民消费和服务业成为经济增长的主要动力，2016 年前三季度第三产业增加值占国内生产总值的比重为 52.8%，国内消费对经济增长的贡献率达 71%。居民收入和就业实现稳定增长，单位国内生产总值能耗持续下降，绿色发展初见成效。

当前，中国经济面临一定的下行压力和不少困难，如产能过剩和需求结构升级矛盾突出，经济增长内生动力不足，金融风险有所积聚，部分地区困难增多。我们认为，这些都是前进中必然出现的阶段性现象，对这些问题和矛盾，我们正在着力加以解决，并不断取得积极成效。我们坚定向前发展的决心不会动摇。中国仍然是世界上最大的发展中国家，中国有 13 亿多人口，人民生活水平还不高，但这也意味着巨大的发展潜力和空间。我们将在创新、协调、绿色、开放、共享的发展理念指引下，不断适应、把握、引领中国经济发展新常态，统筹抓好稳增长、促改革、调结构、惠民生、防风险工作，推动中国经济保持中高速增长、迈向中高端水平。

——中国将着力提升经济增长质量和效益，围绕供给侧结构性改革这条主线，转变经济发展方式，优化经济结构，积极推进去产能、去库存、去杠杆、降成本、补短板，培育增长新动能，发展先进制造业，实现实体经济升级，深入实施“互联网+”行动计划，扩大有效需求，更好满足人们个性化、多样化的需求，更好保护生态环境。

——中国将不断激发增长动力和市场活力，加大重要领域和关键环节改革力度，让市场在资源配置中起决定性作用，牵住创新这个“牛鼻子”，推进创新驱动发展战略，推动战略性新兴产业发展，注重用新技术新业态改造提升传统产业，促进新动能发展壮大、传统动能焕发生机。

——中国将积极营造宽松有序的投资环境，放宽外商投资准入，建设高标准自由贸易试验区，加强产权保护，促进公平竞争，让中国市场更加透明、更加规范。预计未来5年，中国将进口8万亿美元的商品、吸收6000亿美元的外来投资，对外投资总额将达到7500亿美元，出境旅游将达到7亿人次。这将为世界各国提供更广阔市场、更充足资本、更丰富产品、更宝贵合作契机。对各国工商界而言，中国发展仍然是大家的机遇。中国的大门对世界始终是打开的，不会关上。开着门，世界能够进入中国，中国也才能走向世界。我们希望，各国的大门也对中国投资者公平敞开。

——中国将大力建设共同发展的对外开放格局，推进亚太自由贸易区建设和区域全面经济伙伴关系协定谈判，构建面向全球的自由贸易区网络。中国一贯主张建设开放透明、互利共赢的区域自由贸易安排，而不是搞排他性、碎片化的小圈子。中国无意通过人民币贬值提升贸易竞争力，更不会主动打货币战。

3年多前，我提出了“一带一路”倡议。3年多来，已经有100多个国家和国际组织积极响应支持，40多个国家和国际组织同中国签署合作协议，“一带一路”的“朋友圈”正在不断扩大。中国企业对沿线国家投资达到500多亿美元，一系列重大项目落地开花，带动了各国经济发展，创造了大量就业机会。可以说，“一带一路”倡议来自中国，但成效惠及世界。

今年 5 月，中国将在北京主办“一带一路”国际合作高峰论坛，共商合作大计，共建合作平台，共享合作成果，为解决当前世界和区域经济面临的问题寻找方案，为实现联动式发展注入新能量，让“一带一路”建设更好造福各国人民。

女士们、先生们、朋友们！

世界历史发展告诉我们，人类文明进步历程从来没有平坦的大道可走，人类就是在同困难的斗争中前进的。再大的困难，都不可能阻挡人类前行的步伐。遇到了困难，不要埋怨自己，不要指责他人，不要放弃信心，不要逃避责任，而是要一起来战胜困难。历史是勇敢者创造的。让我们拿出信心、采取行动，携手向着未来前进！

谢谢大家。

注　释

〔1〕见查尔斯·狄更斯《双城记》。

〔2〕见《古诗源·汉诗·古诗二首》。

〔3〕见本卷《做焦裕禄式的县委书记》注〔15〕。

〔4〕见《淮南子·主术训》。

有一千条理由把中美关系搞好*

（2017 年 4 月 6 日）

一段时间以来，我同总统先生保持了密切联系，进行了多次通话和通信。我很高兴应总统先生邀请来美国举行这次会晤。我愿同总统先生就中美关系和重大国际及地区问题深入交换意见，达成更多共识，为新时期中美关系发展指明方向。

中美两国关系好，不仅对两国和两国人民有利，对世界也有利。我们有一千条理由把中美关系搞好，没有一条理由把中美关系搞坏。中美关系正常化 45 年来，两国关系虽然历经风风雨雨，但得到了历史性进展，给两国人民带来巨大实际利益。中美关系今后 45 年如何发展？需要我们深思，也需要两国领导人作出政治决断，拿出历史担当。我愿同总统先生一道，在新起点上推动中美关系取得更大发展。

合作是中美两国唯一正确的选择，我们两国完全能够成为很好的合作伙伴。下阶段双方要规划安排好两国高层交往。我欢迎总统先生年内对中国进行国事访问。双方可以继续通过各种方式保持密切联系。要充分用好新建立的外交安全对

---

* 这是习近平同美国总统特朗普举行中美元首会晤时的谈话要点。

话、全面经济对话、执法及网络安全对话、社会和人文对话4个高级别对话合作机制。要做大合作“蛋糕”，制定重点合作清单，争取多些早期收获。推进双边投资协定谈判，推动双向贸易和投资健康发展，探讨开展基础设施建设、能源等领域务实合作。要妥善处理敏感问题，建设性管控分歧。双方要加强在重大国际和地区问题上的沟通和协调，共同推动有关地区热点问题妥善处理和解决，拓展在防扩散、打击跨国犯罪等全球性挑战上的合作，加强在联合国、二十国集团、亚太经合组织等多边机制内的沟通和协调，共同维护世界和平、稳定、繁荣。

开启金砖合作第二个“金色十年”*

（2017 年 9 月 4 日）

金砖合作已经走过 10 年光辉历程。我们五国虽然山海相隔，但怀着合作共赢的共同目标走到了一起。

中国古人说：“交得其道，千里同好，固于胶漆，坚于金石。”〔1〕金砖合作之所以得到快速发展，关键在于找准了合作之道。这就是互尊互助，携手走适合本国国情的发展道路；秉持开放包容、合作共赢的精神，持之以恒推进经济、政治、人文合作；倡导国际公平正义，同其他新兴市场国家和发展中国家和衷共济，共同营造良好外部环境。

事实证明，金砖合作契合我们五国发展共同需要，顺应历史大势。尽管我们五国国情不同，但我们对伙伴关系、繁荣发展的追求是共同的，这使我们能够超越差异和分歧，努力实现互利共赢。

当前，世界格局发生了许多深刻复杂变化。在这一背景下，金砖合作显得更加重要。五国人民希望我们携手促进发

* 这是习近平在金砖国家领导人厦门会晤大范围会议上讲话的一部分。

展，提高人民福祉。国际社会期待我们维护世界和平，推动共同发展。我们应该再接再厉，全面深化金砖伙伴关系，开启金砖合作第二个“金色十年”。

第一，致力于推进经济务实合作。务实合作是金砖合作的根基，在这方面我们成绩斐然。同时，我们也要看到，现在，金砖合作潜力还没有充分释放出来。据统计，2016 年金砖国家对外投资 1970 亿美元，只有 5.7% 发生在我们五国之间。这说明，我们五国还有广阔合作空间。

我们应该紧紧围绕经济务实合作这条主线，在贸易投资、货币金融、互联互通、可持续发展、创新和产业合作等领域拓展利益汇聚点。今年，我们制定了《金砖国家服务贸易合作路线图》、《金砖国家投资便利化纲要》、《金砖国家电子商务合作倡议》、《金砖国家创新合作行动计划》、《金砖国家深化工业领域合作行动计划》，成立了新开发银行非洲区域中心，决定建立金砖国家示范电子口岸网络，在税收、电子商务、本币债券、政府和社会资本合作、金融机构和服务网络化布局等方面达成积极共识，各领域务实合作不断机制化、实心化，含金量不断提升。

我愿借此机会宣布，中方将设立首期 5 亿元人民币金砖国家经济技术合作交流计划，用于加强经贸等领域政策交流和务实合作。向新开发银行项目准备基金出资 400 万美元，支持银行业务运营和长远发展。我们愿同各方一道努力，把以往成果和共识落实好，让现有机制运行好，共同把握新工业革命带来的历史机遇，积极探索务实合作新领域新方式，拉紧联系纽带，让金砖合作机制行稳致远。

第二，致力于加强发展战略对接。我们五国虽然国情不同，但处在相近发展阶段，具有相同发展目标，都已进入经济爬坡过坎的时期。加强发展战略对接，发挥各自在资源、市场、劳动力等方面比较优势，将激发我们五国增长潜力和30亿人民创造力，开辟出巨大发展空间。

我们应该在大局上谋划、关键处落子，本着共商、共建、共享原则，寻找发展政策和优先领域的契合点，继续向贸易投资大市场、货币金融大流通、基础设施大联通目标迈进。要从结构性改革、可持续发展等角度入手，在创新创业、产业产能等领域拓展利益汇聚点，交流分享经验，助力彼此经济发展。处理好增长速度和质量、效益的关系，以落实2030年可持续发展议程为契机，谋求经济、社会、环境效益协调统一，实现联动包容发展。

第三，致力于推动国际秩序朝更加公正合理方向发展。随着我们五国同世界的联系更为紧密，客观上要求我们积极参与全球治理。没有我们五国参与，许多重大紧迫的全球性问题难以有效解决。我们就事关国际和平与发展的问题共同发声，共提方案，既符合国际社会期待，也有助于维护我们的共同利益。

我们应该坚定奉行多边主义和国际关系基本准则，推动构建新型国际关系，为各国发展创造和平稳定环境。要推动开放、包容、普惠、平衡、共赢的经济全球化，建设开放型世界经济，支持多边贸易体制，反对保护主义。要推进全球经济治理改革，提高新兴市场国家和发展中国家代表性和发言权，为解决南北发展失衡、促进世界经济增长提供新动力。

第四，致力于促进人文民间交流。国之交在于民相亲。只有深耕厚植，友谊和合作之树才能枝繁叶茂。加强我们五国人文交流，让伙伴关系理念扎根人民心中，是一项值得长期投入的工作。这项工作做好了，将使金砖合作永葆活力。

我们高兴地看到，我们五国领导人就加强金砖人文交流达成的重要共识正在变成现实。今年，五国人文交流合作全面铺开，举行了运动会、电影节、文化节、传统医药高级别会议等丰富多彩的活动。希望在我们共同关心和推动下，这些活动能够经常化、机制化，并努力深入基层，面向广大民众，营造百花齐放的生动局面。

过去10年，是金砖国家集中精力谋发展的10年，也是坚持不懈深化伙伴关系的10年。在金砖合作的历史进程中，10年只是一个开端。正如年初我在致各位同事的信中所说，展望未来，金砖合作必将得到更大发展，也必将在国际事务中发挥更大作用。让我们共同努力，推动金砖合作从厦门再次扬帆远航，开启第二个“金色十年”的大门，使金砖合作造福我们五国人民，惠及各国人民！

注　释

〔1〕参见三国时期谯周《法训·齐交》。原文是：“交而得其人，千里同好，固于胶漆，坚于金石，穷达不阻其分，毁誉不疑其实。”

十六、促进“一带一路”国际合作

“一带一路”和互联互通相融相近、相辅相成*

（2014年11月8日）

去年秋天，我代表中国政府提出共同建设丝绸之路经济带和21世纪海上丝绸之路的倡议，得到国际社会特别是在座各国领导人积极回应。“一带一路”和互联互通是相融相近、相辅相成的。如果将“一带一路”比喻为亚洲腾飞的两只翅膀，那么互联互通就是两只翅膀的血脉经络。当前，“一带一路”进入了务实合作阶段，我对深化合作有以下几点建议。

第一，以亚洲国家为重点方向，率先实现亚洲互联互通。“一带一路”源于亚洲、依托亚洲、造福亚洲，关注亚洲国家互联互通，努力扩大亚洲国家共同利益。“一带一路”是中国和亚洲邻国的共同事业，中国将周边国家作为外交政策的优先方向，践行亲、诚、惠、容的理念，愿意通过互联互通为亚洲邻国提供更多公共产品，欢迎大家搭乘中国发展的列车。

---

* 这是习近平在“加强互联互通伙伴关系”东道主伙伴对话会上讲话的一部分。

第二，以经济走廊为依托，建立亚洲互联互通的基本框架。目前，中方制定的“一带一路”规划基本成形。这包括在同各方充分沟通的基础上正在构建的陆上经济合作走廊和海上经济合作走廊。这一框架兼顾各国需求，统筹陆海两大方向，涵盖面宽，包容性强，辐射作用大。中方愿同有关国家进一步协商，完善合作蓝图，打牢合作基础。

第三，以交通基础设施为突破，实现亚洲互联互通的早期收获。丝绸之路首先得要有路，有路才能人畅其行、物畅其流。中方高度重视联通中国和巴基斯坦、孟加拉国、缅甸、老挝、柬埔寨、蒙古国、塔吉克斯坦等邻国的铁路、公路项目，将在推进“一带一路”建设中优先部署。只有让大家尽早分享到早期收获，“一带一路”才有吸引力和生命力。

第四，以建设融资平台为抓手，打破亚洲互联互通的瓶颈。亚洲各国多是发展中国家，普遍缺乏建设资金，关键是盘活存量、用好增量，将宝贵的资金用在刀刃上。我在此宣布，中国将出资400亿美元成立丝路基金，为“一带一路”沿线国家基础设施、资源开发、产业合作和金融合作等与互联互通有关的项目提供投融资支持。丝路基金是开放的，可以根据地区、行业或者项目类型设立子基金，欢迎亚洲域内外的投资者积极参与。

第五，以人文交流为纽带，夯实亚洲互联互通的社会根基。中国支持不同文明和宗教对话，鼓励加强各国文化交流和民间往来，支持丝绸之路沿线国家联合申请世界文化遗产，鼓励更多亚洲国家地方省区市建立合作关系。亚洲旅游资源丰富，出国旅游的人越来越多，应该发展丝绸之路特色旅游，让旅游合作和互联互通建设相互促进。互联互通需要大量专业人才，未来5年，中国将为周边国家提供2万个互联互通领域的培训名额，帮助周边国家培养自己的专家队伍。中国也愿派出更多留学生、专家学者到周边国家学习交流。

推进“一带一路”建设，努力拓展改革发展新空间*

（2016年4月29日）

“一带一路”建设是我国在新的历史条件下实行全方位对外开放的重大举措、推行互利共赢的重要平台。我们必须以更高的站位、更广的视野，在吸取和借鉴历史经验的基础上，以创新的理念和创新的思维，扎扎实实做好各项工作，使沿线各国人民实实在在感受到“一带一路”给他们带来的好处。

中央政治局这次学习安排这个题目，主要是想通过了解丝绸之路和海上丝绸之路的历史文化，总结历史经验，为新形势下推进“一带一路”建设提供借鉴。“一带一路”倡议提出来后，一石激起千层浪，外界反响很大，各方都在响应。各方之所以反映强烈，主要是因为这个倡议顺应了时代要求和各国加快发展的愿望，具有深厚历史渊源和人文基础。从我们自己的情况来看，这个倡议符合我国经济发展内生性要求，也有助于带动我国边疆民族地区发展。

“一带一路”倡议，唤起了沿线国家的历史记忆。古代丝

* 这是习近平在主持中共十八届中央政治局第三十一次集体学习时的讲话要点。

绸之路是一条贸易之路，更是一条友谊之路。在中华民族同其他民族的友好交往中，逐步形成了以和平合作、开放包容、互学互鉴、互利共赢为特征的丝绸之路精神。在新的历史条件下，我们提出“一带一路”倡议，就是要继承和发扬丝绸之路精神，把我国发展同沿线国家发展结合起来，把中国梦同沿线各国人民的梦想结合起来，赋予古代丝绸之路以全新的时代内涵。

推进“一带一路”建设，要处理好我国利益和沿线国家利益的关系，政府、市场、社会的关系，经贸合作和人文交流的关系，对外开放和维护国家安全的关系，务实推进和舆论引导的关系，国家总体目标和地方具体目标的关系。

我国是“一带一路”的倡导者和推动者，但建设“一带一路”不是我们一家的事。“一带一路”建设不应仅仅着眼于我国自身发展，而是要以我国发展为契机，让更多国家搭上我国发展“快车”，帮助他们实现发展目标。我们要在发展自身利益的同时，更多考虑和照顾其他国家利益。要坚持正确义利观，以义为先、义利并举，不急功近利，不搞短期行为。要统筹我国同沿线国家的共同利益和具有差异性的利益关切，寻找更多利益交汇点，调动沿线国家积极性。我国企业走出去既要重视投资利益，更要赢得好名声、好口碑，遵守驻在国法律，承担更多社会责任。

推进“一带一路”建设，既要发挥政府把握方向、统筹协调作用，又要发挥市场作用。政府要在宣传推介、加强协调、建立机制等方面发挥主导性作用，同时要注意构建以市场为基础、企业为主体的区域经济合作机制，广泛调动各类企业参与，引导更多社会力量投入“一带一路”建设，努力形成政府、市场、社会有机结合的合作模式，形成政府主导、企业参与、民间促进的立体格局。

人文交流合作也是“一带一路”建设的重要内容。真正要建成“一带一路”，必须在沿线国家民众中形成一个相互欣赏、相互理解、相互尊重的人文格局。民心相通是“一带一路”建设的重要内容，也是“一带一路”建设的人文基础。要坚持经济合作和人文交流共同推进，注重在人文领域精耕细作，尊重各国人民文化历史、风俗习惯，加强同沿线国家人民的友好往来，为“一带一路”建设打下广泛社会基础。要加强同沿线国家在安全领域的合作，努力打造利益共同体、责任共同体、命运共同体，共同营造良好环境。要重视和做好舆论引导工作，通过各种方式，讲好“一带一路”故事，传播好“一带一路”声音，为“一带一路”建设营造良好舆论环境。

“一带一路”建设既要确立国家总体目标，也要发挥地方积极性。地方的规划和目标要符合国家总体目标，服从大局和全局。要把主要精力放在提高对外开放水平、增强参与国际竞争能力、倒逼转变经济发展方式和调整经济结构上来。要立足本地实际，找准位置，发挥优势，取得扎扎实实的成果，努力拓展改革发展新空间。

让“一带一路”建设造福沿线各国人民*

（2016年8月17日）

总结经验、坚定信心、扎实推进，聚焦政策沟通、设施联通、贸易畅通、资金融通、民心相通，聚焦构建互利合作网络、新型合作模式、多元合作平台，聚焦携手打造绿色丝绸之路、健康丝绸之路、智力丝绸之路、和平丝绸之路，以钉钉子精神抓下去，一步一步把“一带一路”建设推向前进，让“一带一路”建设造福沿线各国人民。

党的十八大以后，党中央着眼于我国“十三五”时期和更长时期的发展，逐步明确了“一带一路”建设、京津冀协同发展、长江经济带发展3个大的发展战略。2014年我们通过了《丝绸之路经济带和21世纪海上丝绸之路建设战略规划》，2015年对外发布了《推动共建丝绸之路经济带和21世纪海上丝绸之路的愿景与行动》，有关地方和部门也出台了配套规划，在国际上引起较大反响。

目前，已经有100多个国家和国际组织参与其中，我们

---

* 这是习近平在推进“一带一路”建设工作座谈会上的讲话要点。

同30多个沿线国家签署了共建“一带一路”合作协议、同20多个国家开展国际产能合作，联合国等国际组织也态度积极，以亚投行、丝路基金为代表的金融合作不断深入，一批有影响力的标志性项目逐步落地。“一带一路”建设从无到有、由点及面，进度和成果超出预期。

一个国家强盛才能充满信心开放，而开放促进一个国家强盛。党的十一届三中全会以来我国改革开放的成就充分证明，对外开放是推动我国经济社会发展的重要动力。随着我国经济总量跃居世界第二，随着我国经济发展进入新常态，我们要保持经济持续健康发展，就必须树立全球视野，更加自觉地统筹国内国际两个大局，全面谋划全方位对外开放大战略，以更加积极主动的姿态走向世界。

以“一带一路”建设为契机，开展跨国互联互通，提高贸易和投资合作水平，推动国际产能和装备制造合作，本质上是通过提高有效供给来催生新的需求，实现世界经济再平衡。特别是在当前世界经济持续低迷的情况下，如果能够使顺周期下形成的巨大产能和建设能力走出去，支持沿线国家推进工业化、现代化和提高基础设施水平的迫切需要，有利于稳定当前世界经济形势。

推进“一带一路”建设，一是要切实推进思想统一，坚持各国共商、共建、共享，遵循平等、追求互利，牢牢把握重点方向，聚焦重点地区、重点国家、重点项目，抓住发展这个最大公约数，不仅造福中国人民，更造福沿线各国人民。中国欢迎各方搭乘中国发展的“快车”、“便车”，欢迎世界各国和国际组织参与到合作中来。二是要切实推进规划落实，周密组织，精准发力，进一步研究出台推进“一带一路”建设的具体政策措施，创新运用方式，完善配套服务，重点支持基础设施互联互通、能源资源开发利用、经贸产业合作区建设、产业核心技术研发支撑等战略性优先项目。三是要切实推进统筹协调，坚持陆海统筹，坚持内外统筹，加强政企统筹，鼓励国内企业到沿线国家投资经营，也欢迎沿线国家企业到我国投资兴业，加强“一带一路”建设同京津冀协同发展、长江经济带发展等国家战略的对接，同西部开发、东北振兴、中部崛起、东部率先发展、沿边开发开放的结合，带动形成全方位开放、东中西部联动发展的局面。四是要切实推进关键项目落地，以基础设施互联互通、产能合作、经贸产业合作区为抓手，实施好一批示范性项目，多搞一点早期收获，让有关国家不断有实实在在的获得感。五是要切实推进金融创新，创新国际化的融资模式，深化金融领域合作，打造多层次金融平台，建立服务“一带一路”建设长期、稳定、可持续、风险可控的金融保障体系。六是要切实推进民心相通，弘扬丝路精神，推进文明交流互鉴，重视人文合作。七是要切实推进舆论宣传，积极宣传“一带一路”建设的实实在在成果，加强“一带一路”建设学术研究、理论支撑、话语体系建设。八是要切实推进安全保障，完善安全风险评估、监测预警、应急处置，建立健全工作机制，细化工作方案，确保有关部署和举措落实到每个部门、每个项目执行单位和企业。

携手推进“一带一路”建设*

（2017 年 5 月 14 日）

尊敬的各位国家元首，政府首脑，
各位国际组织负责人，
女士们，先生们，朋友们：

“孟夏之日，万物并秀。”[1] 在这美好时节，来自 100 多个国家的各界嘉宾齐聚北京，共商“一带一路”建设合作大计，具有十分重要的意义。今天，群贤毕至，少长咸集，我期待着大家集思广益、畅所欲言，为推动“一带一路”建设献计献策，让这一世纪工程造福各国人民。

女士们、先生们、朋友们！

2000 多年前，我们的先辈筚路蓝缕，穿越草原沙漠，开辟出联通亚欧非的陆上丝绸之路；我们的先辈扬帆远航，穿越惊涛骇浪，闯荡出连接东西方的海上丝绸之路。古丝绸之路打开了各国友好交往的新窗口，书写了人类发展进步的新篇章。中国陕西历史博物馆珍藏的千年“鎏金铜蚕”，在印度尼西亚发现的千年沉船“黑石号”等，见证了这段历史。

古丝绸之路绵亘万里，延续千年，积淀了以和平合作、

---

* 这是习近平在“一带一路”国际合作高峰论坛开幕式上的演讲。

开放包容、互学互鉴、互利共赢为核心的丝路精神。这是人类文明的宝贵遗产。

——和平合作。公元前130多年的中国汉代，一支从长安出发的和平使团，开始打通东方通往西方的道路，完成了“凿空之旅”[2]，这就是著名的张骞出使西域。中国唐宋元时期，陆上和海上丝绸之路同步发展，中国、意大利、摩洛哥的旅行家杜环、马可·波罗、伊本·白图泰都在陆上和海上丝绸之路留下了历史印记。15世纪初的明代，中国著名航海家郑和七次远洋航海，留下千古佳话。这些开拓事业之所以名垂青史，是因为使用的不是战马和长矛，而是驼队和善意；依靠的不是坚船和利炮，而是宝船和友谊。一代又一代“丝路人”架起了东西方合作的纽带、和平的桥梁。

——开放包容。古丝绸之路跨越尼罗河流域、底格里斯河和幼发拉底河流域、印度河和恒河流域、黄河和长江流域，跨越埃及文明、巴比伦文明、印度文明、中华文明的发祥地，跨越佛教、基督教、伊斯兰教信众的汇集地，跨越不同国度和肤色人民的聚居地。不同文明、宗教、种族求同存异、开放包容，并肩书写相互尊重的壮丽诗篇，携手绘就共同发展的美好画卷。酒泉、敦煌、吐鲁番、喀什、撒马尔罕、巴格达、君士坦丁堡等古城，宁波、泉州、广州、北海、科伦坡、吉达、亚历山大等地的古港，就是记载这段历史的“活化石”。历史告诉我们：文明在开放中发展，民族在融合中共存。

——互学互鉴。古丝绸之路不仅是一条通商易货之道，更是一条知识交流之路。沿着古丝绸之路，中国将丝绸、瓷器、漆器、铁器传到西方，也为中国带来了胡椒、亚麻、香料、葡萄、石榴。沿着古丝绸之路，佛教、伊斯兰教及阿拉伯的天文、历法、医药传入中国，中国的四大发明、养蚕技术也由此传向世界。更为重要的是，商品和知识交流带来了观念创新。比如，佛教源自印度，在中国发扬光大，在东南亚得到传承。儒家文化起源中国，受到欧洲莱布尼茨、伏尔泰等思想家的推崇。这是交流的魅力、互鉴的成果。

——互利共赢。古丝绸之路见证了陆上“使者相望于道，商旅不绝于途”的盛况，也见证了海上“舶交海中，不知其数”的繁华。在这条大动脉上，资金、技术、人员等生产要素自由流动，商品、资源、成果等实现共享。阿拉木图、撒马尔罕、长安等重镇和苏尔港、广州等良港兴旺发达，罗马、安息、贵霜等古国欣欣向荣，中国汉唐迎来盛世。古丝绸之路创造了地区大发展大繁荣。

历史是最好的老师。这段历史表明，无论相隔多远，只要我们勇敢迈出第一步，坚持相向而行，就能走出一条相遇相知、共同发展之路，走向幸福安宁和谐美好的远方。

女士们、先生们、朋友们！

从历史维度看，人类社会正处在一个大发展大变革大调整时代。世界多极化、经济全球化、社会信息化、文化多样化深入发展，和平发展的大势日益强劲，变革创新的步伐持续向前。各国之间的联系从来没有像今天这样紧密，世界人民对美好生活的向往从来没有像今天这样强烈，人类战胜困难的手段从来没有像今天这样丰富。

从现实维度看，我们正处在一个挑战频发的世界。世界经济增长需要新动力，发展需要更加普惠平衡，贫富差距鸿沟有待弥合。地区热点持续动荡，恐怖主义蔓延肆虐。和平赤字、发展赤字、治理赤字，是摆在全人类面前的严峻挑战。这是我一直思考的问题。

2013 年秋天，我在哈萨克斯坦和印度尼西亚提出共建丝绸之路经济带和 21 世纪海上丝绸之路，即“一带一路”倡议。“桃李不言，下自成蹊。”〔3〕4 年来，全球 100 多个国家和国际组织积极支持和参与“一带一路”建设，联合国大会、联合国安理会等重要决议也纳入“一带一路”建设内容。“一带一路”建设逐渐从理念转化为行动，从愿景转变为现实，建设成果丰硕。

——这是政策沟通不断深化的 4 年。我多次说过，“一带一路”建设不是另起炉灶、推倒重来，而是实现战略对接、优势互补。我们同有关国家协调政策，包括俄罗斯提出的欧亚经济联盟、东盟提出的互联互通总体规划、哈萨克斯坦提出的“光明之路”、土耳其提出的“中间走廊”、蒙古提出的“发展之路”、越南提出的“两廊一圈”、英国提出的“英格兰北方经济中心”、波兰提出的“琥珀之路”等。中国同老挝、柬埔寨、缅甸、匈牙利等国的规划对接工作也全面展开。中国同 40 多个国家和国际组织签署了合作协议，同 30 多个国家开展机制化产能合作。本次论坛期间，我们还将签署一批对接合作协议和行动计划，同 60 多个国家和国际组织共同发出推进“一带一路”贸易畅通合作倡议。各方通过政策对接，实现了“一加一大于二”的效果。

——这是设施联通不断加强的 4 年。“道路通，百业兴。”我们和相关国家一道共同加速推进雅万高铁、中老铁路、亚吉铁路、匈塞铁路等项目，建设瓜达尔港、比雷埃夫斯港等港口，规划实施一大批互联互通项目。目前，以中巴、中蒙俄、新亚欧大陆桥等经济走廊为引领，以陆海空通道和信息高速路为骨架，以铁路、港口、管网等重大工程为依托，一个复合型的基础设施网络正在形成。

——这是贸易畅通不断提升的4年。中国同“一带一路”参与国大力推动贸易和投资便利化，不断改善营商环境。我了解到，仅哈萨克斯坦等中亚国家农产品到达中国市场的通关时间就缩短了90%。2014年至2016年，中国同“一带一路”沿线国家贸易总额超过3万亿美元。中国对“一带一路”沿线国家投资累计超过500亿美元。中国企业已经在20多个国家建设56个经贸合作区，为有关国家创造近11亿美元税收和18万个就业岗位。

——这是资金融通不断扩大的4年。融资瓶颈是实现互联互通的突出挑战。中国同“一带一路”建设参与国和组织开展了多种形式的金融合作。亚洲基础设施投资银行已经为“一带一路”建设参与国的9个项目提供17亿美元贷款，丝路基金投资达40亿美元，中国同中东欧“16+1”金融控股公司正式成立。这些新型金融机制同世界银行等传统多边金融机构各有侧重、互为补充，形成层次清晰、初具规模的“一带一路”金融合作网络。

——这是民心相通不断促进的4年。“国之交在于民相亲，民相亲在于心相通。”“一带一路”建设参与国弘扬丝绸之路精神，开展智力丝绸之路、健康丝绸之路等建设，在科学、教育、文化、卫生、民间交往等各领域广泛开展合作，为“一带一路”建设夯实民意基础，筑牢社会根基。中国政府每年向相关国家提供1万个政府奖学金名额，地方政府也设立了丝绸之路专项奖学金，鼓励国际文教交流。各类丝绸之路文化年、旅游年、艺术节、影视桥、研讨会、智库对话等人文合作项目百花纷呈，人们往来频繁，在交流中拉近了心与心的距离。

丰硕的成果表明，“一带一路”倡议顺应时代潮流，适应发展规律，符合各国人民利益，具有广阔前景。

女士们、先生们、朋友们！

中国人说，“万事开头难”。“一带一路”建设已经迈出坚实步伐。我们要乘势而上、顺势而为，推动“一带一路”建设行稳致远，迈向更加美好的未来。这里，我谈几点意见。

第一，我们要将“一带一路”建成和平之路。古丝绸之路，和时兴，战时衰。“一带一路”建设离不开和平安宁的环境。我们要构建以合作共赢为核心的新型国际关系，打造对话不对抗、结伴不结盟的伙伴关系。各国应该尊重彼此主权、尊严、领土完整，尊重彼此发展道路和社会制度，尊重彼此核心利益和重大关切。

古丝绸之路沿线地区曾经是“流淌着牛奶与蜂蜜的地方”，如今很多地方却成了冲突动荡和危机挑战的代名词。这种状况不能再持续下去。我们要树立共同、综合、合作、可持续的安全观，营造共建共享的安全格局。要着力化解热点，坚持政治解决；要着力斡旋调解，坚持公道正义；要着力推进反恐，标本兼治，消除贫困落后和社会不公。

第二，我们要将“一带一路”建成繁荣之路。发展是解决一切问题的总钥匙。推进“一带一路”建设，要聚焦发展这个根本性问题，释放各国发展潜力，实现经济大融合、发展大联动、成果大共享。

产业是经济之本。我们要深入开展产业合作，推动各国产业发展规划相互兼容、相互促进，抓好大项目建设，加强国际产能和装备制造合作，抓住新工业革命的发展新机遇，培育新业态，保持经济增长活力。

金融是现代经济的血液。血脉通，增长才有力。我们要建立稳定、可持续、风险可控的金融保障体系，创新投资和融资模式，推广政府和社会资本合作，建设多元化融资体系和多层次资本市场，发展普惠金融，完善金融服务网络。

设施联通是合作发展的基础。我们要着力推动陆上、海上、天上、网上四位一体的联通，聚焦关键通道、关键城市、关键项目，联结陆上公路、铁路道路网络和海上港口网络。我们已经确立“一带一路”建设六大经济走廊框架，要扎扎实实向前推进。要抓住新一轮能源结构调整和能源技术变革趋势，建设全球能源互联网，实现绿色低碳发展。要完善跨区域物流网建设。我们也要促进政策、规则、标准三位一体的联通，为互联互通提供机制保障。

第三，我们要将“一带一路”建成开放之路。开放带来进步，封闭导致落后。对一个国家而言，开放如同破茧成蝶，虽会经历一时阵痛，但将换来新生。“一带一路”建设要以开放为导向，解决经济增长和平衡问题。

我们要打造开放型合作平台，维护和发展开放型世界经济，共同创造有利于开放发展的环境，推动构建公正、合理、透明的国际经贸投资规则体系，促进生产要素有序流动、资源高效配置、市场深度融合。我们欢迎各国结合自身国情，积极发展开放型经济，参与全球治理和公共产品供给，携手构建广泛的利益共同体。

贸易是经济增长的重要引擎。我们要有“向外看”的胸怀，维护多边贸易体制，推动自由贸易区建设，促进贸易和投资自由化便利化。当然，我们也要着力解决发展失衡、治理困境、数字鸿沟、分配差距等问题，建设开放、包容、普惠、平衡、共赢的经济全球化。

第四，我们要将“一带一路”建成创新之路。创新是推动发展的重要力量。“一带一路”建设本身就是一个创举，搞好“一带一路”建设也要向创新要动力。

我们要坚持创新驱动发展，加强在数字经济、人工智能、纳米技术、量子计算机等前沿领域合作，推动大数据、云计算、智慧城市建设，连接成21世纪的数字丝绸之路。我们要促进科技同产业、科技同金融深度融合，优化创新环境，集聚创新资源。我们要为互联网时代的各国青年打造创业空间、创业工场，成就未来一代的青春梦想。

我们要践行绿色发展的新理念，倡导绿色、低碳、循环、可持续的生产生活方式，加强生态环保合作，建设生态文明，共同实现2030年可持续发展目标。

第五，我们要将“一带一路”建成文明之路。“一带一路”建设要以文明交流超越文明隔阂、文明互鉴超越文明冲突、文明共存超越文明优越，推动各国相互理解、相互尊重、相互信任。

我们要建立多层次人文合作机制，搭建更多合作平台，开辟更多合作渠道。要推动教育合作，扩大互派留学生规模，提升合作办学水平。要发挥智库作用，建设好智库联盟和合作网络。在文化、体育、卫生领域，要创新合作模式，推动务实项目。要用好历史文化遗产，联合打造具有丝绸之路特色的旅游产品和遗产保护。我们要加强各国议会、政党、民间组织往来，密切妇女、青年、残疾人等群体交流，促进包容发展。我们也要加强国际反腐合作，让“一带一路”成为廉洁之路。

女士们、先生们、朋友们！

当前，中国发展正站在新的起点上。我们将深入贯彻创新、协调、绿色、开放、共享的发展理念，不断适应、把握、引领经济发展新常态，积极推进供给侧结构性改革，实现持续发展，为“一带一路”注入强大动力，为世界发展带来新的机遇。

——中国愿在和平共处五项原则基础上，发展同所有“一带一路”建设参与国的友好合作。中国愿同世界各国分享发展经验，但不会干涉他国内政，不会输出社会制度和发展模式，更不会强加于人。我们推进“一带一路”建设不会重复地缘博弈的老套路，而将开创合作共赢的新模式；不会形成破坏稳定的小集团，而将建设和谐共存的大家庭。

——中国已经同很多国家达成了“一带一路”务实合作协议，其中既包括交通运输、基础设施、能源等硬件联通项目，也包括通信、海关、检验检疫等软件联通项目，还包括经贸、产业、电子商务、海洋和绿色经济等多领域的合作规划和具体项目。中国同有关国家的铁路部门将签署深化中欧班列合作协议。我们将推动这些合作项目早日启动、早见成效。

——中国将加大对“一带一路”建设资金支持，向丝路基金新增资金1000亿元人民币，鼓励金融机构开展人民币海外基金业务，规模预计约3000亿元人民币。中国国家开发银行、进出口银行将分别提供2500亿元和1300亿元等值人民币专项贷款，用于支持“一带一路”基础设施建设、产能、金融合作。我们还将同亚洲基础设施投资银行、金砖国家新开发银行、世界银行及其他多边开发机构合作支持“一带一路”项目，同有关各方共同制定“一带一路”融资指导原则。

——中国将积极同“一带一路”建设参与国发展互利共赢的经贸伙伴关系，促进同各相关国家贸易和投资便利化，建设“一带一路”自由贸易网络，助力地区和世界经济增长。本届论坛期间，中国将同30多个国家签署经贸合作协议，同有关国家协商自由贸易协定。中国将从2018年起举办中国国际进口博览会。

——中国愿同各国加强创新合作，启动“一带一路”科技创新行动计划，开展科技人文交流、共建联合实验室、科技园区合作、技术转移4项行动。我们将在未来5年内安排2500人次青年科学家来华从事短期科研工作，培训5000人次科学技术和管理人员，投入运行50家联合实验室。我们将设立生态环保大数据服务平台，倡议建立“一带一路”绿色发展国际联盟，并为相关国家应对气候变化提供援助。

——中国将在未来3年向参与“一带一路”建设的发展中国家和国际组织提供600亿元人民币援助，建设更多民生项目。我们将向“一带一路”沿线发展中国家提供20亿元人民币紧急粮食援助，向南南合作援助基金增资10亿美元，在沿线国家实施100个“幸福家园”、100个“爱心助困”、100个“康复助医”等项目。我们将向有关国际组织提供10亿美元落实一批惠及沿线国家的合作项目。

——中国将设立“一带一路”国际合作高峰论坛后续联络机制，成立“一带一路”财经发展研究中心、“一带一路”建设促进中心，同多边开发银行共同设立多边开发融资合作中心，同国际货币基金组织合作建立能力建设中心。我们将建设丝绸之路沿线民间组织合作网络，打造新闻合作联盟、音乐教育联盟以及其他人文合作新平台。

“一带一路”建设植根于丝绸之路的历史土壤，重点面向亚欧非大陆，同时向所有朋友开放。不论来自亚洲、欧洲，还是非洲、美洲，都是“一带一路”建设国际合作的伙伴。“一带一路”建设将由大家共同商量，“一带一路”建设成果将由大家共同分享。

女士们、先生们、朋友们！

中国古语讲：“不积跬步，无以至千里。”〔4〕阿拉伯谚语说，“金字塔是一块块石头垒成的”。欧洲也有句话：“伟业非一日之功”。“一带一路”建设是伟大的事业，需要伟大的实践。让我们一步一个脚印推进实施，一点一滴抓出成果，造福世界，造福人民！

祝本次高峰论坛圆满成功！

谢谢大家。

注　　释

〔1〕参见明代高濂《遵生八笺》。原文是:“孟夏之月，天地始交，万物并秀，宜夜卧早起，以受清明之气。”

〔2〕参见西汉司马迁《史记·大宛列传》。原文是:“然张骞凿空，其后使往者皆称博望侯，以为质于外国，外国由此信之。”

〔3〕见西汉司马迁《史记·李将军列传》。

〔4〕见《荀子·劝学》。

十七、推动构建
人类命运共同体

携手构建合作共赢新伙伴，同心打造人类命运共同体*

（2015 年 9 月 28 日）

主席先生，各位同事：

70 年前，我们的先辈经过浴血奋战，取得了世界反法西斯战争的胜利，翻过了人类历史上黑暗的一页。这一胜利来之不易。

70 年前，我们的先辈以远见卓识，建立了联合国这一最具普遍性、代表性、权威性的国际组织，寄托人类新愿景，开启合作新时代。这一创举前所未有。

70 年前，我们的先辈集各方智慧，制定了联合国宪章，奠定了现代国际秩序基石，确立了当代国际关系基本准则。这一成就影响深远。

主席先生、各位同事！

9 月 3 日，中国人民同世界人民一道，隆重纪念了中国人民抗日战争暨世界反法西斯战争胜利 70 周年。作为东方主战场，中国付出了伤亡 3500 多万人的民族牺牲，抗击了日本

* 这是习近平在美国纽约联合国总部举行的第七十届联合国大会一般性辩论时的讲话。

军国主义主要兵力，不仅实现了国家和民族的救亡图存，而且有力支援了在欧洲和太平洋战场上的抵抗力量，为赢得世界反法西斯战争胜利作出了历史性贡献。

历史是一面镜子。以史为鉴，才能避免重蹈覆辙。对历史，我们要心怀敬畏、心怀良知。历史无法改变，但未来可以塑造。铭记历史，不是为了延续仇恨，而是要共同引以为戒。传承历史，不是为了纠结过去，而是要开创未来，让和平的薪火代代相传。

主席先生、各位同事！

联合国走过了70年风风雨雨，见证了各国为守护和平、建设家园、谋求合作的探索和实践。站在新的历史起点上，联合国需要深入思考如何在21世纪更好回答世界和平与发展这一重大课题。

世界格局正处在一个加快演变的历史性进程之中。和平、发展、进步的阳光足以穿透战争、贫穷、落后的阴霾。世界多极化进一步发展，新兴市场国家和发展中国家崛起已经成为不可阻挡的历史潮流。经济全球化、社会信息化极大解放和发展了社会生产力，既创造了前所未有的发展机遇，也带来了需要认真对待的新威胁新挑战。

“大道之行也，天下为公。”〔1〕和平、发展、公平、正义、民主、自由，是全人类的共同价值，也是联合国的崇高目标。目标远未完成，我们仍须努力。当今世界，各国相互依存、休戚与共。我们要继承和弘扬联合国宪章的宗旨和原则，构建以合作共赢为核心的新型国际关系，打造人类命运共同体。为此，我们需要作出以下努力。

——我们要建立平等相待、互商互谅的伙伴关系。联合国宪章贯穿主权平等原则。世界的前途命运必须由各国共同掌握。世界各国一律平等，不能以大压小、以强凌弱、以富欺贫。主权原则不仅体现在各国主权和领土完整不容侵犯、内政不容干涉，还应该体现在各国自主选择社会制度和发展道路的权利应当得到维护，体现在各国推动经济社会发展、改善人民生活的实践应当受到尊重。

我们要坚持多边主义，不搞单边主义；要奉行双赢、多赢、共赢的新理念，扔掉我赢你输、赢者通吃的旧思维。协商是民主的重要形式，也应该成为现代国际治理的重要方法，要倡导以对话解争端、以协商化分歧。我们要在国际和区域层面建设全球伙伴关系，走出一条“对话而不对抗，结伴而不结盟”的国与国交往新路。大国之间相处，要不冲突、不对抗、相互尊重、合作共赢。大国与小国相处，要平等相待，践行正确义利观，义利相兼，义重于利。

——我们要营造公道正义、共建共享的安全格局。在经济全球化时代，各国安全相互关联、彼此影响。没有一个国家能凭一己之力谋求自身绝对安全，也没有一个国家可以从别国的动荡中收获稳定。弱肉强食是丛林法则，不是国与国相处之道。穷兵黩武是霸道做法，只能搬起石头砸自己的脚。

我们要摒弃一切形式的冷战思维，树立共同、综合、合作、可持续安全的新观念。我们要充分发挥联合国及其安理会在止战维和方面的核心作用，通过和平解决争端和强制性行动双轨并举，化干戈为玉帛。我们要推动经济和社会领域的国际合作齐头并进，统筹应对传统和非传统安全威胁，防战争祸患于未然。

——我们要谋求开放创新、包容互惠的发展前景。2008年爆发的国际经济金融危机告诉我们，放任资本逐利，其结果将是引发新一轮危机。缺乏道德的市场，难以撑起世界繁荣发展的大厦。富者愈富、穷者愈穷的局面不仅难以持续，也有违公平正义。要用好“看不见的手”和“看得见的手”，努力形成市场作用和政府作用有机统一、相互促进，打造兼顾效率和公平的规范格局。

大家一起发展才是真发展，可持续发展才是好发展。要实现这一目标，就应该秉承开放精神，推进互帮互助、互惠互利。当今世界仍有8亿人生活在极端贫困之中，每年近600万孩子在5岁前夭折，近6000万儿童未能接受教育。刚刚闭幕的联合国发展峰会制定了2015年后发展议程。我们要将承诺变为行动，共同营造人人免于匮乏、获得发展、享有尊严的光明前景。

——我们要促进和而不同、兼收并蓄的文明交流。人类文明多样性赋予这个世界姹紫嫣红的色彩，多样带来交流，交流孕育融合，融合产生进步。

文明相处需要和而不同的精神。只有在多样中相互尊重、彼此借鉴、和谐共存，这个世界才能丰富多彩、欣欣向荣。不同文明凝聚着不同民族的智慧和贡献，没有高低之别，更无优劣之分。文明之间要对话，不要排斥；要交流，不要取代。人类历史就是一幅不同文明相互交流、互鉴、融合的宏伟画卷。我们要尊重各种文明，平等相待，互学互鉴，兼收并蓄，推动人类文明实现创造性发展。

——我们要构筑尊崇自然、绿色发展的生态体系。人类可以利用自然、改造自然，但归根结底是自然的一部分，必须呵护自然，不能凌驾于自然之上。我们要解决好工业文明带来的矛盾，以人与自然和谐相处为目标，实现世界的可持续发展和人的全面发展。

建设生态文明关乎人类未来。国际社会应该携手同行，共谋全球生态文明建设之路，牢固树立尊重自然、顺应自然、保护自然的意识，坚持走绿色、低碳、循环、可持续发展之路。在这方面，中国责无旁贷，将继续作出自己的贡献。同时，我们敦促发达国家承担历史性责任，兑现减排承诺，并帮助发展中国家减缓和适应气候变化。

主席先生、各位同事！

13 亿多中国人民正在为实现中华民族伟大复兴的中国梦而奋斗。中国人民的梦想同各国人民的梦想息息相通。实现中国梦，离不开和平的国际环境和稳定的国际秩序，离不开各国人民的理解、支持、帮助。中国人民圆梦必将给各国创造更多机遇，必将更好促进世界和平与发展。

中国将始终做世界和平的建设者，坚定走和平发展道路，无论国际形势如何变化，无论自身如何发展，中国永不称霸、永不扩张、永不谋求势力范围。

中国将始终做全球发展的贡献者，坚持走共同发展道路，继续奉行互利共赢的开放战略，将自身发展经验和机遇同世界各国分享，欢迎各国搭乘中国发展“顺风车”，一起来实现共同发展。

中国将始终做国际秩序的维护者，坚持走合作发展的道路。中国是第一个在联合国宪章上签字的国家，将继续维护以联合国宪章宗旨和原则为核心的国际秩序和国际体系。中国将继续同广大发展中国家站在一起，坚定支持增加发展中国家特别是非洲国家在国际治理体系中的代表性和发言权。中国在联合国的一票永远属于发展中国家。

在此，我宣布，中国决定设立为期10年、总额10亿美元的中国—联合国和平与发展基金，支持联合国工作，促进多边合作事业，为世界和平与发展作出新的贡献。我宣布，中国将加入新的联合国维和能力待命机制，决定为此率先组建常备成建制维和警队，并建设8000人规模的维和待命部队。我宣布，中国决定在未来5年内，向非盟提供总额为1亿美元的无偿军事援助，以支持非洲常备军和危机应对快速反应部队建设。

主席先生、各位同事！

在联合国迎来又一个10年之际，让我们更加紧密地团结起来，携手构建合作共赢新伙伴，同心打造人类命运共同体。让铸剑为犁、永不再战的理念深植人心，让发展繁荣、公平正义的理念践行人间！

谢谢各位。

注　　释

〔**1**〕见本卷《做焦裕禄式的县委书记》注〔15〕。

携手构建合作共赢、公平合理的气候变化治理机制*

（2015 年 11 月 30 日）

尊敬的奥朗德总统，

尊敬的各位同事，

女士们，先生们，朋友们：

今天，我们齐聚巴黎，出席联合国气候变化巴黎大会开幕式。这表明，恐怖主义阻挡不了全人类应对气候变化、追求美好未来的进程。借此机会，我愿向法国人民致以诚挚的慰问，同时对奥朗德总统和法国政府为这次大会召开所作的精心筹备表示感谢。

《联合国气候变化框架公约》生效 20 多年来，在各方共同努力下，全球应对气候变化工作取得积极进展，但仍面临许多困难和挑战。巴黎大会正是为了加强公约实施，达成一个全面、均衡、有力度、有约束力的气候变化协议，提出公平、合理、有效的全球应对气候变化解决方案，探索人类可持续的发展路径和治理模式。法国作家雨果说："最大的决心

---

* 这是习近平在气候变化巴黎大会开幕式上的讲话。

会产生最高的智慧。”[1]我相信，只要各方展现诚意、坚定信心、齐心协力，巴黎大会一定能够取得令人满意的成果，不辜负国际社会的热切期盼。

尊敬的各位同事，女士们、先生们！

一份成功的国际协议既要解决当下矛盾，更要引领未来。巴黎协议应该着眼于强化2020年后全球应对气候变化行动，也要为推动全球更好实现可持续发展注入动力。

——巴黎协议应该有利于实现公约目标，引领绿色发展。协议应该遵循公约原则和规定，推进公约全面有效实施。既要有效控制大气温室气体浓度上升，又要建立利益导向和激励机制，推动各国走向绿色循环低碳发展，实现经济发展和应对气候变化双赢。

——巴黎协议应该有利于凝聚全球力量，鼓励广泛参与。协议应该在制度安排上促使各国同舟共济、共同努力。除各国政府，还应该调动企业、非政府组织等全社会资源参与国际合作进程，提高公众意识，形成合力。

——巴黎协议应该有利于加大投入，强化行动保障。获取资金技术支持、提高应对能力是发展中国家实施应对气候变化行动的前提。发达国家应该落实到2020年每年动员1000亿美元的承诺，2020年后向发展中国家提供更加强有力的资金支持。此外，还应该向发展中国家转让气候友好型技术，帮助其发展绿色经济。

——巴黎协议应该有利于照顾各国国情，讲求务实有效。应该尊重各国特别是发展中国家在国内政策、能力建设、经济结构方面的差异，不搞一刀切。应对气候变化不应该妨碍发展中国家消除贫困、提高人民生活水平的合理需求。要照顾发展中国家的特殊困难。

尊敬的各位同事，女士们、先生们！

巴黎协议不是终点，而是新的起点。作为全球治理的一个重要领域，应对气候变化的全球努力是一面镜子，给我们思考和探索未来全球治理模式、推动建设人类命运共同体带来宝贵启示。

——我们应该创造一个各尽所能、合作共赢的未来。对气候变化等全球性问题，如果抱着功利主义的思维，希望多占点便宜、少承担点责任，最终将是损人不利己。巴黎大会应该摈弃零和博弈狭隘思维，推动各国尤其是发达国家多一点共享、多一点担当，实现互惠共赢。

——我们应该创造一个奉行法治、公平正义的未来。要提高国际法在全球治理中的地位和作用，确保国际规则有效遵守和实施，坚持民主、平等、正义，建设国际法治。发达国家和发展中国家的历史责任、发展阶段、应对能力都不同，共同但有区别的责任原则不仅没有过时，而且应该得到遵守。

——我们应该创造一个包容互鉴、共同发展的未来。面对全球性挑战，各国应该加强对话，交流学习最佳实践，取长补短，在相互借鉴中实现共同发展，惠及全体人民。同时，要倡导和而不同，允许各国寻找最适合本国国情的应对之策。

尊敬的各位同事，女士们、先生们！

中国一直是全球应对气候变化事业的积极参与者，有诚意、有决心为巴黎大会成功作出自己的贡献。

过去几十年来，中国经济快速发展，人民生活发生了深刻变化，但也承担了资源环境方面的代价。鉴往知来，中国正在大力推进生态文明建设，推动绿色循环低碳发展。中国把应对气候变化融入国家经济社会发展中长期规划，坚持减缓和适应气候变化并重，通过法律、行政、技术、市场等多种手段，全力推进各项工作。中国可再生能源装机容量占全球总量的24%，新增装机占全球增量的42%。中国是世界节能和利用新能源、可再生能源第一大国。

“万物各得其和以生，各得其养以成。”〔2〕中华文明历来强调天人合一、尊重自然。面向未来，中国将把生态文明建设作为“十三五”规划重要内容，落实创新、协调、绿色、开放、共享的发展理念，通过科技创新和体制机制创新，实施优化产业结构、构建低碳能源体系、发展绿色建筑和低碳交通、建立全国碳排放交易市场等一系列政策措施，形成人和自然和谐发展现代化建设新格局。中国在“国家自主贡献”中提出将于2030年左右使二氧化碳排放达到峰值并争取尽早实现，2030年单位国内生产总值二氧化碳排放比2005年下降60%—65%，非化石能源占一次能源消费比重达到20%左右，森林蓄积量比2005年增加45亿立方米左右。虽然需要付出艰苦的努力，但我们有信心和决心实现我们的承诺。

中国坚持正确义利观，积极参与气候变化国际合作。多年来，中国政府认真落实气候变化领域南南合作政策承诺，支持发展中国家特别是最不发达国家、内陆发展中国家、小岛屿发展中国家应对气候变化挑战。为加大支持力度，中国在今年9月宣布设立200亿元人民币的中国气候变化南南合作基金。中国将于明年启动在发展中国家开展10个低碳示范区、100个减缓和适应气候变化项目及1000个应对气候变化培训名额的合作项目，继续推进清洁能源、防灾减灾、生态保护、气候适应型农业、低碳智慧型城市建设等领域的国际合作，并帮助他们提高融资能力。

尊敬的各位同事，女士们、先生们！

应对气候变化是人类共同的事业，世界的目光正聚焦于巴黎。让我们携手努力，为推动建立公平有效的全球应对气候变化机制、实现更高水平全球可持续发展、构建合作共赢的国际关系作出贡献！

谢谢大家。

注　　释

〔**1**〕见维克多·雨果《悲惨世界》。

〔**2**〕见《荀子·天论》。

建立多边、民主、透明的全球互联网治理体系*

（2015 年 12 月 16 日）

随着世界多极化、经济全球化、文化多样化、社会信息化深入发展，互联网对人类文明进步将发挥更大促进作用。同时，互联网领域发展不平衡、规则不健全、秩序不合理等问题日益凸显。不同国家和地区信息鸿沟不断拉大，现有网络空间治理规则难以反映大多数国家意愿和利益；世界范围内侵害个人隐私、侵犯知识产权、网络犯罪等时有发生，网络监听、网络攻击、网络恐怖主义活动等成为全球公害。面对这些问题和挑战，国际社会应该在相互尊重、相互信任的基础上，加强对话合作，推动互联网全球治理体系变革，共同构建和平、安全、开放、合作的网络空间，建立多边、民主、透明的全球互联网治理体系。

推进全球互联网治理体系变革，应该坚持以下原则。

——尊重网络主权。《联合国宪章》确立的主权平等原则是当代国际关系的基本准则，覆盖国与国交往各个领域，其

---

* 这是习近平在第二届世界互联网大会开幕式上讲话的一部分。

原则和精神也应该适用于网络空间。我们应该尊重各国自主选择网络发展道路、网络管理模式、互联网公共政策和平等参与国际网络空间治理的权利，不搞网络霸权，不干涉他国内政，不从事、纵容或支持危害他国国家安全的网络活动。

——维护和平安全。一个安全稳定繁荣的网络空间，对各国乃至世界都具有重大意义。在现实空间，战火硝烟仍未散去，恐怖主义阴霾难除，违法犯罪时有发生。网络空间，不应成为各国角力的战场，更不能成为违法犯罪的温床。各国应该共同努力，防范和反对利用网络空间进行的恐怖、淫秽、贩毒、洗钱、赌博等犯罪活动。不论是商业窃密，还是对政府网络发起黑客攻击，都应该根据相关法律和国际公约予以坚决打击。维护网络安全不应有双重标准，不能一个国家安全而其他国家不安全，一部分国家安全而另一部分国家不安全，更不能以牺牲别国安全谋求自身所谓绝对安全。

——促进开放合作。“天下兼相爱则治，交相恶则乱。”[1]完善全球互联网治理体系，维护网络空间秩序，必须坚持同舟共济、互信互利的理念，摈弃零和博弈、赢者通吃的旧观念。各国应该推进互联网领域开放合作，丰富开放内涵，提高开放水平，搭建更多沟通合作平台，创造更多利益契合点、合作增长点、共赢新亮点，推动彼此在网络空间优势互补、共同发展，让更多国家和人民搭乘信息时代的快车、共享互联网发展成果。

——构建良好秩序。网络空间同现实社会一样，既要提倡自由，也要保持秩序。自由是秩序的目的，秩序是自由的保障。我们既要尊重网民交流思想、表达意愿的权利，也要依法构建良好网络秩序，这有利于保障广大网民合法权益。网络空间不是“法外之地”。网络空间是虚拟的，但运用网络空间的主体是现实的，大家都应该遵守法律，明确各方权利义务。要坚持依法治网、依法办网、依法上网，让互联网在法治轨道上健康运行。同时，要加强网络伦理、网络文明建设，发挥道德教化引导作用，用人类文明优秀成果滋养网络空间、修复网络生态。

网络空间是人类共同的活动空间，网络空间前途命运应由世界各国共同掌握。各国应该加强沟通、扩大共识、深化合作，共同构建网络空间命运共同体。对此，我愿提出5点主张。

第一，加快全球网络基础设施建设，促进互联互通。网络的本质在于互联，信息的价值在于互通。只有加强信息基础设施建设，铺就信息畅通之路，不断缩小不同国家、地区、人群间的信息鸿沟，才能让信息资源充分涌流。中国正在实施“宽带中国”战略，预计到2020年，中国宽带网络将基本覆盖所有行政村，打通网络基础设施“最后一公里”，让更多人用上互联网。中国愿同各方一道，加大资金投入，加强技术支持，共同推动全球网络基础设施建设，让更多发展中国家和人民共享互联网带来的发展机遇。

第二，打造网上文化交流共享平台，促进交流互鉴。文化因交流而多彩，文明因互鉴而丰富。互联网是传播人类优秀文化、弘扬正能量的重要载体。中国愿通过互联网架设国际交流桥梁，推动世界优秀文化交流互鉴，推动各国人民情感交流、心灵沟通。我们愿同各国一道，发挥互联网传播平台优势，让各国人民了解中华优秀文化，让中国人民了解各国优秀文化，共同推动网络文化繁荣发展，丰富人们精神世界，促进人类文明进步。

第三，推动网络经济创新发展，促进共同繁荣。当前，世界经济复苏艰难曲折，中国经济也面临着一定下行压力。解决这些问题，关键在于坚持创新驱动发展，开拓发展新境界。中国正在实施“互联网 +”行动计划，推进“数字中国”建设，发展分享经济，支持基于互联网的各类创新，提高发展质量和效益。中国互联网蓬勃发展，为各国企业和创业者提供了广阔市场空间。中国开放的大门永远不会关上，利用外资的政策不会变，对外商投资企业合法权益的保障不会变，为各国企业在华投资兴业提供更好服务的方向不会变。只要遵守中国法律，我们热情欢迎各国企业和创业者在华投资兴业。我们愿意同各国加强合作，通过发展跨境电子商务、建设信息经济示范区等，促进世界范围内投资和贸易发展，推动全球数字经济发展。

第四，保障网络安全，促进有序发展。安全和发展是一体之两翼、驱动之双轮。安全是发展的保障，发展是安全的目的。网络安全是全球性挑战，没有哪个国家能够置身事外、独善其身，维护网络安全是国际社会的共同责任。各国应该携手努力，共同遏制信息技术滥用，反对网络监听和网络攻击，反对网络空间军备竞赛。中国愿同各国一道，加强对话交流，有效管控分歧，推动制定各方普遍接受的网络空间国际规则，制定网络空间国际反恐公约，健全打击网络犯罪司法协助机制，共同维护网络空间和平安全。

第五，构建互联网治理体系，促进公平正义。国际网络空间治理，应该坚持多边参与、多方参与，由大家商量着办，发挥政府、国际组织、互联网企业、技术社群、民间机构、公民个人等各个主体作用，不搞单边主义，不搞一方主导或由几方凑在一起说了算。各国应该加强沟通交流，完善网络空间对话协商机制，研究制定全球互联网治理规则，使全球互联网治理体系更加公正合理，更加平衡地反映大多数国家意愿和利益。举办世界互联网大会，就是希望搭建全球互联网共享共治的一个平台，共同推动互联网健康发展。

注　　释

〔**1**〕见《墨子·兼爱上》。

共同构建人类命运共同体*

（2017 年 1 月 18 日）

尊敬的联合国大会主席汤姆森先生，
尊敬的联合国秘书长古特雷斯先生，
尊敬的联合国日内瓦总部总干事穆勒先生，
女士们，先生们，朋友们：

一元复始，万象更新。很高兴在新年伊始就来到联合国日内瓦总部，同大家一起探讨构建人类命运共同体这一时代命题。

我刚刚出席了世界经济论坛年会。在达沃斯，各方在发言中普遍谈到，当今世界充满不确定性，人们对未来既寄予期待又感到困惑。世界怎么了、我们怎么办？这是整个世界都在思考的问题，也是我一直在思考的问题。

我认为，回答这个问题，首先要弄清楚一个最基本的问题，就是我们从哪里来、现在在哪里、将到哪里去？

回首最近 100 多年的历史，人类经历了血腥的热战、冰冷的冷战，也取得了惊人的发展、巨大的进步。上世纪上半叶以前，人类遭受了两次世界大战的劫难，那一代人最迫切

---

* 这是习近平在联合国日内瓦总部的演讲。

的愿望，就是免于战争、缔造和平。上世纪五六十年代，殖民地人民普遍觉醒，他们最强劲的呼声，就是摆脱枷锁、争取独立。冷战结束后，各方最殷切的诉求，就是扩大合作、共同发展。

这100多年全人类的共同愿望，就是和平与发展。然而，这项任务至今远远没有完成。我们要顺应人民呼声，接过历史接力棒，继续在和平与发展的马拉松跑道上奋勇向前。

人类正处在大发展大变革大调整时期。世界多极化、经济全球化深入发展，社会信息化、文化多样化持续推进，新一轮科技革命和产业革命正在孕育成长，各国相互联系、相互依存，全球命运与共、休戚相关，和平力量的上升远远超过战争因素的增长，和平、发展、合作、共赢的时代潮流更加强劲。

同时，人类也正处在一个挑战层出不穷、风险日益增多的时代。世界经济增长乏力，金融危机阴云不散，发展鸿沟日益突出，兵戎相见时有发生，冷战思维和强权政治阴魂不散，恐怖主义、难民危机、重大传染性疾病、气候变化等非传统安全威胁持续蔓延。

宇宙只有一个地球，人类共有一个家园。霍金先生提出关于“平行宇宙”的猜想，希望在地球之外找到第二个人类得以安身立命的星球。这个愿望什么时候才能实现还是个未知数。到目前为止，地球是人类唯一赖以生存的家园，珍爱和呵护地球是人类的唯一选择。瑞士联邦大厦穹顶上刻着拉丁文铭文“人人为我，我为人人”。我们要为当代人着想，还要为子孙后代负责。

女士们、先生们、朋友们！

让和平的薪火代代相传，让发展的动力源源不断，让文明的光芒熠熠生辉，是各国人民的期待，也是我们这一代政治家应有的担当。中国方案是：构建人类命运共同体，实现共赢共享。

理念引领行动，方向决定出路。纵观近代以来的历史，建立公正合理的国际秩序是人类孜孜以求的目标。从360多年前《威斯特伐利亚和约》确立的平等和主权原则，到150多年前日内瓦公约确立的国际人道主义精神；从70多年前联合国宪章明确的四大宗旨和七项原则，到60多年前万隆会议倡导的和平共处五项原则，国际关系演变积累了一系列公认的原则。这些原则应该成为构建人类命运共同体的基本遵循。

主权平等，是数百年来国与国规范彼此关系最重要的准则，也是联合国及所有机构、组织共同遵循的首要原则。主权平等，真谛在于国家不分大小、强弱、贫富，主权和尊严必须得到尊重，内政不容干涉，都有权自主选择社会制度和发展道路。在联合国、世界贸易组织、世界卫生组织、世界知识产权组织、世界气象组织、国际电信联盟、万国邮政联盟、国际移民组织、国际劳工组织等机构，各国平等参与决策，构成了完善全球治理的重要力量。新形势下，我们要坚持主权平等，推动各国权利平等、机会平等、规则平等。

日内瓦见证了印度支那和平问题最后宣言的通过，见证了冷战期间两大对峙阵营国家领导人首次和解会议，见证了伊朗核、叙利亚等热点问题对话和谈判。历史和现实给我们的启迪是：沟通协商是化解分歧的有效之策，政治谈判是解决冲突的根本之道。只要怀有真诚愿望，秉持足够善意，展现政治智慧，再大的冲突都能化解，再厚的坚冰都能打破。

“法者，治之端也”[1]。在日内瓦，各国以联合国宪章为基础，就政治安全、贸易发展、社会人权、科技卫生、劳工产权、文化体育等领域达成了一系列国际公约和法律文书。法律的生命在于付诸实施，各国有责任维护国际法治权威，依法行使权利，善意履行义务。法律的生命也在于公平正义，各国和国际司法机构应该确保国际法平等统一适用，不能搞双重标准，不能“合则用、不合则弃”，真正做到“无偏无党，王道荡荡”[2]。

“海纳百川，有容乃大。”开放包容，筑就了日内瓦多边外交大舞台。我们要推进国际关系民主化，不能搞“一国独霸”或“几方共治”。世界命运应该由各国共同掌握，国际规则应该由各国共同书写，全球事务应该由各国共同治理，发展成果应该由各国共同分享。

1862 年，亨利·杜楠先生在《沙斐利洛的回忆》中追问：能否成立人道主义组织？能否制定人道主义公约？“杜楠之问”很快有了答案，次年，红十字国际委员会应运而生。经过 150 多年发展，红十字成为一种精神、一面旗帜。面对频发的人道主义危机，我们应该弘扬人道、博爱、奉献的精神，为身陷困境的无辜百姓送去关爱，送去希望；应该秉承中立、公正、独立的基本原则，避免人道主义问题政治化，坚持人道主义援助非军事化。

女士们、先生们、朋友们!

大道至简，实干为要。构建人类命运共同体，关键在行动。我认为，国际社会要从伙伴关系、安全格局、经济发展、文明交流、生态建设等方面作出努力。

——坚持对话协商，建设一个持久和平的世界。国家和，则世界安；国家斗，则世界乱。从公元前的伯罗奔尼撒战争到两次世界大战，再到延续40余年的冷战，教训惨痛而深刻。“前事不忘，后事之师。”〔3〕我们的先辈建立了联合国，为世界赢得70余年相对和平。我们要完善机制和手段，更好化解纷争和矛盾、消弭战乱和冲突。

瑞士作家、诺贝尔文学奖获得者黑塞说：“不应为战争和毁灭效劳，而应为和平与谅解服务。”国家之间要构建对话不对抗、结伴不结盟的伙伴关系。大国要尊重彼此核心利益和重大关切，管控矛盾分歧，努力构建不冲突不对抗、相互尊重、合作共赢的新型关系。只要坚持沟通、真诚相处，“修昔底德陷阱”就可以避免。大国对小国要平等相待，不搞唯我独尊、强买强卖的霸道。任何国家都不能随意发动战争，不能破坏国际法治，不能打开潘多拉的盒子。核武器是悬在人类头上的“达摩克利斯之剑”，应该全面禁止并最终彻底销毁，实现无核世界。要秉持和平、主权、普惠、共治原则，把深海、极地、外空、互联网等领域打造成各方合作的新疆域，而不是相互博弈的竞技场。

——坚持共建共享，建设一个普遍安全的世界。世上没有绝对安全的世外桃源，一国的安全不能建立在别国的动荡之上，他国的威胁也可能成为本国的挑战。邻居出了问题，不能光想着扎好自家篱笆，而应该去帮一把。“单则易折，众则难摧。”〔4〕各方应该树立共同、综合、合作、可持续的安全观。

近年来，在欧洲、北非、中东发生的恐怖袭击事件再次表明，恐怖主义是人类公敌。反恐是各国共同义务，既要治标，更要治本。要加强协调，建立全球反恐统一战线，为各国人民撑起安全伞。当前，难民数量已经创下第二次世界大战结束以来的历史纪录。危机需要应对，根源值得深思。如果不是有家难归，谁会颠沛流离？联合国难民署、国际移民组织等要发挥统筹协调作用，动员全球力量有效应对。中国决定提供2亿元人民币新的人道援助，用于帮助叙利亚难民和流离失所者。恐怖主义、难民危机等问题都同地缘冲突密切相关，化解冲突是根本之策。当事各方要通过协商谈判，其他各方应该积极劝和促谈，尊重联合国发挥斡旋主渠道作用。禽流感、埃博拉、寨卡等疫情不断给国际卫生安全敲响警钟。世界卫生组织要发挥引领作用，加强疫情监测、信息沟通、经验交流、技术分享。国际社会应该加大对非洲等发展中国家卫生事业的支持和援助。

——坚持合作共赢，建设一个共同繁荣的世界。发展是第一要务，适用于各国。各国要同舟共济，而不是以邻为壑。各国特别是主要经济体要加强宏观政策协调，兼顾当前和长远，着力解决深层次问题。要抓住新一轮科技革命和产业变革的历史性机遇，转变经济发展方式，坚持创新驱动，进一步发展社会生产力、释放社会创造力。要维护世界贸易组织规则，支持开放、透明、包容、非歧视性的多边贸易体制，构建开放型世界经济。如果搞贸易保护主义、画地为牢，损人不利己。

经济全球化是历史大势，促成了贸易大繁荣、投资大便利、人员大流动、技术大发展。本世纪初以来，在联合国主导下，借助经济全球化，国际社会制定和实施了千年发展目标和2030年可持续发展议程，推动11亿人口脱贫，19亿人口获得安全饮用水，35亿人口用上互联网等，还将在2030年实现零贫困。这充分说明，经济全球化的大方向是正确的。当然，发展失衡、治理困境、数字鸿沟、公平赤字等问题也客观存在。这些是前进中的问题，我们要正视并设法解决，但不能因噎废食。

我们要从历史中汲取智慧。历史学家早就断言，经济快速发展使社会变革成为必需，经济发展易获支持，而社会变革常遭抵制。我们不能因此踟蹰不前，而要砥砺前行。我们也要从现实中寻找答案。2008年爆发的国际金融危机启示我们，引导经济全球化健康发展，需要加强协调、完善治理，推动建设一个开放、包容、普惠、平衡、共赢的经济全球化，既要做大“蛋糕”，更要分好“蛋糕”，着力解决公平公正问题。

去年9月，二十国集团领导人杭州峰会聚焦全球经济治理等重大问题，通过《创新增长蓝图》，首次将发展问题纳入全球宏观政策框架，并制定了行动计划。

——坚持交流互鉴，建设一个开放包容的世界。“和羹之美，在于合异。”〔5〕人类文明多样性是世界的基本特征，也是人类进步的源泉。世界上有200多个国家和地区、2500多个民族、多种宗教。不同历史和国情，不同民族和习俗，孕育了不同文明，使世界更加丰富多彩。文明没有高下、优劣之分，只有特色、地域之别。文明差异不应该成为世界冲突的根源，而应该成为人类文明进步的动力。

每种文明都有其独特魅力和深厚底蕴，都是人类的精神瑰宝。不同文明要取长补短、共同进步，让文明交流互鉴成为推动人类社会进步的动力、维护世界和平的纽带。

——坚持绿色低碳，建设一个清洁美丽的世界。人与自然共生共存，伤害自然最终将伤及人类。空气、水、土壤、蓝天等自然资源用之不觉、失之难续。工业化创造了前所未有的物质财富，也产生了难以弥补的生态创伤。我们不能吃祖宗饭、断子孙路，用破坏性方式搞发展。绿水青山就是金山银山。我们应该遵循天人合一、道法自然的理念，寻求永续发展之路。

我们要倡导绿色、低碳、循环、可持续的生产生活方式，平衡推进2030年可持续发展议程，不断开拓生产发展、生活富裕、生态良好的文明发展道路。《巴黎协定》的达成是全球气候治理史上的里程碑。我们不能让这一成果付诸东流。各方要共同推动协定实施。中国将继续采取行动应对气候变化，百分之百承担自己的义务。

瑞士军刀是瑞士“工匠精神”的产物。我第一次得到一把瑞士军刀时，我就很佩服人们能赋予它那么多功能。我想，如果我们能为我们这个世界打造一把精巧的瑞士军刀就好了，人类遇到了什么问题，就用其中一个工具来解决它。

我相信，只要国际社会不懈努力，这样一把瑞士军刀是可以打造出来的。

女士们、先生们、朋友们!

中国人始终认为，世界好，中国才能好；中国好，世界才更好。面向未来，很多人关心中国的政策走向，国际社会也有很多议论。在这里，我给大家一个明确的回答。

第一，中国维护世界和平的决心不会改变。中华文明历来崇尚“以和邦国”[6]、“和而不同”[7]、“以和为贵”[8]。中国《孙子兵法》是一部著名兵书，但其第一句话就讲：“兵者，国之大事，死生之地，存亡之道，不可不察也”，其要义是慎战、不战。几千年来，和平融入了中华民族的血脉中，刻进了中国人民的基因里。

数百年前，即使中国强盛到国内生产总值占世界30%的时候，也从未对外侵略扩张。1840年鸦片战争后的100多年里，中国频遭侵略和蹂躏之害，饱受战祸和动乱之苦。孔子说，己所不欲，勿施于人。中国人民深信，只有和平安宁才能繁荣发展。

中国从一个积贫积弱的国家发展成为世界第二大经济体，靠的不是对外军事扩张和殖民掠夺，而是人民勤劳、维护和平。中国将始终不渝走和平发展道路。无论中国发展到哪一步，中国永不称霸、永不扩张、永不谋求势力范围。历史已经并将继续证明这一点。

第二，中国促进共同发展的决心不会改变。中国有句古语叫“落其实思其树，饮其流怀其源”[9]。中国发展得益于国际社会，中国也为全球发展作出了贡献。中国将继续奉行互利共赢的开放战略，将自身发展机遇同世界各国分享，欢迎各国搭乘中国发展的“顺风车”。

1950 年至 2016 年，中国累计对外提供援款 4000 多亿元人民币，今后将继续在力所能及的范围内加大对外帮扶。国际金融危机爆发以来，中国经济增长对世界经济增长的贡献率年均在 30% 以上。未来 5 年，中国将进口 8 万亿美元的商品，吸收 6000 亿美元的外来投资，中国对外投资总额将达到 7500 亿美元，出境旅游将达到 7 亿人次。这将为世界各国发展带来更多机遇。

中国坚持走符合本国国情的发展道路，始终把人民权利放在首位，不断促进和保护人权。中国解决了 13 亿多人口的温饱问题，让 7 亿多人口摆脱贫困，这是对世界人权事业的重大贡献。

我提出“一带一路”倡议，就是要实现共赢共享发展。目前，已经有 100 多个国家和国际组织积极响应支持，一大批早期收获项目落地开花。中国支持建设好亚洲基础设施投资银行等新型多边金融机构，为国际社会提供更多公共产品。

第三，中国打造伙伴关系的决心不会改变。中国坚持独立自主的和平外交政策，在和平共处五项原则基础上同所有国家发展友好合作。中国率先把建立伙伴关系确定为国家间交往的指导原则，同 90 多个国家和区域组织建立了不同形式的伙伴关系。中国将进一步联结遍布全球的“朋友圈”。

中国将努力构建总体稳定、均衡发展的大国关系框架，积极同美国发展新型大国关系，同俄罗斯发展全面战略协作伙伴关系，同欧洲发展和平、增长、改革、文明伙伴关系，同金砖国家发展团结合作的伙伴关系。中国将继续坚持正确义利观，深化同发展中国家务实合作，实现同呼吸、共命运、齐发展。中国将按照亲诚惠容理念同周边国家深化互利合作，秉持真实亲诚对非政策理念同非洲国家共谋发展，推动中拉全面合作伙伴关系实现新发展。

第四，中国支持多边主义的决心不会改变。多边主义是维护和平、促进发展的有效路径。长期以来，联合国等国际机构做了大量工作，为维护世界总体和平、持续发展的态势作出了有目共睹的贡献。

中国是联合国创始成员国，是第一个在联合国宪章上签字的国家。中国将坚定维护以联合国为核心的国际体系，坚定维护以联合国宪章宗旨和原则为基石的国际关系基本准则，坚定维护联合国权威和地位，坚定维护联合国在国际事务中的核心作用。

中国—联合国和平与发展基金已经正式投入运营，中国将把资金优先用于联合国及日内瓦相关国际机构提出的和平与发展项目。随着中国持续发展，中国支持多边主义的力度也将越来越大。

女士们、先生们、朋友们！

对中国来讲，日内瓦具有一份特殊的记忆和情感。1954年，周恩来总理率团出席日内瓦会议，同苏联、美国、英国、法国等共同讨论政治解决朝鲜问题和印度支那停战问题，展现和平精神，为世界和平贡献了中国智慧。1971年，中国恢复在联合国的合法席位、重返日内瓦国际机构后，逐步参与裁军、经贸、人权、社会等各领域事务，为重大问题解决和重要规则制定提供了中国方案。近年来，中国积极参与伊朗核、叙利亚等热点问题的对话和谈判，为推动政治解决作出了中国贡献。中国先后成功向国际奥委会申办夏季和冬季两届奥运会和残奥会，中国10多项世界自然遗产和文化自然双重遗产申请得到世界自然保护联盟支持，呈现了中国精彩。

女士们、先生们、朋友们！

中国古人说："善学者尽其理，善行者究其难。"〔10〕构建人类命运共同体是一个美好的目标，也是一个需要一代又一代人接力跑才能实现的目标。中国愿同广大成员国、国际组织和机构一道，共同推进构建人类命运共同体的伟大进程。

1月28日，中国人民将迎来农历丁酉新年，也就是鸡年春节。鸡年寓意光明和吉祥。"金鸡一唱千门晓。"我祝大家新春快乐、万事如意！

谢谢大家。

注　释

〔1〕见《荀子·君道》。

〔2〕见《尚书·洪范》。

〔3〕参见《战国策·赵策一》。原文是："前事之不忘，后事之师。"

〔4〕参见北齐魏收《魏书·吐谷浑传》。原文是："单者易折，众则难摧。"

〔5〕见西晋陈寿《三国志·魏书·夏侯尚传附夏侯玄传》。

〔6〕见《周礼·春官宗伯·大司乐》。

〔**7**〕见《论语·子路》。

〔**8**〕参见《论语·学而》。原文是："礼之用，和为贵。"

〔**9**〕参见南北朝时期庾信《徵调曲》。原文是："落其实者思其树，饮其流者怀其源。"

〔**10**〕见《荀子·大略》。

索 引

D

F

G

H

J

M

R

S

图书在版编目 (CIP) 数据

习近平谈治国理政. 第二卷 / 习近平著.
–北京 : 外文出版社, 2017.11

ISBN 978-7-119-11162-9

I. ①习… II. ①习… III. ①习近平–讲话–学习参考资料
②中国特色社会主义–社会主义建设模式–学习参考资料
IV. ① D2-0 ② D616

中国版本图书馆 CIP 数据核字 (2017) 第 269732 号

习近平谈治国理政

第二卷

出版发行：外文出版社有限责任公司
地　址：中国北京百万庄大街 24 号　　邮政编码：100037
网　址：http://www.flp.com.cn　　电子邮箱：flp@cipg.org.cn
电　话：86-10-68998085
86-10-68995852
印　刷：北京通州皇家印刷厂
开　本：787mm × 1092mm 1/16
印　张：39
装　别：精装
版　次：2017 年 11 月第 1 版
2017 年 11 月第 1 版第 2 次印刷
书　号：ISBN 978-7-119-11162-9
定　价：120.00 元